영화관을 나오면
다시 시작되는 영화가 있다

영화관을 나오면
다시 시작되는 영화가 있다

열한 편의 영화와
열한 명의 감독

김호영 지음

유고

그렇다, 이 책은 이들의 영화를 위해 쓰였다

영화관을 나오면 다시 시작되는 영화가 있다. 바르트의 표현처럼, 무력해지고 느슨해진 몸에 잉크처럼 번져오는 영화. 상영되는 동안은 몰입과 거리두기 사이의 미묘한 파장을 만들어내다가 객석을 빠져나오는 순간부터 심장과 머리에 스멀스멀 밀려드는 영화. 거리를 걷거나, 사람들을 만나거나, 차를 마실 때도 머릿속 어딘가에서 꺼지지 않고 쉼 없이 돌아가는 영화. 나는 그런 영화들을 좋아한다. 그리고 내가 '그런 영화'를 찾을 때마다 프랑스 영화는 늘 조용히 내게 다가왔다.

언제부턴가 우리는 '잘 만든well made' 영화 강박증에 시달리고 있다. 감동, 재미, 긴장, 충격 등을 적절하게 섞어서 만든 영화가 곧 좋은 영화이자 지향해야 할 영화로 떠받들어진다. 노련한 배우들의 연기가 더해지면 더욱 좋고 격하지 않을 정도의 정치사회적 주제가 없히면 금상첨화다. 이런 영화들은 대개 흥행에 성공하고 평론가들의 적당한 찬사도 얻어낸다.

그런데 '잘 만든' 영화가 되기 위해서는 어떤 '적절한' 선을 넘지 말아야 한다. 표현의 수위를 말하는 게 아니다. 그런 건 눈치껏 넘어도 좋다. 폭력적이든 선정적이든, 총합이 너무 심각한 수준에만 이르지 않으면 된다. 대신, 사고思考의 수준만큼은 적정한 선에서 멈춰야 한다. 너무 깊거나 너무 예리해서는 안 되고, 너무 뻐딱하거나 너무 멀리 나아가도 안 된다. 잘 만든 영화로 인정받기 위해서는 무엇보다 우리-관객의 평화와 안락을 깨지 말아야 한다. 인간, 존재, 삶, 세계 같은 것들에 대한 사유는 '적절한' 수준에서 멈춰야 하고, 우리로 하여금 비슷한 사유와 비슷한 감정을 되풀이하게 만들어야 한다. 그래서 우리가 영화관을 나서는 순간, 한층 가벼워진 머리로 재빨리 바쁜 일상에 되돌아갈 수 있게 해줘야 하고 객석을 떠돌았던 사고의 편린들을 훌훌 털어버릴 수 있게 해줘야 한다.

정도의 차이는 있지만, 프랑스 영화는 이 적절한 선을 지키는 데 대체로 강한 거부감을 드러낸다. 만듦새와 무관하게, 많은 영화들이 정해진 사고의 틀이나 감정의 선을 따라가는 것에 불쾌해하며, 현실을 지배하는 보편적인 원리나 진리보다 현실에 내재되어 있는 수많은 차이와 불확실성을 보여주려 애쓴다. 마치 그 차이와 불확실성의 반복이, 설명할 수 없는 것들과 규정할 수 없는 것들의 연쇄가 현실의 진짜 모습이라고 믿는 듯이.

옳건 그르건, 신기하게도 프랑스 영화들이 만들어내는 이 어긋남 혹은 선 넘기의 경험은 영화가 끝난 후에도 계속 우리를 따라다닌다. 영화관에서 나와 현실로 돌아와도 어딘가 한구석에 남아 끊임없이 말을 걸어오고, 어쩌다 긁힌 상처처럼 정신의 어딘가에 새겨져 희미해질 때까지 우리를 괴롭힌다. 어쩌면 그 무수한 차이와 불확실성의 반복이 우리가 하루하루 간신히 넘기고 있는 생生의 진짜 모습이기 때문일까?

이 책에서 소개되는 열한 명의 현대 프랑스 시네아스트들은 더 이상 새로운 것을 만들어내기 힘든 각박한 제작 환경 속에서 각자 자신만의 스타일로 최상의 결과를 만들어내고 있는 이들이다. 누구는 기존의 영화 전통들을 아우르는 것에서부터 시작했고 누구는 아무도 가본 적 없는 미지의 땅에서부터 시작했지만, 그들의 영화는 결국 모두 하나의 방향으로 나아가고 있다. 끊임없이 상투화되어가는 우리의 감정 틀을 뒤흔들고, 점점 더 획일화되어가는 우리의 사고 틀을 무너뜨리는 것.

　그렇다, 이 책은 이들의 영화를 위해 쓰였다. 이들이 온 생애를 바쳐 구축하고 있는 그 '다른 세계'를 소개하고, 그들의 치열한 고민과 실험으로 한 뼘씩 넓어지고 있는 영화의 지평을 보여주기 위해, 이 책은 시작되었다. 이들의 대표작을 살펴보고 이들이 거쳐간 영화적 좌표들을 하나씩 따라가보는 것만으로도 이 시대 프랑스 영화의 다채로운 스펙트럼을 눈앞에 그려볼 수 있을 것이다. 예견된 일이었지만, 각 시네아스트와 대표작을 선정하는 일은 재고再考에 재고를 거듭하는 고난이었다. '열하나'라는 숫자는 무수한 주저와 고민 끝에 다다른 우연한 기착지일 뿐이다.

　우리에게 소개가 덜 되었을 뿐이지 프랑스 영화는 지금 이 순간에도 여전히 활발하게, 나름의 역동성을 유지하며 잘 돌아가고 있다. 우리의 오랜 무관심과 상관없이, 여전히 프랑스에서는 다양한 미학적 시도가 펼쳐지고 있으며 영화의 흐름을 바꾸어놓을 만한 대담한 영화적 실험도 꾸준히 감행되고 있다. 다소 정체기였던 1980년대를 지나 1990년대 중반부터 각기 다른 스타일의 젊은 감독들이 등장해 프랑스 영화의 새로운 도약을 이끌어오고 있고, 2000년대에 들어서도 치열한 도전을 이어가면서 프랑스 영화뿐 아니라 세계 영화 전반에 커다란 영향을 미치고 있다.

영화란 그저 즐겁고 편안한 두 시간의 휴식이라고 생각하는 이들은 지금 바로 이 책을 덮어도 좋다. 애써 지켜온 나의 상식과 나의 세계관을 흔드는 영화만큼은 피하고 싶은 이들 또한 굳이 이 책을 읽지 않아도 된다. 영화는 안식이 아니다. 영화는 어디까지나 불편한 자극이며 결말을 알 수 없는 위태로운 스펙터클이다. 날카로운 빛처럼 우리의 눈을 찌르고, 일순간이나마 우리의 의식을 꼼짝 못하게 붙들며, 둔중한 몸과 마음을 뒤흔들 수 있는 그 무엇이다. 그 불편한 시간을 통해 우리는 날마다 조금씩 식어가는 심장과 뇌를 다시 데우고, 화석화되어가는 감정과 사유를 깨뜨려 스스로를 계속 살아 있게 만들 수 있다. 그 과정에서 뜨거운 감동을 얻든, 황홀한 희열을 얻든, 잔잔한 위로를 얻든, 그것은 개인의 자유이며 개인의 운(명)이다.

삶의 일부라도 영화의 시간으로 바꾸고 싶은 이들, 가끔은 영화의 화면 속에 뛰어들어 빛과 소리의 흐름에 온전히 자신을 내맡기고 싶은 이들이 이 책을 읽으면 좋겠다. 그 비현실적인 시간, 지극히 영화적인 시간에 대한 교감이 책을 읽는 동안 동시대 미지인들과 나 사이에 잠깐이라도 찾아오길 소망한다. 책의 구상에서부터 마무리까지 위고출판사 이재현, 조소정 편집자께 많은 도움을 받았다. 두 분의 빛나는 예지叡智와 탁월한 안목에 깊은 감사의 마음을 전한다.

2017년 겨울
김호영

차례

1
OLIVIER ASSAYAS
Clouds of Sils Maria

시그리드와 헬레나는 동일 인물이에요.

[…]

시그리드였던 당신만이 헬레나가 될 수 있어요.

클라우즈 오브 실스마리아

Clouds of Sils Maria (2014)

●

누구도 그냥 늙지 않는다

이 영화는 늙음에 관한 이야기이자, 나와 또 다른 나 사이의 치열한 투쟁 이야기다. '나'는 물론 주인공 마리아다. 화려한 전성기에서 막 내려온 중년의 여배우 마리아는 젊은 시절 〈말로야 스네이크〉라는 연극에서 '시그리드' 역을 맡아 스타로 발돋움할 수 있었다. 〈말로야 스네이크〉는 성공한 여성 사업가 헬레나와 그녀의 젊은 여비서 시그리드 사이의 사랑과 갈등 그리고 배신을 다룬 작품이다. 영화의 1부에서 〈말로야 스네이크, 후편〉의 출연 제의를 받은 마리아는 일단 출연을 거부하고 갈등에 빠진다. 그녀가 맡을 역이 시그리드가 아니라 헬레나였기 때문이다. 클라우스라는 재능 있는 젊은 연출가가 제안했음에도 그녀는 이 역할을 선뜻 받아들이지 못한다. 그녀의 마음은 여전히 시그리드에, 자신의 인생을 꽃피우게 해주었던 그 열정적인 젊은 주인공에 머물러 있기 때문이다.

세 명의 시그리드와 마리아

마리아는 결국 헬레나 역을 수락한다. 영화의 2부는 마리아가 대본 연습을 위해 실스마리아의 별장을 찾아가는 장면으로 시작된다. 그곳은 고인이 된 극작가 빌렘이 〈말로야 스네이크〉를 구상하고 집필했던 장소로, 스위스의 아름다운 산중턱에 자리하고 있다. 마리아의 젊은 여비서 발렌틴은 그녀를 수행하는 동시에 그녀의 대본 연습을 돕는다. 그런데 이때부터 더 큰 갈등이 시작된다. 바로, 마리아와 발렌틴 사이의 갈등이다. 각각 헬레나와 시그리드 역을 맡아 대본 연습을 하는 두 사람의 대화는 연극 속 대사를 주고받는 것인지, 서로의 실제 감정을 분출하는 것인지 구분할 수 없을 만큼 아슬아슬하게 이어진다. 아울러, 마리아가 헬레나 역을 고심할 때부터 현실을 직시하라고 충고했던 발렌틴은 대본 연습 내내 제대로 몰입하지 못하는 마리아에게 냉정한 조언의 말을 되풀이한다. 그런 발렌틴을 받아들이지 못하는 마리아는 갖은 변덕과 신경질로 그녀를 괴롭히고, 결국 발렌틴은 마리아를 견디지 못하고 어느 날 갑자기 사라져버린다. 연극 〈말로야 스네이크〉의 마지막에서 헬레나가 사라진 것과 똑같은 방식으로, 트레킹 도중 홀연히 자취를 감춘 것이다.

　이러한 갈등들에 영화 후반부터 등장하는 조앤과 마리아 사이의 갈등이 더해진다. 할리우드의 스캔들 메이커이자 신인 여배우인 조앤은 처음에는 마리아에게 커다란 존경을 표시하나, 막상 극이 올라갈 무렵에는 냉정하게 마리아의 역할을 깎아내리고 자신을 돋보이게 하는 것에만 집중한다. 그녀 역시 시그리드 역을 통해 자신의 명성을 높일 속셈만 갖고 있었던 것이다. 연극 속의 시그리드처럼, 그리고 어쩌면 젊은 시절에 마리아가 그랬던 것처럼, 그녀는 당차게 선배 여배우와 맞서면서 자신의 목표를 이루는 데 몰두한다.

　다시 말해, 영화 내내 마리아는 '세 명의 시그리드'와 갈등

하고 투쟁한다. 첫 번째 시그리드는 젊은 여비서 발렌틴이고, 두 번째 시그리드는 신인 여배우 조앤이며, 세 번째 시그리드는 20년 전 그녀가 연기했던 연극 속의 시그리드 혹은 시그리드 역을 맡았던 젊은 날의 그녀 자신이다. 이 셋은 모두 젊은 여성들이고, 마리아는 그들 모두를 질시하면서도 부러워한다. 또한 이들은 모두 그녀에게서 떠나거나 멀어진다. 연극 속의 시그리드는 이미 오래전에 그녀를 떠났고, 발렌틴 역시 대본 연습 도중 그녀 곁에서 사라지며, 조앤도 연극이 시작되자마자 그녀에게서 등을 돌린다. 나아가, 세 명의 시그리드는 마리아 내면에 자리

하고 있는 그녀의 또 다른 자아들을 표상하기도 한다. 세 인물은 각각 과거, 현재, (가까운) 미래의 시점에서 수시로 그녀에게 다가와 부딪히는 젊은 자아들, 그녀와 끊임없이 충돌하면서 결국은 그녀를 떠나가는 각기 다른 유형의 자아들이다. 마리아는 이 세 명의 젊은 자아들에게 상처를 받으면서도 그들을 붙잡아두려 하지만, 끝내 모두 멀어지고 만다. 결국 그녀는 이 세 명의 시그리드와의 투쟁에서 패배한 걸까? 그들 모두를 잃고 그녀의 생을 지탱해주던 꿈과 의지마저도 잃은 걸까?

황홀한 월경의 유희

잠시 다른 이야기를 해보자. 영화 〈클라우즈 오브 실스마리아〉의 특별한 매력 중 하나는 다채로운 '월경越境의 유희'다.

감독이 이끄는 대로 따라가다 보면, 어느새 관객은 모든 경계가 허물어지고 모든 영역이 서로 뒤섞이며 교차하는 어떤 황홀한 세계에 와 있음을 깨닫는다. 허구와 실재, 꿈(상상)과 현실, 예술과 삶, 나와 타자 사이의 경계가 모두 걷히고 서로가 서로를 반사하는 신비로운 세계 말이다.

우선, 이 영화에서는 '연극의 시간'과 '현실의 시간'이 끊임없이 경계를 넘어 서로 침투하고 서로 영향을 미친다. 공연을 올리기 전부터, 그러니까 대사를 외우고 연기를 연습할 때부터, 이미 연극의 시간은 시작되어 현실의 시간을 뒤흔들

고 지배해간다. 현실의 시간은 먹구름(말로야 스네이크)처럼 몰려오는 연극의 시간에 맞서고 그 압박을 견뎌내면서 서서히 자신의 모습을 되찾아 간다. 현실에 던져진 자아는 한없이 나약하지만, 폭풍우처럼 휘몰아쳐 오는 연극적 자아의 엄습을 견뎌내면서 더 단단해지고 더 강해질 것이다. 그리고 주어진 삶을 다시 시작할 힘을 얻을 것이다.

또한 이 영화에서는 꿈과 현실의 경계 혹은 상상과 현실의 경계가 교묘히 흐려진다. 갑작스러운 암전 이후 새롭게 시작하는 영화의 2부는 어쩌면 주인공 마리아가 꾸는 '꿈'일 수도 있다. 2부의 첫 장면이 자동차 안에서 눈을 감고 있는 그녀의 모습으로 시작하는 것을 상기해보라. 그녀는 곧 눈을 뜨지만, 그것은 꿈의 세계에서의 눈 뜸, 즉 꿈 이야기의 시작을 알리는 것일 수 있다. 같은 맥락에서, 2부의 마지막 장

면에서 발렌틴이 사라지는 것은 꿈 이야기가 끝남을 알리는 지표일 것이다.

아니면, 적어도 2부에서의 발렌틴은 상상 속의 존재일 수 있다. 2부는 다음과 같은 재구성이 가능하다. 마리아는 실스 마리아의 별장에 발렌틴과 둘이 간 것이 아니라 혼자 갔다. 그녀는 대본 연습을 하면서 자꾸만 나약해지고 현실을 외면하려는 자기 자신을 느꼈고, 그 때문에 자신을 채찍질하고 자신에게 경각심을 일깨워줄 이성적 존재, 즉 발렌틴과 함께 있다는 상상에 빠진다. 다시 말해, 발렌틴은 혼돈과 절망에 빠진 마리아가 필요로 했던 상상 속의 존재다. 그녀 곁에서 그녀를 붙잡아주고 일으켜줄, 부재하지만 현존하는 일종의 '환영' 같은 존재인 것이다.

더불어, 이 영화는 '영화'와 '영화'(혹은 연극) 사이의 경계도 자유롭게 넘나든다. 일단, 영화의 이야기와 주제는 조셉 맨키위즈Joseph L. Mankiewicz의 〈이브의 모든 것*All about Eve*〉(1950)과 많은 부분에서 겹친다. 유명한 중년 여배우(마고)가 젊은 비서(이브)와 갈등을 벌이는 것, 그 젊은 여비서가 여배우를 이용해 스타가 되고 결국엔 그녀를 끌어내리는 것, 극작가, 연출가, 배우가 서로 얽히고설키는 연극계의 실상을 사실적으로 묘사한 것 등. 또, 마리아와 발렌틴이 고립된 별장에서 끊임없는 대화와 갈등을 통해 서로가 서로의 그림자임을 어렴풋이 깨달아가는 과정은, 잉마르 베리만Ingmar Bergman의 영화 〈페르소나*Persona*〉(1966)에서 유명 여배우와 그녀의 간호사가 긴 대화와 침묵 끝에 서로가 서로의 그림자임을 깨달아가는 과정과 흡사하다. 아울러, 연극의 대사와 현실의 대사가 구분이 안 될 정도로 뒤섞이고 연극적 시간과 현실의 시간이 서로에게 스며들어 서로를 변모시키는 내용은 자크 리베트Jacques Rivette의 영화 〈미치광이 사랑L'amour fou〉(1969)을 연상시키고, 서로 다른 나이대의 세 여자가 한 여자의 분신처럼 등장해 각기 다른 가치관을 보여주는 설정은 에드워드 올비Edward Albee의 연극 〈키 큰 세 여자Three Tall Women〉(1991)의 설정과 상당히 비슷하다. 그리고 중년의 여성 사업가가 젊은 여성과 사랑에 빠지지만 결국 젊은 여성에게 이용당하고 버려지는 영화 속 연극 〈말로야 스네이크〉의 이야기는 라이너 베르너 파스빈더Rainer Werner Fassbinder의 영화 〈페트라 폰 칸트의 쓰디쓴 눈물Die bitteren Tränen der Petra von Kant〉(1972)의 이야기를 그대로 가져온 듯하다.

따라서 보는 관점에 따라 영화 〈클라우즈 오브 실스마리아〉는 기존의 작품들에서 이야기와 캐릭터를 가져와 자기만의 방식으로 재구성한 일종의 혼성모방 작품으로 간주될 수있다. 또, 때때로 너무 선명하게 드러나는 차용의 흔적들은 그 의도가 어떻든 간에 작품의 가치를 깎아내릴 수 있다. 하지만 아사야스는 차용과 융합을 통해 얼마든지 창조적인 결과물을 만들어낼 수 있다는 사실을 훌륭히 증명해 보인다. 사실, 그의 영화에서 중요한 것은 이야기의 내용이나 주제가 아니다. 자신의 늙음과 쇠퇴를 인정하지 못하는 중년 여배우의 비애는 그동안 수많은 서사작품들에서 다루어졌던, 진부하다면 진부할 수 있는 주제다. 아사야스에게서 중요한 것은, 그런 상황에 처한 인물의 내면에서 일어나는 심리의 변화, 즉 시간의 흐름과 함께 변모하고 축적되어가는 감정의 양상이다. 아사야스는 특유의 정교한 심리 묘사를 통해, 주인공 마리아가 회피, 모멸감, 분노, 자기부정 등의 감정을 거쳐 마침내 자신의 늙음을 받아들여가는 과정을 그 어느 영화보다 섬세하게 보여준다. 뛰어난 스타일리스트답게, 암시와 함의가 가득한 언어들에서부터 풍부한 상징을 담은 이미지들까지, 또 극중극 형식에서부터 다양한 프레이밍의 유희까지 가능한 모든 영화적 표현수단들을 활용한다.

특히, 영화의 모든 흐름이 주인공 마리아의 내면세계로 집중되는 탓에 마리아 역을 맡은 쥘리에트 비노슈의 연기가 절대적인 비중을 차지하는데, 다행스럽게도 그녀는 놀라울 정도로 뛰어난 연기를 보여준다. 그녀는 단순히 늙음의 비애를 표현하는 것에 머무르지 않고, 세 명의 시그리드를 모두 마리아의 자아 안으로 끌어모으는 강렬한 내면연기를 실현한다. 중년 여배우가 겪는 다양한 감정의 양태를 표현해내는 동시에, 그녀가 맞서며 끌어안는 세 젊은 자아의 흔적을 미세한 표정의 변화로 드러내는 것이다. 영화 내내 그녀의 얼굴이 클로즈업으로 포착되는 일은 거의 없지만, 미디엄숏이나 심지어 풀숏의 화면에서조차도 그녀는 내면에서 일어나는 미묘한 감정 양상들을 섬세하게, 그리고 자유자재로 표현해낸다. 이미 그녀의 존재 자체가 클로즈업인 것이다.

인생의 과도기에 찾아오는 먹구름 같은 시간

앞의 질문으로 되돌아가보자. 마리아는 또 다른 자아들과의 투쟁에서 패배했을까? 모든 것을 다 잃었을까? 영화의 말미에서 그녀는 젊음을 떠나보내고 확실하게 늙음의 길로 들어서지만, 그럼으로써 자신의 과거와 현재 그리고 미래까지 되찾을 수 있는 힘을 얻는다. 결코 가볍지 않은 고통과 혼란의 시기를 겪었지만 마침내 젊은 날의 그림자들로부터 분리되었고, 그로부터 잃어버렸던 정신의 자유를 되찾은 것이다. 아이가 아버지와 어머니로부터 분리되어야 비로소 성인이 되는 것처럼, 어른도 젊은 날의 그림자들로부터 분리되어야 비로소 '늙은 사람'이 될 수 있다.

영화에 등장하는 '말로야 스네이크'는 바로 그와 같은 고통의 기간, 폭풍우처럼 몰려오는 혼돈의 시기를 나타내는 상징과도 같다. 영화 속 연극의 제목이기도 한 말로야 스네이크는 실스마리아 근방의 산과 호수 사이에서 뱀처럼 구불구불한 모양으로 형성되는 구름, 악천후가 다가옴을 알려주는 먹구름에 붙여진 이름이다. 즉, 말로야 스네이크는 인생의 과도기에 찾아오는 먹구름 같은 시간을 표상한다. 누구도 그냥 늙지는 않는다. 홍역 같은 고통과 방황의 시간을 거쳐야, 변화무쌍한 감정의 비구름 속을 통과해야 비로소 늙음을 맞이할 수 있다. 영화에서 마리아가 겪었던 시간은 그러므로 '말로야 스네이크의 시간'이다. 마리아는 그 먹구름 같은 시간을 통과하면서 마침내 젊음의 끝을 지나 늙음의 문턱으로 들어설 수 있었다. 일종의 언어유희지만, 마리아에게 〈말로야 스네이크, 후편〉의 출연을 제안한 연출자의 이름이 '클라우스Klaus'인 것도 그런 이유에서다. 실스마리아의 '클라우즈Clouds'와 마리아의 클라우스. 그는 마리아를 젊음에서 늙음으로 인도해주는, 먹구름 같지만 필연적인 존재인 것이다.

영화는 마지막에 흥미로운 장면 하나를 삽입한다. 영화가 끝나갈 무렵 무명의 한 젊은 감독이 등장하는데, 그는 〈말로야 스네이크, 후편〉의 첫 공연이 올라가기 직전에 분장실로 마리아를 찾아와 다음과 같은 말을 건넨다. 자신의 영화 주인공에 그녀를 캐스팅하고 싶으며 주인공은 나이가 없는 동시에 모든 나이대를 대변하는, 즉 '시간을 초월하는 존재'라는 것. 그리고 자신은 조앤 같은 배우와 빠르게 퍼지는 스캔들이 있는 이 시대가 싫다는 것. 그 순간, 마리아는 어떤 사실을 깨닫는다. 이 시대에도 자신의 자리가 있다는 사실, 젊고 아름다운 여인은 아니지만 시간을 초월한 존재로서 나름의 역할을 맡을 수 있다는 사실. 영화는 이렇게 마지막에 이르러, 늙는다는 것이 단순히 노인이 되는 것이 아니라 모든 나이대를 포괄하는 존재, 시간을 초월하는 존재가 되는 것임을 강조한다. 비록 육체적으로는 늙고 볼품없어지지만, 정신적으로는 늙음과 젊음의 구별을 넘어서는 자유로운 존재가 될 수 있는 것이다.

마치 몽타주컷처럼 제시되는, 화려하면서도 정교한 라스트신은 그래서 더 특별하다. 카메라는 유리벽들로 꾸민 연극 무대 위에서 마리아가 사람들을 만나고 이동하는 모습을 유려한 움직임으로 따라간다. 그녀가 사무실로 들어가는 사이 카메라는 잠시 허공으로 올라가 무대 전체를 보여주다가 다시 무대로 내려와 여러 개의 유리벽에 반사된 그녀의 이미지를 차례로 보여준다. 그러고는 사무실에 앉아 생각에 잠긴 그녀의 실제 모습을 보여주면서 끝을 맺는다. 요컨대, 영화는 라스트신에서 그녀가 여러 틀(유리벽)을 지나온 존재이고 지금은 동시에 여러 틀(유리벽) 안에 편재할 수 있는 존재임을 시각적으로 형상화한다. 일종의 '프레임 안의 프레임'에 해당하는 유리벽들을 화면 안에 정교하게 배치시키면서, 그녀가 마침내 여러 프레임을 넘나들 수 있는 '월경의 존재'가 되었음을 암시하는 것이다. 이 매혹적인 라스트신은 아사야스가 이미 어떤 특별한 수준에 도달했음을 입증해준다.

올리비에 아사야스

Olivier Assayas, 1955~

●

시간과 기억을 세공하는 감성의 시네아스트

올리비에 아사야스는 1955년 파리에서 그리스 출신의 유대인 아버지와 헝가리 귀족 출신의 어머니 사이에서 출생했다. 아버지는 자크 레미Jacques Rémy란 필명으로 잘 알려진 소설가이자 시나리오작가였고, 예술에 조예가 깊었던 어머니는 에르메스 등에서 활동한 스타일리스트였다. 아사야스는 고등학교 졸업 후 파리의 국립미술학교에 입학해 미술을 공부하고, 다시 파리 3대학에서 현대 문학으로 학사, 석사를 취득한다. 영화계에 입문하기 전까지 데생 화가, 그래픽 디자이너로 활동하며, 『카이에 뒤 시네마 Cahiers du cinéma』(1980-1985)와 『록 앤 포크 Rock & Folk』(1982-1985) 등의 잡지에 영화평론과 문화평론을 게재하는 등 문화평론가로도 활발히 활동한다.

1985년 영화계에 데뷔한 아사야스는 로랑 페렝Laurent Perrin, 앙드레 테시네André Téchiné 등의 영화에 공동 시나리오작가로 참여하고 몇 개의 단편영화를 만든다. 1986년 록밴드 멤버들의 우발적 살인을 그린 장편 데뷔작 〈혼란 Désordre〉을 발표하는데, 십대 커플의 일탈을 통해 당대 사회

나는 말하지 않은 것들과
보이지 않는 것들을 위한 영화를 만들고 싶다.

의 근본적인 문제들을 감각적으로 드러냈다는 호평을 받는다. 이후, 아사야스는 〈겨울의 아이L'Enfant de l'hiver〉(1988), 〈파리가 깨어나다Paris s'éveille〉(1991), 〈차가운 물L'Eau froide〉(1994)* 등 일련의 '청춘 영화들films de jeunes'을 발표하면서 젊은 프랑스 영화의 선구자 역할을 담당한다. 젊은 세대가 느끼는 불안과 환멸, 절망 등을 섬세하면서도 냉정하게 그려내는 그의 영화 스타일은 누벨바그 적자 그룹이나 네오바로크 그룹과 분명한 차이를 나타냈고, 이 때문에 그는 새로운 프랑스 영화의 흐름을 이끌 감독 중 하나로 주목받는다.

하지만 비슷한 스타일의 영화들이 이어지면서 아사야스는 한동안 정체 상태에 빠진다. 이를 타파하고자 1990년대 중반부터 다양한 장르를 넘나들며 파격적인 시도들을 벌이는데, 결과적으로 이 모험의 시기는 그의 영화 세계를 더 넓혀주고 심화시켜주는 데 크게 기여한다. 1996년 홍콩 스타 장만옥을 캐스팅하고 백만 달러의 저예산으로 4주간 촬영한 실험적 영화 〈이마 베프Irma Vep〉는 예상 밖의 큰 성공을 거두며 아사야스의 이름을 세계에 알린다. 이 영화는 영화사 초기의 위대한 시네아스트 루이 푀야드Louis Feuillade의 〈흡혈귀Vampire〉(1915-16) 시리즈에 오마주를 표하는 동시에 누벨바그 영화들과 홍콩 액션영화들을 회고함으로써 '영화에 관한 영화' 중 명작으로 남게 된다. 또 1998년에는 〈8월 말, 9월 초Fin août, début septembre〉를 통해 자신의 장기인 섬세한 감정 묘사를 다시 시도하는데, 현란하면서도 정교한 카메라 움직임을 통해 인물들의 미묘한 감정 변화를 한층 더 세밀하게 표현해냈다는 평가를 받는다. 2000년에는 오랫동안 준비해온 대형 시대극 〈감정의 운명Les Destinées sentimentales〉을 발표한다. 이 영화는 복잡한 제작 과정과 방대한 분량으로 인해 몇몇 허점을 보이기도 했지만, 자유로운 의미 해석이 가능한 다층적 구조와 절제된 감정 묘사로 깊은 인상을 남겼다.

편력과 실험의 시기가 지난 후, 아사야스는 비로소 원숙한 시네아스트의 면모를 드러내기 시작한다. 여전히 작품에 따라 다소 편차를 보였지만, 2000년대 중반 이후로는 완성도 높은 수작들을 연이어 발표하면서 프랑스를 대표하는 시네아스트로 자리잡는다. 〈클린Clean〉(2004)은 시간의 흐름에 따라 변화하고 성숙해가는 한 개인의 내면세계를 매우 섬세하게 표현해냈고, 주연을 맡은 장만옥에게 칸영화제 여우주연상을 안긴다. 〈여름의 조각들L'Heure d'été〉(2008)은 물질과 자본의 시대에 예술이 갖는 의미를 절제된 감정묘사와 정교한 형식 속에 풀어내, 프랑스 안팎의 시네필들로부터 열렬한 찬사를 얻는다. 또, 연극적 삶과 실제 삶의 미묘한 교차를 통해 '늙음'에 대해 성찰한 영화 〈클라우즈 오브 실스마리아〉(2014)는 아름다운 영상과 뛰어난 연기, 정교한 연출의 완벽한 조화를 이루어내면서 마침내 아사야스를 위대한 시네아스트 반열에 올려놓는다.

*

올리비에 아사야스

종합예술 혹은 예술의 종합으로서의 영화

아사야스는 문화예술 분야에 종사하는 다국적 출신의 부모 밑에서 자란 파리 청년이었다. 이러한 가정환경은 한 개인의 예술적 성향을 어느 정도 결정지을 수밖에 없는데, 아사야스는 자신의 출신 환경에 맞게 일찍부터 남다른 문화적 호기심과 재능을 드러낸다. 파리의 명문 학교들에서 미술과 문학을 공부했고, 청소년 시절부터 록음악을 비롯한 대중문화 전반에 깊이 빠져들었으며, 연극과 무용 등 공연예술에도 상당한 조예를 보인다(2008년 아사야스는 앙줄랭 프렐조카주 현대무용단의 〈엘도라도*Eldorado*〉 공연의 무대영상 연출을 맡기도 했다). 편견 없이 문화예술 전 분야에 활짝 열려 있는 아사야스의 취향은 그의 영화들에도 자주 반영된다. 첫 영화 〈혼란〉부터 〈클린〉까지 대중음악 세계가 자주 이야기의 배경이 되고, 〈8월말, 9월 초〉**는 작가와 출판인들의 삶을 다루며, 〈5월 이후-*Après mai*〉(2012)와 〈여름의 조각들〉은 미술에 관한 이야기이고, 〈클라우즈 오브 실스마리아〉의 사건들은 〈말로야 스네이크〉라는 가상의 연극을 중심으로 전개된다. 대중음악, 미술, 문학, 공연예술 등 다양한 예술 분야가 그의 영화에서는 자연스럽게 주된 소재이자 배경이 되는 것이다.

**

뿐만 아니라, 아사야스는 다양한 시대, 장르, 국적의 영화들에 대해서도 폭넓은 취향을 보여준다. 영화평론가 시절 『카이에 뒤 시네마』를 통해 홍콩 쿵푸 영화의 특별함을 프랑스에 알린 장본인이며, 중국, 홍콩, 대만 등을 여행하면서 아시아의 젊은 감독들과 교류했고, 1997년에는 대만 감독 허우 샤오시엔을 위한 다큐멘터리 영화를 만들기도 했다. 또 〈이마 베프〉에서 알 수 있듯이 고전 무성영화 애호가였고, 누벨바그의 혁신적 시도들을 창조적으로 계승하고자 노력했으며, 안토니오니, 맨키위즈, 베리만, 파스빈더 등 유럽과 미국 시네아스트들의 영화에도 깊이 천착했다. 이러한 다양한 영화적 취향과 해박한 영화적 지식 역시 그의 영화들에 그대로 드러난다. 기본적으로 그는 섬세한 감정 묘사에 근간을 두지만, 작품에 따라 시대극(〈감정의 운명〉), 범죄물(〈카를로스*Carlos*〉(2010)), 액션 범죄물(〈이마 베프〉), 음악 영화(〈혼란〉, 〈클린〉), 영화에 대한 영화(〈클라우즈 오브 실스마리아〉) 등 다양한 범주를 자유자재로 넘나든다.

이처럼 아사야스는 여러 예술 장르를 자신의 영화 속에서 융해해내고 다양한 영화 스타일을 소화해낼 수 있는, 흔치 않은 능력의 시네아스트다. 이따금 기존 작품들(영화 또는 연극)의 너무도 분명한 차용이 문제를 낳기도 하지만, 정작 본인은 개의치 않고 그의 영화 속에 자신이 사랑했던 선배 예술가들의 흔적을 적극적으로 담아내려 한다. 다수의 현대 작가들이 글쓰기를 기존 작품들에 대한 '읽기' 행위이자 '다시 쓰기' 행위로 간주하는 것처럼, 아사야스 또한 영화 만들기를 기존 예술작품들에 대한 '읽기'와 '보기' 행위이자 '다시 만들기' 행위로 간주하는 것이다. 그에게 있어 영화란 다양한 분야의 예술 작품들이 서로 교차하고 교신할 수 있는 최

　　　　　　　올리비에 아사야스

적의 공간에 다름 아니다. 모든 예술적 표현들을 아우르고 종합해낼 수 있는 진정한 융합의 장場인 것이다.

시간과 감정의 흐름, 그리고 가볍거나 무거운 관계들

아사야스는 데뷔 시절부터 프랑수아 트뤼포François Truffaut 를 이을 새로운 '프랑스적 감수성'의 감독이라는 평가를 받았다. 섬세하고 정확한 영화적 표현을 통해 인물들의 미묘한 심리 변화와 감정 상태를 나타내는 능력을 인정받은 것이다. 또한 트뤼포처럼 활동 기간 내내 끊임없이 새로운 영화적 표현을 탐구하는 고집스러운 형식주의자이기도 하다. 절제와 조화를 영화 형식의 최우선으로 내세우지만 인물들의 미세한 감정을 정확히 표현하기 위해 매 영화마다 조금씩 다른 스타일을 시도하고, 미장센, 편집, 카메라 양식 등 영화의 모든 표현양식을 끊임없이 실험한다. 그의 뛰어난 감정 묘사는 무엇보다 부단하고 치열한 형식적 탐구의 결과인 것이다.

그런데 아사야스의 영화가 형상화해내는 감정은 극적 구조에 따라 생산되는 단순한 희노애락의 감정이 아니다. 그것은 한마디로 등장인물의 내면에서 '시간의 흐름'과 함께 천천히 쌓여가고 형성되어가는 감정이다. 그의 영화에서 중요한 것은 순간적으로 분출되고 표현되는 감정이 아니라 시간에 따라 변화하는 감정 혹은 '감정의 흐름'인 것이다. 〈8월 말, 9월 초〉에서는 한 작가가 병들고 죽어가는 과정이 친구, 애인, 전 부인 등 주변인들에게 미치는 파장을 1년이라는 긴 시간을 두고 지켜본다. 그러면서 시간의 흐름과 함께 변화하고 축적되는 인물들의 다양한 감정 양상을 정교하게 표현해낸다. 〈클린〉*에서는 마약으로 모든 것을 잃은 여성이 세계 여러 도시를 떠돌면서 고통과 자기혐오, 인내 등의 감정

상태를 거쳐 마침내 평온을 찾아가는 과정을 묘사하고, 〈클라우즈 오브 실스마리아〉에서는 젊은 시절의 이미지에 갇혀 사는 중년의 여배우가 모멸과 좌절, 자기부정 등의 감정을 거쳐 현실을 받아들여가는 과정을 섬세하게 그려낸다. 다시 말해, 그의 영화 속 인물들은 모든 것을 앗아가지만 동시에 모든 것을 덮고 감싸주는 시간 속에서 자신의 삶을 지키고 지속해나가는 법을 배워가는 것이다. 인물들의 그러한 감정 흐름을 묘사하기 위해, 아사야스는 일반적인 극적 구조를 멀리하고 드라마적 긴장 또한 자제한다. 대신 관객이 등장인물의 내면에서 진행되는 심리적 흐름을 상상하고 그것에 충분히 감응할 수 있도록, 페이드, 인서트컷, 연극적 구조, 액자식 구조 등 다양한 영화적 장치들을 최대한 활용한다.

아울러, 아사야스는 각자 독자적인 삶과 독자적인 시간을 살아가는 현대의 개인들이 서로 영향을 끼치고 일정한 관계를 형성했다가 다시 멀어지는 양상을 섬세하게 그려내는 것으로도 유명하다. 특히 연인, 친구, 동료, 가족 등 평범한 인간관계에서 발생하는 복잡 미묘한 감정의 양상들을 표현하는 데 탁월한 재능을 보여준다. 〈이마 베프〉에서는 홍콩의 스타 여배우가 이국땅에서 무기력하고 자조적인 영화 스태

*

올리비에 아사야스

프들과 겪는 갈등과 호기심, 단절감 등을 언어 장벽이라는 장치를 이용해 절묘하게 표현해냈고, 〈여름의 조각들〉**에서는 각자 다른 방식의 삶을 사는 세 남매가 평생 동안 미술품과 고가구를 모아온 어머니의 죽음 앞에서 겪는 갈등 및 감정의 차이를 세밀하게 묘사했다. 또 〈클라우즈 오브 실스 마리아〉에서는 각기 다른 나이대의 세 여성 사이에서 일어나는 질투, 냉소, 집착 등의 감정을 다양한 암시와 영화적 차용을 통해 보여주기도 했다.

아사야스는 삶의 지평에서 발생하는 크고 작은 감정의 조각들을 자신만의 섬세한 언어와 이미지로 표현해낼 수 있는 탁월한 능력의 시네아스트다. 담담하면서도 예리하고, 잔잔하면서도 내적 폭발의 흔적이 새겨져 있는 그의 영화적 표현들은 모든 유형의 인간과 예술에 대해 열려 있는 그의 따뜻하고 세심한 시선 덕분에 가능하다. 특히 연약하면서도 강인하고, 무너지면서도 다시 일어서며, 자기모멸의 끝에서 결국은 자존감을 회복해가는 그의 영화 속 인물들은 삶의 다양한 형태와 시간의 흐름에 대한 그만의 깊은 통찰이 빚어낸 피조물들이라 할 수 있다.

**

2
CLAIRE DENIS
35 Rhums

나는 아빠와 함께 여기에 머물고 싶어요.

[…]

우리는 언제까지나 이렇게 살 수 있을 거예요.

35 럼 샷

35 Rhums(2009)

●

아빠와 딸, 그리고 기차 이야기

감독이 여러 차례 밝힌 것처럼, 〈35 럼 샷〉(2009)은 오즈 야스지로小津安二郎의 영화 〈만춘晩春〉(1949)에서 모티브를 얻어 만든 영화다. 드니는 고등학교 시절부터 오즈 야스지로와 미조구치 겐지 등 일본 감독들의 영화에 빠져 지냈고, 오즈의 영화 세계를 추적하는 빔 벤더스Wim Wenders의 영화 〈도쿄-가Tokyo-Ga〉(1985)에 조감독으로 참여하면서 더욱 깊은 애정을 갖게 된다. 1990년대 후반부터 야심차게 시도해온 소위 '조형적 서사'의 영화들이 이렇다 할 결과를 얻지 못하고 자주 혹평에 시달리자, 그녀는 십 년 만에 모든 것을 내려놓는 마음으로 이 소박한 영화를 구상한다. 그녀가 처음 영화를 사랑하게 되었던 그 시점으로 돌아가, 그녀의 외롭고 불안한 마음을 위로해주었던 오즈의 정적이고 고요한 세계에 다시 침잠해 들어간 것이다. 이 영화에서도 영화 이미지는 가장 중요한 탐구의 대상이 되지만, 과잉보다는 절제를 그리고 충격 효과보다는 관조와 상상의 유도를 택하면서 드니는 그 어느 영화보다 설득력 있는 '이미지 서사'를 만들어냈다.

기차와 기차역, 자전거와 빨래, 작은 술집

영화가 시작되면, 달리는 기차에서 내려다보이는 선로가 끝없이 이어진다. 파리의 외곽을 굽이굽이 돌아가는 그 철길들 사이로 말없이 허공을 응시하며 담배를 피우는 남자(아빠)와 바쁘게 들어오고 나가는 기차, 어둠이 내린 텅 빈 기차역의 이미지가 차례로 끼어든다. 이어서, 좁은 객실을 가득 채운 고단한 표정의 사람들과 그 틈에 서 있는 젊은 여자(딸)의 모습이 더해진다. 모두들 말이 없고, 스튜어트 스테이플스Stuart Staples의 서정적 음악만이 적막한 이미지들 위로 흐른다. 이처럼, 시작부터 영화는 오즈 영화의 대표적인 오브제인 '기차'와 '기차역'을 오랫동안 보여주면서 이후 전개될 이야기의 원천이 어디인지를 은밀히 암시한다.

주인공 리오넬은 딸 조제핀과 단둘이 파리 근교에 살고 있다. 그는 파리와 교외를 오가는 고속전철의 운전사이고 딸은 파리 8대학에서 정치학을 전공하는 대학생이다. 애틋하게 서로를 챙기고 위하는 부녀의 모습은 오즈의 〈만춘〉에 등장하는 부녀의 모습과 많이 닮았다. 또 성장한 딸이 집을 떠나 그녀만의 삶과 사랑을 찾기를 바라는 아빠의 모습과 아빠와의 생활을 그대로 이어가고 싶어 하는 딸의 모습도 〈만춘〉의 부녀가 보여주는 모습 그대로다. 오즈의 영화에서처럼 이 영화에서도 딸이 아빠와의 삶에 더 애착을 느끼고 헤어짐을 받아들이지 못해 괴로워하지만, 결국은 현실을 받아들이고 결혼과 함께 아빠 곁을 떠난다. 결혼을 앞두고 부녀가 마지막 여행을 다녀오는 에피소드와 딸의 결혼식 날 술을 마시고 집에 돌아와 홀로 생각에 잠기는 아빠의 에피소드까지, 영화는 〈만춘〉에서 전개되었던 이야기의 주요 밑그림들을 옮겨와 새롭게 채색하고 변형한다.

스토리뿐만이 아니다. 이 영화에서 드니는 〈만춘〉을 비롯한 오즈 영화의 단골 오브제들을 적재적소에 배치하면서 오즈를 향한 그녀의 무한한 애정을 표시한다. 기차와 기차역 외에도, 오즈가 사랑했던 자전거와 빨래, 작은 술집, 사과 등이 영화 곳곳에 등장한다. 아파트의 좁은 복도에 세워져 번번이 통행을 방해하는 누군가의 '자전거'에 인물들은 불만을 표시하고, 딸은 틈틈이 세탁기 앞에서 '빨래'를 시작하거나 끝내며, 기차역 근처의 '작은 술집'에서 아빠는 수시로 사람들을 만나 술을 마신다. 또 〈만춘〉에서 부녀가 사는 도쿄 근교의 이층집 내부가 영화의 주요 무대였던 것처럼, 〈35 럼 샷〉에서도 파리 교외의 비좁은 서민 아파트 내부가 부녀의 모든 감정과 갈등이 펼쳐지는 주요 무대가 된다.

하지만 이 모든 것에도 불구하고 영화 〈35 럼 샷〉은 〈만춘〉의 리메이크작과는 거리가 멀다. 아니, 리메이크작이 아니다. 이야기의 얼개는 분명 그대로 가져왔지만, 유사한 이야기를 바탕으로 드니는 전혀 다른 현실과 다른 삶, 다른 표정의 얼굴들을 보여준다. 같은 이야기가 펼쳐짐에도 삶의 모습은 너무나 다를 수 있다는 것을, 반대로 전혀 다른 시공간과 현실적 조건 속에서도 인간이 겪는 감정의 양상은 결국 다 비슷하다는 것을 드니는 보여주고 싶었던 것이다. 그것은 작은 차이에서 시작된다. 〈만춘〉의 상징적 오브제인 '화병' 대신 '밥솥'이 등장하면서 영화는 전혀 다른 또 하나의 이야기로 넘어간다. 아빠와 딸이라는 그 가깝고도 먼 사이에 단아하고 고풍스러운 화병 대신 값싼 중국제 전기밥솥을 놓아두면서, 드니는 같은 이야기 위에 전혀 다른 이야기 하나를 자연스레 포개어놓는 마술 같은 솜씨를 보여준다.

화병과 밥솥

사실, 〈만춘〉에서 화병은 단순한 일상적 오브제 이상의 의미를 지닌다. 갈등 끝에 결혼을 결심한 딸은 아빠와 함께 교토로 마지막 여행을 떠난다. 교토에서의 마지막 밤, 한 방에 나란히 누운 딸은 아빠와 이야기를 나누다가 아빠의 재혼은 생각조차 하기 싫었다고 고백한다. 그런데 고개를 돌려 보니 아빠는 잠들어 있고 딸은 그런 아빠를 바라보며 오묘한 표정의 변화를 보인다. 그사이에, 짧지만 모호한 시간의 흐름 사이에 유명한 '화병 숏'이 두 번이나 삽입된다. 낮은 다다미 위에 놓인 화병이 화면의 한가운데를 차지하고 그 너머 장지에 나무 그림자가 어른거리는 숏 말이다.

리치D. Rich와 슈레이더P. Schrader를 비롯한 서구의 영화학자들은 이 숏을 '정물화 숏'(또는 베개 숏, 두루마리 숏)이라 부르면서 내러티브 구조에서 벗어난 그 '의미 없음'의 상태가 동양의 초월적인 '공空' 사상을 가리킨다고 주장했다. 하지만 정작 일본의 영화학자 하스미 시게이코는 '동양의 사상은 곧 공 사상'이라고 단정지어버리는 서구 학자들의 편견을 일축하면서, 이 화병 숏은 아버지와 딸 사이의 '성적 긴장'을 나타내는, 즉 서사적 의미로 충만한 숏이라고 강조한다. 오랫동안 부인의 역할을 대신해온 딸의 결혼을 앞두고 잠든 척 코고는 소리를 내며 그녀의 눈길을 거부하려 애쓰는 아빠의 감정이 화병 속에 온전히 담겨 있다는 것이다. 내면 깊은 곳의 욕망을 삭이면서 스스로 사물 같은 존재가 되려는 아빠의 모습은 바람에 흔들리는 나뭇가지를 배경으로 굳건하게 서 있는 화병의 이미지에 그대로 겹쳐진다.

그런데 〈35 럼 샷〉에서는 이 화병의 자리에 '전기밥솥'이 들어선다. 〈만춘〉에서 아빠와 딸의 관계를 설명하는 가장 핵심적인 오브제가 화병이었다면, 이 영화에서 아빠와 딸의 관계는 밥솥으로 상징되는 것이다. 다시 말해, 〈35 럼 샷〉의 부녀 사이에는 성적 긴장이 들어설 자리가 없다. 그들은 분명히 이성이고 좁은 집에 함께 살지만, 일상적으로 서로의 옷가지와 음식을 챙겨주고 여행 가서는 단둘이 야영하기도 하지만, 둘 사이에는 이성의 역할보다 동지의 역할이 훨씬 더 큰 비중을 차지한다. 두 사람을 누르고 있는 현실이 너무나 무겁고, 하루하루 맞닥뜨리고 견뎌내야 할 불평등과 부조리가 너무나 선명하기 때문이다. 물론 현실적 여유와 성적 욕망의 증대가 반드시 등가를 이루는 것은 아니지만, 두 사람이 처한 현실은 오즈의 인물들이 처한 현실과 너무나 다르다. 〈만춘〉에서 아버지는 대학교수이자 도쿄 외곽에 거주하는 전통적 중산층이지만, 〈35 럼 샷〉에서 아버지는 열차운전사이자 낯선 백인의 땅에서 어렵게 살아가는 흑인 이민자다. 〈만춘〉에서 딸은 특별한 직업이 없고 틈틈이 취미 삼아 도쿄로 쇼핑을 나가지만, 〈35 럼 샷〉에서 딸은 학업 후에도 늦게까지 일하면서 돈을 벌어야 한다. 그러니까 〈35 럼 샷〉의 아버지와 딸은 현실에 맞서 스스로 생존하고 서로를 위로하기에도 힘에 부친다. 그들은 서로에게 있어 세상에 단 하나밖에 없는 가족, 밥솥처럼 일상을 매일 함께하면서 서로의 고단한 하루를 위로해줄 수 있는 유일한 존재인 것이다.

프랑스 안의 낯선 대륙

실제로, 이 영화에서 아빠 리오넬과 딸 조제핀의 동선을 따라 나타나는 프랑스의 모습은 당황스러울 만큼 낯설다. 거의 모든 장면에서, 그러니까 파리와 파리 근교의 거의 모든 장소에서 백인의 모습은 찾아보기 힘들다. 교외로 빠져나가는 열차 내부에는 흑인을 비롯한 유색인종들만 빼곡히 들어서 있고, 리오넬이 직장에서나 술집에서 만나는 동료들도 모두 흑인 내지는 흑인 혼혈들이다. 또 조제핀이 수업을 듣는 대학의 교수와 학생들도 모두 흑인이고, 택시의 손님도 흑인이며, 부녀와 이웃 일행이 빗길에 우연히 들른 이름 모를 술집의 주인도 흑인이다. 눈으로 식별할 수 있는 파리 외곽의 풍경에도 불구하고 마치 프랑스가 아니라 아프리카의 어느 도시에 와 있는 느낌. 아주 가끔씩 보이는 백인이 그 도시에 잘못 흘러들어온 외국인처럼 보이는 느낌. 요컨대, 드니는 1990년대 중반 이미 카소비츠M. Kasovitz의 〈증오 *La Haine*〉 (1995)가 들려주었던 프랑스 대도시 주변의 심각한 현실을, 차별과 폭력 그리고 증오로 점철되는 그 위태로운 현실을 그녀만의 방식으로 다시 보여준다. 격앙된 목소리와 폭발할 듯한 에너지 대신 현실의 다양한 공간을 편력하는 세심한 시선만으로도, 그 고요한 외침만으로도, 차별과 소외가 완연히 고착되어버린 프랑스 이민자들의 현실을 섬뜩하게 드러내는 것이다.

때문에, 영화에서 도시 외곽의 단절되고 부유하는 공간들을 채우고 있는 사람들의 얼굴은 하나같이 어둡고 굳어 있다. 퇴근길 전철을 타고 이동하는 이들의 표정은 모두 닫혀 있고 시선은 각자 다른 곳을 향해 있으며, 실내에서든 실외에서든 좀처럼 밝은 얼굴의 사람들을 찾기 힘들다. 동료의 은퇴 파티에서 잠시 웃음과 농담을 나누던 이들도 막상 기차에 올라 집으로 돌아갈 때는 말없이 서로 떨어져 앉아 쓸쓸한 표정으로 상념에 잠긴다. 또 새벽까지 식당에서 춤과 노래를 즐기던 부녀와 이웃들마저도 돌아오는 버스 안에서는 서로 멀리 떨어져 앉은 채 굳은 표정으로 각자 다른 곳을

응시한다. 기쁨과 즐거움은 잠깐일 뿐 깊은 고독과 좌절, 체념이 지배하고 있는 주변부 사람들의 내면이 바로 그들의 얼굴을 통해 선명하게 드러난다.

물론 택시운전사 가브리엘이나 은퇴를 맞이한 열차운전사의 말과 행동에서 알 수 있듯, 이들 중에는 자신의 일에 자부심과 애착을 느끼는 이들이 꽤 있을 것이다. 또 리오넬이 그러는 것처럼 비록 가난하지만 소박한 그들의 삶에 적당히 만족하며 사는 이들도 적지 않을 것이다. 하지만 그들의 성실함과 강인함이 보이지 않는 불평등 구조로 인해 누군가를 위해 이용되고 소모되고 있다는 것을 그들도 잘 알고 있다. 그들이 아무리 발버둥치고 노력해도 넘을 수 없는 거대한 계층의 벽이 그들 앞을 가로막고 있다는 사실 또한 잘 알고 있다. 그러므로 영화 내내 화면을 채우고 있는 그들의 굳은 얼굴들은 오랜 시간 동안 분노에서 절망으로, 체념에서 고독으로 감정의 변화를 겪어온 그들의 내면이 화석처럼 굳어진 결과다. 고단한 삶과 출구 없는 미래가 더 거칠고 단단하게 만들어버린 감정의 총화. 서른다섯 번의 럼 잔을 들이부어야 겨우 굳기가 풀릴 수 있는, 그마저도 생애 한두 번밖에 기회가 없는, 바위처럼 단단하게 응고된 덩어리인 것이다.

이미지로 표현되는 감정의 서사

드니는 부녀의 이러한 녹록지 않은 삶과 애틋한 사랑 이야기를 무엇보다 이미지를 통해 풀어간다. 서인도제도 출신의 이민자인 아버지 리오넬이 열차운전사라는 직업을 택해 어떻게 살아왔는지, 흑인과 백인의 혼혈로 태어난 딸 조제핀이 차별과 멸시의 시선에 맞서 어떻게 그녀만의 삶을 지켜가고 있는지, 왜 그녀는 오랜 친구인 노에(젊은 백인 남성)의 구애

앞에서 망설이고 있는지를 말보다 이미지를 통해 설명한다. 즉 영화 내내 침묵이 대화를 앞서며, 이미지의 연쇄가 대사의 나열을 압도한다. 가난하고 쓸쓸한 파리 근교의 이미지와 부녀의 비좁은 아파트의 이미지 그리고 끝없이 펼쳐지는 텅 빈 철로의 이미지를 정교하게 절단하고 배합하는 것만으로도, 수시로 허공을 바라보는 아버지의 체념 어린 시선과 분노와 좌절이 뒤섞인 딸의 눈빛을 번갈아 보여주는 것만으로도, 두 부녀의 삶과 사랑 이야기는 충일하게 전달된다.

따라서 드니가 이 영화를 통해 진정으로 보여주고자 하는 것은 '어떤 사건이 일어나는가?'가 아니라, '일련의 사건들이 일어날 때 인물들의 마음속에서는 어떤 감정의 변화가 일어나는가?'이다. 중요한 것은, 모두가 다 알고 있는 파리 주변부의 열악한 현실이 아니다. 그보다는, 숱한 차별과 멸시가 일상의 모든 순간을 파고드는 환경 속에서 아버지와 딸의 내면에서 일어나는 다채로운 감정의 변화다. 그리고 인간의 내면에서 우러나오는 감정의 다양한 양태를 표현하기에는 관념적 체계인 언어보다 이미지가 훨씬 더 적합하다. 언어와 달리 어떤 규칙에도 의거하지 않는 이미지야말로, 인간의 감정과 의식을 직접적으로, 즉 생성되는 그대로 표현할 수 있는 수단이기 때문이다.

이미지를 통한 내적 정서의 전달을 위해, 이 영화에서는 일반적 의미의 서사가 최대한 절제되고 간소화된다. 자주 생략되고 빈번하게 단절, 축약, 비약이 일어난다. 중요한 사건들이 제대로 설명되지 않거나 삭제되는 경우가 허다하며, 특별한 의미를 갖지 않는 일상의 소소한 단편들이 그 자리를 대신한다. 가령, 영화 후반의 가장 중요한 사건인 딸의 결혼식 장면은 과감히 생략되어 전혀 나타나지 않는다(이는 〈만춘〉의 서사 양식을 따른 것이기도 하다). 또 신랑이 누구인지조차 알려주지 않으며, 결국 조제핀이 그녀를 흠모하던 노에와 결혼하게 되었는지 아닌지도 제대로 설명하지 않는다. 결혼식 날 아침 노에는 근사한 양복을 차려입고 건물 복도에 서서 그녀의 집 현관을 뚫어지게 바라보지만, 그 표정이 무얼 말하는지 암시조차 하지 않는다. 마찬가지로 리오넬의 부인, 즉 조제핀의 엄마가 독일인이었다는 사실도 영화가 끝날 무렵에야 밝혀지며, 그녀의 사인은 끝까지 설명되지 않는다. 최소한으로 제공되는 이야기 조각들과 극히 제한적인 시각적 지표들을 바탕으로, 관객은 인물들이 살아온 삶과 그들이 현재 겪고 있는 주요 사건들에 대해 유추하고 상상해야 한다. 때로는 완만하게 때로는 빠르게 지나가는 이미지들을 근간으로 관객 스스로 영화의 이야기를 재구성해야 하는 것이다.

한편, 드니는 인물들의 내면에서 일어나는 다양하고 미묘한 감정들을 표현하기 위해 인물들의 시선을 자주 이용한다. 영화에서 시선은 하루에도 몇 번씩 누르고 밀어넣어야 하는 고독의 기호이거나 가슴속 깊이 숨겨두었던 욕망의 은밀한 기호로 기능한다. 특히 드니는 욕망의 기호로서의 시선을 적극 활용하는데, 인물들의 감춰져 있던 욕망 혹은 갈등이 숨가쁜 시선의 교차를 통해 폭죽처럼 터져 나오는 것은 바로 파리 외곽의 어느 낯선 술집 장면에서다. 아버지와 딸 그리고 두 명의 이웃(가브리엘과 노에)은 공연을 보러 가던 중 자동차 고장으로 비를 흠뻑 맞은 채 이름 모를 술집에 들어간다. 여주인의 친절한 응대와 편안한 분위기에 이들은 곧 온기를 되찾고, 따뜻한 음식이 나오고 음악이 흐르자 서로 시선을 교환하면서 조금씩 감정과 욕망을 표시한다. 먼저 리오넬이 전 애인인 가브리엘과 춤을 추고 다시 딸 조제핀과 다

정한 눈빛을 나누며 춤추는데, 갑자기 노에가 의미심장한 눈
빛으로 다가와 조제핀에게 춤을 신청한다. 춤을 추던 두 젊
은 남녀의 눈빛이 뜨거워지면서 키스를 나누자 그 모습을
바라보던 리오넬의 표정이 굳어지고, 엉뚱하게도 그의 시선
은 술집에 들어오는 순간부터 그가 눈여겨보던 술집 여주인
에게로 향한다. 그리고 그녀의 손을 붙잡고 춤을 신청한다.
그런 리오넬의 모습을 바라보는 가브리엘의 시선은 원망과
슬픔으로 채워지고, 리오넬을 의식해 춤을 중단한 조제핀과
노에의 시선도 갈 곳을 잃고 흔들린다. 마치 르느와르의 그
림처럼, 서로 엇갈리며 각자 다른 대상을 향하는 시선의 움
직임은 축축한 선술집 분위기 속에서 관능적인 춤의 몸짓과
어우러지며 매혹적인 욕망의 표현을 낳는다.

　영화 〈35 럼 샷〉에서 드니는 많은 것을 덜어냈다. 한동안
다소 강박적으로 매달리던 영화의 조형미와 욕망의 심연 탐
구에서 한발 물러나, 평소 그녀가 들려주고 싶었던 일상의
작은 이야기들을 편안하게 들려준다. 주변인으로서 살아가
는 것의 쓸쓸함, 차별과 멸시 속에서도 당당함을 잃지 않으
려는 의지, 그리고 인종을 넘어서는 사랑과 끈끈한 가족애
등 그녀가 항상 관심을 갖고 있던 주제들이 소박한 이야기
속에 소박한 방식으로 담겨 나온다. 그리고 바로 그러한 버
림 혹은 비움에서부터 이 영화만의 탁월함이 시작된다. 지나
칠 정도로 힘이 많이 들어갔던 이전 방식들에서 무게를 조
금 덜어내자 훨씬 더 많은 공감과 사유의 자리가 생겨난 것
이다. 처음 그녀를 영화의 매력으로 이끌었던 오즈의 낮고
차분한 목소리가 그녀에게 다시 한 번 특별한 영화적 영감
을 준 것은 분명해 보인다.

조형적 서사를 신뢰하는 영화 안에서
나는 정신이 더 명료해진다.

클레르 드니

Claire Denis, 1948~

•

소외와 욕망의 그늘을 탐사하는 심미주의자

클레르 드니는 1948년(혹은 1946년) 파리에서 태어났다. 하지만 생후 2개월부터 행정공무원이었던 아버지를 따라 카메룬, 소말리아, 부르키나파소 등 아프리카의 여러 나라들을 옮겨 다녔고, 스스로를 백인과 흑인의 중간쯤 되는 존재로 여기며 성장한다. 열두 살이 될 무렵 소아마비에 걸린 그녀는 치료를 받기 위해 프랑스로 돌아와 파리 근교의 생제르망앙레 고등학교에 입학하지만, 쉽게 적응하지 못하고 '주변부적' 존재에 머문다. 대학에서 인문학과 경제학을 공부하지만 흥미를 느끼지 못하고, 1969년 사진작가와 결혼하나 곧 이혼한다.

같은 해 그녀는 국립영화학교인 이덱IDEHC에 입학하는데, 이때부터 차츰 안정을 찾으면서 영화 공부와 제작에 몰두하게 된다. 재학 당시 만들었던 첫 단편영화 〈5월 15일Le 15 mai〉로 영화인들의 주목을 받았지만, 졸업 후에 자신의 작품을 준비하는 대신 다른 감독들의 연출부와 조감독 생활을 오랫동안 이어간다. 제작사의 간섭에 대한 거부감과 타고난 완벽주의 성향 등이 원인이었는데, 이 기간 동안 그녀는 자크 리베트, 빔 벤더스, 짐 자무시Jim Jarmuschs 등 세계적인 거장들과 작업하면서 영화적으로 꾸준히 성장한다.

1988년 드니는 벤더스의 권유로 마침내 첫 번째 장편영화 〈초콜렛Chocolat〉*을 연출한다. 카메룬에서의 어린 시절을 모티브로 하는 이 자전적 영화는 서구 식민주의 유산에 대한 비판적 의식과 아프리카에 대한 동경, 소외된 주변인들에 대한 애정 어린 시선 등 이후 그녀의 영화를 특징짓는 주요 요소들을 담고 있으며, 칸영화제 경쟁부문 등에 초청되어 호평을 받는다. 그 후 이어지는 일련의 영화들은 다소 평이했던 데뷔작과 달리 파격적인 주제와 형식을 보여주는데, 이 대담하면서도 독창적인 저예산 영화들을 통해 그녀는 1990년대 가장 중요한 프랑스 감독 중 한 사람으로 부상한다. 〈죽음은 두렵지 않다S'en fout la mort〉(1990)에서는 프랑스 어느 도시 근교에서 불법 투계로 생계를 이어가는 두 흑인 이민자의 위태로운 삶을 거친 카메라 움직임과 대담한 이미지들로 담아냈고, 〈잠들 수 없어J'ai pas sommeil〉(1994)에서는 파리 변두리에서 일어나는 흑인 동성애자의 연쇄 살인과 그 주변인들의 척박한 삶을 냉정한 시선과 독특한 구성으로 보여주었다. 또 TV용 영화 〈US 고 홈US Go Home〉(1994)에서 발굴한 두 어린

*

클레르 드니

배우를 다시 등장시킨 〈네네트와 보니Nenette et Boni〉**(1996)
는 사회와 가정으로부터 외면당한 사춘기 남매가 마르세유
변두리에서 힘겹게 청소년기를 지나는 이야기를 담담하면
서도 감동적인 연출로 풀어내 많은 찬사를 받았다. 〈잠들 수
없어〉는 『르몽드』로부터 1990년대 가장 뛰어난 정치 영화
중 하나라는 평가를 받았고 『카이에 뒤 시네마』의 '1994년
세계 영화 베스트 TOP 10'의 3위에 올랐으며, 〈네네트와 보
니〉는 로카르노영화제 등 여러 국제 영화제에서 수상했다.

이처럼 사회 주변부와 이방인들의 고달프고 불안정한 삶
을 다루던 드니의 영화 세계는 1990년대 후반부터 중요한
변화를 겪게 된다. 영화의 비중이 인간의 본능적 욕망과 신
체성, 그리고 영화 이미지의 독자성에 대한 탐구로 옮겨가기
시작한 것이다. 〈아름다운 직업Beau Travail〉***(1999)은 아프
리카의 오지를 배경으로 외인부대에서 펼쳐지는 남성 간의
갈등과 욕망을 절제된 대사와 아름다운 이미지로 보여주었
고, 〈트러블 에브리 데이Trouble Every Day〉(2001)는 호러영화
라는 대중적 장르를 차용해 성적 욕망과 폭력적 욕망 사이,
에로티즘과 죽음 사이의 원초적 동질성을 강렬한 이미지들
로 형상화해냈다. 또 〈금요일 밤Vendredi Soir〉(2002)에서는 낮

**

선 남자와의 우발적 정사에 대한 여성의 솔직한 욕망을 감각적인 이미지들과 섬세한 편집으로 연출해냈고, 〈돌이킬 수 없는Les Salauds〉(2013)에서는 엽기적 살인과 근친상간 등 충격적 소재들을 역시 독특한 영상과 편집으로 보여주었다. 〈35 럼 샷〉에서는 좀 더 차분한 시선으로 파리 근교 이민자들의 고달프고 쓸쓸한 삶을 다루면서 다양한 상징과 암시를 통해 인물들의 내면을 형상화해냈다.

2000년대 이후 드니의 영화 세계가 다소 들쑥날쑥한 면모를 보인 것은 사실이다. 영화의 조형적 서사성에 대한 과도한 집착은 몇몇 영화들에서 단지 화려한 광고 영상 같은 공허한 이미지의 나열만을 낳기도 했다. 그러나 그 모든 시각적 과잉과 별개로, 그녀의 영화들에서는 사회 주변부에 대한 깊고 세심한 시선, 인간의 욕망과 본능에 대한 진지한 탐색, 새로운 영화적 표현을 위한 지칠 줄 모르는 실험이 변함없이 계속되고 있다. 일흔에 가까운 나이에도 그녀는 여전히 현재진행형인 것이다.

주변인의 시선으로 바라본 주변부 이미지
누구의 삶에서나 유년기는 결정적인 의미를 갖는다. 부인하

***

클레르 드니

거나 외면하거나 지우려 애써도 결국은 마주하고 받아들이고 체화해야 비로소 유년의 기억들로부터 자유로워질 수 있다. 드니의 삶과 영화에서도 유년기는 대단히 중요한 의미를 지닌다. 식민통치가 저물어가는 20세기 중반의 아프리카, 그 황량하고 쓸쓸한 흑인들의 땅에서 백인 소녀로 자라야 했던 그녀의 남다른 유년 시절은 그녀의 삶뿐만 아니라 영화 전반에 깊이 각인되어 근본적인 요소로 존속한다. 특히, 백인도 흑인도 아닌 애매한 정체성을 지닌 채 성장한 그녀는 백인 사회와 흑인 사회 모두에 제대로 동화되지 못하고 둘 모두로부터 밀려나는 철저한 '주변인'의 정서를 뼛속 깊이 새기게 된다.

따라서 주변부적 정체성은 그녀의 영화 세계를 관통하는 가장 핵심적인 키워드로 작동한다. 그리고 그녀의 시선을 끊임없이 중심이 아닌 '주변'으로, 소외되고 멸시되고 배제되는 영역으로 향하게 만든다. 우선은 주변으로서의 아프리카가 그녀의 영화 곳곳에 유령처럼 실재한다. 세계의 중심으로부터 그리고 문명의 중심으로부터 완전히 소외된 지역인 아프리카는 때로는 적막하고 버려진 모습으로(〈초콜렛〉, 〈백인의 것White Material〉(2009)), 때로는 세상으로부터 동떨어진 비현실적인 실재의 모습으로(〈아름다운 직업〉), 때로는 서구 백인들 사회에 찌꺼기처럼 끼어 있거나 거름처럼 깔려 있는 모습으로(〈죽음은 두렵지 않다〉, 〈잠들 수 없어〉, 〈35 럼 샷〉) 나타난다. 또한 그녀의 시선은 자연스럽게 자신이 속한 사회 내의 주변인들에게로 향하는데, 일차적으로는 아프리카에서 떠밀려온 이민자들의 고단하고 거친 삶이 묘사의 대상이 되고, 그 밖에 동유럽과 서인도제도 등 가난한 타국에서 건너온 이주민들이나 버림받은 청소년들, 동성애자들, 사회 부적응자들 등이 영화의 주요 제재가 된다.

이처럼 다양한 주변부 구성원들에 대해 드니는 단순한 동정심이나 관심을 표하는 것을 넘어 최대한 그들의 입장에서서 그들의 감정과 의식을 있는 그대로 표현하려 애쓴다. 물론 그녀와 '진짜' 주변인들 사이에는 어쩔 수 없는 간극이 존재하지만, 그럼에도 불구하고 그녀의 솔직하고 진정성 넘치는 시선은 매 영화마다 깊은 울림을 만들어낸다. 시간이 지날수록 그녀의 영화 속 주변인들의 모습이 간과할 수 없는 변화를 보이는 것도 사실인데, 가령 초기 영화들에서 흑인들은 교육 정도나 문화적 수준과 상관없이 당당하고 자존심 강한 모습(〈초콜렛〉)으로 묘사되거나 투쟁적이고 강인한 모습(〈죽음은 두렵지 않다〉, 〈잠이 오질 않아〉)으로 등장하는 것에 비해, 후기 영화들에서는 대부분 넘을 수 없는 차별의 벽에 지치고 가난한 현실에 시달리는 모습으로 그려진다(〈35 럼 샷〉, 〈백인의 것〉). 억압과 멸시에도 불구하고 정신적으로나 육체적으로 항상 당당하고 강인했던 모습에서 지치고 절망적인 모습으로, 희망과 의지를 모두 잃어버린 무기력한 모습으로 점점 변모해가는 것이다.

아울러, 드니의 주변부적 정체성은 영화의 주제나 소재뿐아니라 '형식'의 차원에서도 뚜렷하게 나타난다. 초기 작품들에서부터 그녀는 관습적인 표현들과 지배적인 형식들에 대해 강한 거부감을 드러내며 편집, 미장센, 촬영 등 영화의 모든 영역에서 부단히 새로운 시도를 이어갔다. 다만 간간이 시도하는 장르의 변형에서는 뚜렷한 성과를 얻지 못하는데, 〈트러블 에브리 데이〉*에서 야심차게 도전한 호러 혹은 좀비 장르의 차용은 대담한 이미지들의 나열 수준을 넘어서지 못했고, 범죄영화 장르에 민감한 사회적 이슈들을 담아내려

했던 〈돌이킬 수 없는〉의 경우도 과도한 이미지 유희 이상을 보여주지 못했다. 그녀만의 주변부적 정서를 담아낼 수 있는 마이너리티 영화 형식의 창출에는 크게 성공했다고 보기 어려운 것이다.

조형적 서사, 그리고 욕망의 이미지화

드니는 〈아름다운 직업〉을 발표한 후 『카이에 뒤 시네마』와의 인터뷰(2000)에서 '조형적 서사narration plastique'라는 용어를 사용한다. 대사와 행동을 기반으로 사건들을 전개하는 통상적인 서사 양식보다 빛, 색, 구도, 프레임 등 조형적 요소들을 활용해 사건의 의미와 인물의 심리를 표현하는 서사 양식을 추구하고 있음을 강조하기 위해서였다. 이후, 많은 비평가들과 연구자들은 드니의 영화 미학을 설명할 때 조형적 서사라는 말을 즐겨 사용한다. 그러면서, 멀리로는 레르비에Marcel L'Herbier, 엡슈타인Jean Epstein 같은 무성영화의 장인들이나 안토니오니Michelangelo Antonioni, 비스콘티Luchino Visconti 같은 이탈리아 감독들에서부터 가까이로는 카락스Leos Carax, 베넥스Jean-Jacques Beineix 같은 프랑스 네오바로코 감독들에 이르기까지 영화의 조형성과 서사성의 교합을 탐

*

구하는 시네아스트의 계열에 드니의 이름을 올려놓는다.

실제로 그녀의 영화에서는 이미지의 서사적 기능이 언어의 서사적 기능을 압도한다. 대사는 극히 절제되어 있고, 자주 침묵이 대화를 대체하며, 언어 대신 이미지가 인물의 내면 상태나 생각의 변화, 심리적 동요 등을 전달한다. 또 과도하다 싶을 정도로 빈번히 삽입되는 음악은 이미지가 전하는 감정이나 정서를 더욱 뚜렷하게 강조하거나 보충한다. 적어도 인물의 내부에서 일어나는 내적 사건들은 이야기 체계가 아닌 이미지 체계를 통해 구성되고 진술되는 것이다. 이러한 그녀의 영화는 일반적인 영화 구조에 길들여진 관객들에게 당연히 불편하고 난해하게 다가온다. 영화의 서사는 어딘지 모르게 불충분하거나 이완된 듯 보이며, 편집 역시 과감한 생략과 불규칙적인 비약 탓에 거칠고 비유기적인 것으로 간주된다.

하지만 이처럼 낯설고 난해한 조형적 서사를 바탕으로 드니는 자신만의 독특한 영화 세계를 형성해간다. 한마디로 '낯선 익숙함'의 세계다. 후기에 올수록, 그녀의 영화에서는 평범한 사물, 낯익은 공간, 친숙한 신체들이 낯선 앵글과 낯선 프레임을 통해 전혀 새로운 대상처럼 제시된다. 우리의 일상을 채우고 있는 수많은 사물들, 공간들, 신체들이 때로는 생소하고 기이한 이미지로, 때로는 불편하고 충격적인 이미지로 스크린 위에 펼쳐지는 것이다. 나아가, 드니의 조형적 서사는 영화 이미지의 고유한 '자족성autosuffisance'을 끈질기게 탐색하고 추구한다. 영화사 초기 무성 영화인들이 그랬던 것처럼, 드니 역시 영화 이미지가 그 자체로 하나의 독립적이고 자족적인 실체가 될 수 있다고 믿는다. 클로즈업으로 확대되어 커다란 화면을 꽉 채우고 있는 이미지들, 손,

클레르 드니

턱, 목덜미, 팔꿈치 등 신체의 일부분이거나 무수한 사물의 단면들인 그 이미지들은 본래의 대상으로부터 떨어져 나왔을 뿐 아니라, 서사라는 허구 체계로부터도 일정 정도 분리되어 있다. 한편으로는 서사의 흐름과 허구적 관계 속에 놓여 있지만, 다른 한편으로는 그 모두로부터 벗어나 하나의 자족적인 의미의 실체로 존재하고 있는 것이다.

이러한 그녀의 영화적 시도들에 욕망의 문제가 개입될 경우 이미지의 독자성과 자족성은 더 증대되고 이미지의 의미 영역 또한 더 확장된다. 그녀가 즐겨 보여주는 절단되고 파편화된 신체의 이미지들(때때로 사물과 공간의 이미지들)이야말로 바로 욕망의 실체를, 단편적이고 분산적이며 일시적인 욕망의 본질을 가장 선명하게 드러내는 기호들이기 때문이다. 가령, 〈금요일 밤〉에서 익스트림 클로즈업으로 강조되는 무수한 신체의 단면들은 여자 주인공의 내적인 포화 상태와 분출 직전의 욕망을 동시에 나타낸다. 스크린 밖으로 빠져나갈 것 같은 거대한 얼굴, 귀, 손, 허벅지 이미지들은 갑작스러운 교통 체증으로 몇 시간째 도로에 갇혀 있는 그녀의 답답한 심정과 낯선 남자와의 동승으로 불현듯 솟아오른 강렬한 성적 욕망을 동시에 표출한다. 그녀의 욕망이 이미 그녀의 의식의 통제를 벗어나 있는 것처럼, 잘려나간 신체의 단면들은 영화의 서사적 구속으로부터 벗어나 하나의 독자적인 욕망의 기호로 기능하는 것이다. 마찬가지로 〈트러블 에브리 데이〉에서도 화면을 가득 채우는 커다란 발, 기괴한 얼굴, 흉터, 잘린 뇌 조각 등은 그 자체로 인간의 뒤틀린 욕망과 욕망의 맹목성, 폭력성 등을 드러낸다. 절단되고 분리된 신체의 이미지들은 인물의 몸에서 떨어져 나오듯 서사에서 떨어져 나와, 스스로 의미를 생산하고 전달하는 하나의 자족적인 기호가 된다.

물론 드니의 영화에서 욕망과 이미지의 관계는 관습적인 성의 지형도를 와해시키고 뒤엎는다는 점에서 젠더정치학적인 시각으로도 독해될 수 있다. 여성의 시선이 욕망의 주체가 되고 남성의 신체가 욕망의 대상이 되는 이미지의 세계, 이따금 욕망과 성적 판타지가 뒤섞이지만 기존의 남성중심적인 성적 이미지의 세계를 철저하게 무너뜨리는 전복적인 세계가 영화마다 펼쳐지고 있기 때문이다. 하지만 드니가 추구하는 욕망과 이미지의 관계는 그 범위를 훨씬 넘어선다. 절단되고 분리된 신체 이미지들을 통해 우리의 불완전한 지각과 불완전한 욕망을 도려내 보여주는 동시에, 단편적이면서도 자족적인 이미지들을 통해 욕망의 자기충족성과 그에 따른 통제 불가능성을 끊임없이 암시하는 단계로 나아가고 있기 때문이다. 일련의 부침에도 불구하고, 그녀의 영화들은 '욕망의 이미지화'와 관련해 어느 누구도 가보지 못한 미지의 영역에 이미 도달해 있다.

3
ARNAUD DESPLECHIN
Rois et Reine

지금 내가 해줄 수 있는 유일한 조언은, 물론 우린 항상 옳
지만 언제라도 약간 틀릴 수 있다는 거야. 조금 잘못된 것
은 아주 좋은 거야.
그건 네가 모든 일에 해답을 갖지는 않았다는 것을 뜻하지.
그런 인생이 훨씬 더 흥미롭고 감탄으로 가득한 거야….

킹스 앤 퀸

Rois et Reine(2004)

●

고백하는 왕비와 왕들

데플레생은 자신의 영화를 자주 '고백'의 영화라고 부른다. 개인사를 즐겨 작품에 삽입하는 만큼 그의 영화 자체가 그의 삶에 대한 고백이지만, 영화 속 인물들 또한 수시로 고백의 순간과 맞닥뜨리며 진실과 갈등 사이에서 방황한다. 영화 〈킹스 앤 퀸〉도 마찬가지다. 주요 인물들은 모두 고백의 시간을 찾아 헤매며, 고백 또는 고백을 내포한 독백들이 영화의 곳곳에 삽입되어 이야기의 매듭을 짓거나 다시 풀어낸다.

첫 번째 독백(또는 고백) - 왕비 혹은 백조의 삶
영화가 시작되면 파리의 어느 갤러리에서 그림을 고르는 노라의 모습이 보이고, 화면 위로 〈문 리버〉를 변주한 감미로운 재즈 기타 선율이 흐른다. 그리고 자신의 이야기를 담은 그녀의 독백이 이어진다. 첫 번째 남편의 죽음과 그와의 사이에서 얻은 아들 이야기, 자신이 운영하는 갤러리 이야기, 두 번째 남편인 이스마엘 이야기, 최근 자신에게 청혼한 부유한 사업가 이야기, 그리고 사랑에 대한 아버지의 조언. 그후로, 영화는 그녀가 독백에서 언급했던 남자들의 이야기를 다시 풀어내는 형식을 취한다. 그녀의 삶에 깊이 각인된 네 남자(첫 번째 남편, 아들, 두 번째 남편, 아버지)와 그녀가 맺었던 '관계들'에 대해 들려주는 것이다. 물론, 이야기를 들려주는 방식은 단순하지 않다. 영화의 플롯은 노라가 오랜만에 시골의 아버지 집을 방문했다가 아버지의 임종까지 함께한 후 결혼식을 올리는 몇 주간의 시간을 다루지만, 그 사이사이에 무수히 많은 과거의 조각들이 불규칙적인 리듬으로 끼어든다. 마치, 현재는 거대한 과거에 짓눌려 있는 작은 점인 것처럼, 삶은 수시로 난입하는 과거의 조각들과 벌이는 힘겨운 싸움인 것처럼.

두 번째 고백(또는 독백) - 폐위하는 왕

두 번째 고백은 영화의 또 다른 주인공인 이스마엘의 것이다. 그의 고백은 저명한 정신과의사와의 상담 형식으로 이루어져 있다. 자유분방하고 즉흥적인 삶의 방식에도 불구하고, 그는 10년 동안 주 3회의 이 상담을 한 번도 거르지 않았다. 그만큼 그에겐 절실했기 때문이다. 엄밀히 말하면, 그의 고백은 독백에 더 가깝다. 정신과의사가 그의 얘기를 들으며 간간히 질문을 던지지만, 그녀(거구의 흑인 여성)의 역할은 독백의 방향을 잡아주는 정도에 지나지 않는다. 그의 고백은 누군가를 향하기보다는 자기 자신을 향해 있으며, 감춰진 사실을 드러내기보다는 평소 말하지 못하는 것을 말하는 것에 더 가깝다. 자기 자신과의 끝없는 대화다.

이스마엘은 왜 이토록 상담이라는 이름의 '독백'에 집착하는 걸까? 바이올리니스트인 그는 현실에서 타인과의 소통에 많은 어려움을 겪는다. 사랑했던 여인뿐 아니라, 여동생과 콰르텟 동료들도 모두 그를 기피한다. 심지어 여동생

과 한 동료는 그를 미쳤다고 신고해 정신병원에 가두기까지 한다. 그런데 그들이 그를 싫어한 이유는 예상과 달리 그의 기이한 행동이나 광기 어린 성격 때문이 아니었다. 그도 몰랐던 그의 문제는 바로 그의 지나친 '자아중심주의', 그러니까 자신의 기분과 상태를 모든 것의 위에 두는 성격과 동료의 말처럼 "항상 거만하고 타인을 멸시하며 태만하고 조숙한 천재인 척하는" 태도가 문제였다. 자기만의 성에 갇혀 사는 왕. 그는 동료의 이 뜻밖의 말을 듣고 아무 말 없이 그 자리를 떠난다. 누구와도 사랑하기 힘들고 누구와도 소통하기 힘든 이유가 바로 자기 자신에 있었다는 사실을 뒤늦게 깨달은 것이다.

그 후, 한동안 생활을 정리하던 그는 용기를 내어 정신병원에서 만난 한 젊은 여인을 찾아간다. 그녀가 그를 좋아했지만 그는 사랑 자체가 부담스러워 그녀를 피했다. 하지만 그녀가 남긴 말 한마디가 끝내 그의 마음을 움직인다. "자신을 완전히 상실하기 전에는 누군가를 진정으로 사랑한 게 아니에요." 그는 무릎을 꿇고 그녀에게 청혼한다. 미래는 알 수 없지만, 그처럼 불안한 또 한 사람을 사랑하면서 자신의 성에서 빠져나와보려는 것이다.

세 번째 고백 - 고독한 기사

영화가 끝나갈 무렵 등장하는 노라 아버지의 고백은 놀라운 반전을 만들어낸다. 영화 내내 그는 지극히 헌신적이고 자상한 아버지의 모습이었다. 과거와 현재를 오가는 여러 장면들에서 그는 노라의 잘못을 덮어주고 충격에 빠진 그녀를 다잡아주며 그녀의 삶을 지지해주는 든든한 아버지였다. 노라의 젊은 시절, 남편의 자살에 넋을 잃은 그녀를 대신해 자살 현장을 정리하고 그녀에게 해가 될 증거들을 모두 없앤 이가 그였다. 그 후, 두 번째 결혼에 실패하고 새롭게 정착하려는 그녀를 위해 그녀의 어린 아들을 맡아 키운 이도 그였다. 그러나 암에 걸려 죽음을 눈앞에 둔 그는 일기 형식의 마지막 저서인 『고독한 기사』 원고에 전혀 예상치 못한 전언을 삽입한다. 그토록 사랑했던 딸에게 끔찍한 증오의 편지를 남긴 것이다. 그녀를 너무나 사랑했지만 이제는 그녀에게 분노를 느낀다고, 우아하고 순종적인 태도 뒤에 숨겨진 그녀의 이기주의와 가식, 시기심, 속물근성을 증오한다고, "넝마 같은" 몸을 하고서도 여전히 그녀에게서 헤어나지 못하는 자기 자신에 분노한다고, 그는 고백한다. 그리고 "네가 나보다 더 오래 사는 것을 참을 수 없고 네가 나 대신 죽기를 바란다"는 잔인한 저주도 퍼붓는다.

영화는 이 편지의 내용을 인터뷰 영상 같은 화면으로 전환해 보여주는데, 카메라를 바라보며 담담히 내뱉는 늙은 아버지의 고백은 등골이 서늘해질 만큼 충격적이다. 노라는 순간적으로 충격을 받고 정신을 잃지만 곧 회복하고 빠르게 자신의 일상을 되찾아간다. 아버지의 저서 원고에서 편지 부분을 몰래 찢어낸 다음 불태워 없애버린다. 그녀에게 중요한 것은 이미 죽은 이들이 아니라 살아 있는 이들, 그리고 자기 자신이기 때문이다. 바로 그런 그녀의 모습 때문에, 아버지는 마음속 깊이 그녀를 증오해왔고 끝내 그것을 털어놓았으리라.

네 번째 독백(또는 고백) ─ 즉위하는 왕비

네 번째 독백은 다시 노라의 것이다. 영화의 마지막 장면에서 노라는 이스마엘과 아들 엘리아스가 걸어오는 모습을 보며 상념에 젖는다. 이스마엘은 그녀와 사는 7년 동안 어린 엘리아스를 친아들처럼 돌보고 키웠다. 서로를 각별히 좋아하는 두 사람은 오랜만에 만나 많은 얘기를 나눈 후 돌아오는 길이다. 노라는 독백 속에서 자신이 네 남자를 사랑했고 그중 둘을 죽였지만(정확히는, 죽는 데 일조했지만) 아무런 가책도 느끼지 않는다고 고백한다. 그리고 자신의 행복을 위해 필요한 것은 남은 두 사람뿐이며 그들이 자신을 살아가게 할 거라고 말한다.

아버지의 고백과 반대로, 그녀의 고백은 모든 것을 덮는 일종의 의식儀式과도 같다. 타인뿐 아니라 자기 자신도 속이는 일련의 절차다. 그녀는 그렇게 스스로를 위로하고 설득하고 세뇌하면서 주어진 생에 충실하려 한다. 진실은 중요하지 않다. 세 번째 남편인 장자크와의 관계가 보여주듯, 더 이상 사랑도 중요하지 않다. 그녀는 인생의 고비마다 그녀가 가장 사랑했던 사람들을 통해 그 사실을 온몸으로 깨달았다. 자신의 눈앞에서 권총으로 자살한 첫 남편을 통해, 열정적으로 사랑하고 싸우다 헤어졌던 두 번째 남편 이스마엘을 통해, 그리고 단 한 통의 편지로 지난 세월의 사랑을 모두 거짓으로 돌려버린 아버지를 통해. 이제 그녀의 생에서 중요한 것은, 최선을 다해 네 남자를 사랑했다는 사실과 넷 중 둘은 아직 남아 가까이 혹은 멀리서 그녀와 관계를 맺고 있다는 사실뿐이다.

가족이라는 악몽

데플레생의 영화에서 가족은 '악몽'과도 같다. 단란하고 화목해 보이는 중산층 가정의 이면에는, 구성원들 간의 오래된 반목과 갈등, 증오, 시기 등이 켜켜이 쌓여 있다. 첫 영화

〈죽은 자들의 삶〉에서부터 〈파수병〉, 〈나의 성생활: 나는 어떻게 싸웠는가〉, 〈크리스마스 이야기〉에 이르기까지, 주인공들에게 가족은 든든한 울타리이기보다는 냉랭한 감옥이었고 기쁨과 위로를 나누는 장場이기보다는 고통과 열등감의 근원이었다. 서로를 사랑하는 것보다 서로를 증오하는 게 더 쉬운 관계. 〈킹스 앤 퀸〉에서 가족의 무게는 데플레생의 다른 영화들에 비해 상대적으로 덜해 보이지만, 구성원들 사이의 관계를 하나씩 떼어내 들여다보면 곳곳에서 심연 같은 간극과 마주치게 된다. 그리고 어쩌다 그 간극이 벌어질 경우 걷잡을 수 없는 몰락과 와해가 시작되는 것을 목격하게 된다.

가장 지독한 악몽은 바로 노라와 그녀의 아버지 사이에서 발생한다. 편지에서 밝힌 것처럼, 아버지는 부인과 두 딸 중 그녀를 가장 사랑했고 평생 그녀를 돌보고 아꼈다. 그녀 역시 항상 아버지를 존경하고 사랑했으며 그의 임종 시에는 세상을 다 잃는 것처럼 고통스러워했다. 그토록 애틋한 부녀 관계는 아버지가 남긴 편지 한 장으로 단번에 무너져버린다. 편지에서 고백한 것처럼, 그가 오래전부터 그녀를 너무, "미치도록" 사랑했기 때문이다. 그는 딸이 그의 바람과 달리 점점 더 세속적이고 위선적으로 변해가는 모습을 받아들일 수 없었고, 늙어가는 그를 멀리한 채 자신의 삶에만 열중하는 것에 분노했다. 결국 그는 그녀를 증오하기 시작했고 끝내 비정한 저주를 유언으로 남긴다. 가족 간의 사랑은 이토록 어려운 것인가? 딸에 대한 그의 사랑이 '이성에 대한 사랑'이었는지 아니면 '맹목적인 집착'이었는지는 불분명하다. 어찌 됐든 그는 자신이 있어야 할 위치에서 벗어났고 그로 인해 참혹한 심적 고통에 시달리다가 결국 모든 것을 무無로 만들어버리고 만다.

노라에게 가족은 따라서 언제나 악몽일 뿐이다. 두 번의 결혼 생활은 모두 비참한 결말로 끝났고 아버지는 그녀에게 감당하기 힘든 충격을 안겨주었다. 그 악몽의 원천에는 물론 사랑하는 이를 구속하고 지배하려는 그녀의 집요한 욕망도 자리하고 있다. 사실, 스무 살 이후로 그녀는 끊임없이 가족이라는 관계를 만들어 유지하고 싶어 했다. 그리고 그 관계를 다스리는 '여왕'이 되고 싶어 했다. 하지만 첫 번째 남편은 그녀의 임신으로 가족이라는 틀이 형성되자 이내 견디지 못하고 자살한다. 악몽 같은 그녀의 구속을 받아들이기보다는 스스로 죽음을 택한 것이다. 두 번째 남편 이스마엘 역시 그녀의 아이를 사랑했음에도 점점 심해져가는 그녀의 지배와 구속을 견디지 못하고 결국 가족이라는 관계를 포기한다. 그리고 얼마 후 아버지마저도 평생 그녀의 구속에서 헤어나지 못한 것을 자책하며 가족 관계 자체를 부정하는 유언을 남긴다.

그런데 노라는 이 모든 경험에도 불구하고 또 다시 가족을 만들려 한다. 대신, 이번에는 아무도 구속하지 않기 위해 사랑을 포기한다. 심지어 그녀가 유일하게 사랑을 확신하고 있는 아들까지도 이스마엘에게 입양시키려 한다. 어쩌면 그녀는 자신이 꿈꿔왔던 가족을 완전히 포기했을지 모른다. 아버지의 죽음이 결정적인 역할을 했을 수도 있다. 그녀가 세 번째 남편인 장자크와 맺어갈 관계 또한 가족이지만, 사실상 그것은 서로의 필요에 의해 맺은 관계, 사업상의 파트너와 다름없는 관계다. 그녀는 그의 경제적 능력 덕분에 안락한 생활과 갤러리 매니저라는 멋진 직업까지 얻었고, 그는 자신의 아름답고 우아한 '장식품'이 되어줄 부인을 얻었다(너무 선명한 암시이긴 하지만, 그녀의 이름 '노라'는 『인형의 집』의 주인공 이름과 같다). 실패에 실패를 거듭한 끝에, 그녀는 마침내 악몽 같은 '진짜' 가족의 꿈을 버리고 지극히 현실적이고 실용적인 '위장' 가족을 택한다. 그런데 이 관계 또한 오래 지속될 수 있을까? 분명한 것은, 그녀가 이 결혼으로 얻은 게 일시적인 평화이지 행복은 아니라는 것이다. 그녀 스스로 고백하듯, 남은 인생에서 그녀를 행복하게 해줄 수 있는 사람은 아들과 이스마엘, 단 둘뿐이기 때문이다.

제우스와 레다 - 가면의 삶

모든 거짓말은 아름답다. 자신을, 혹은 상대를 상처받지 않게 하기 위해 누구나 거짓말을 하니까. 다만 끝까지 지켜지지 못한 거짓말만이 더 날카로운 칼이 되어 자신을, 상대방을 깊이 찌른다.
— 정미경, 「모래 폭풍」

〈킹스 앤 퀸〉은 데플레생의 영화 중에서도 정교한 형식적 매력이 단연 돋보이는 작품이다. 제우스와 레다 신화, 랭보의 시, 셰익스피어의 연극, 칼비노의 소설 등 다수의 신화적, 문학적 내용들을 영화 속에 자연스럽게 융해해냈고, 힙합에서부터 팝송, 클래식까지 다양한 음악 장르를 영상에 맞게 적절히 배치했다. 또 기억과 꿈, 몽상의 이미지들을 현실의 이미지들 사이사이에 섬세하게 끼워 넣었고, 세심하게 절단한 점프컷들과 발레처럼 부드러운 카메라 움직임을 통해 인물의 심리 상태를 절묘하게 표현해냈다.

특히 데플레생은 이 영화에서 서로 다른 두 개의 이야기

구도를 설정한 후 양자를 교차시키거나 중첩시키면서 차츰 차츰 하나의 이야기로 수렴해가는 매우 정교한 솜씨를 발휘한다. 두 이야기 구도 중 하나는 노라의 이야기와 이스마엘의 이야기가 이루어내는 대립 구도다. 하나가 끊임없이 죽음의 그림자와 맞서는 비극적 이야기라면 다른 하나는 오해와 일탈이 만들어내는 희극적 이야기이고, 하나가 그 비극의 끝에 마침내 원하는 삶의 형태에 다다르는 여왕의 등극 이야기라면 다른 하나는 자신을 내려놓고 자신의 성에서 빠져나와 스스로를 폐위시키는 왕의 이야기다. 데플레생의 언급처럼, 영화는 끊임없이 멜로드라마와 블랙코미디 사이를 오가면서, 절망과 사투하는 듯한 비장한 얼굴들과 부조리극 같은 상황들 사이를 오가면서 다채로운 삶의 표면들을 끌어내 보여준다.

두 번째 이야기 구도는 노라를 중심으로 일어나는 일련의 사건들로 형성된다. 그녀의 인생의 전부라 할 수 있는 네 남자(혹은 세 번째 남편을 포함한 다섯 남자)의 이야기가 주된 내용이다. 물론 이들의 이야기는 차례로 전개되는 것이 아니라 과거와 현재의 조각들로 무수히 쪼개져 뒤섞여 있는데, 영화는 갑작스러운 아버지의 임종과 세 번째 결혼이라는 사건을 중심으로 이야기 조각들을 하나씩 맞추어간다. 영화의 구성 자체가 '1부 노라-2부 끔찍한 해방-에필로그' 형식으로 이루어진 것도, 이야기의 한 축이 노라의 삶에 대한 진술로 이루어져 있음을 시사한다. 그러니까 이 영화는 '노라와 이스마엘의 이야기'이자 동시에 '노라만의 이야기'인 것이다.

영화는 이처럼 한 번에 다 파악하기 힘들 만큼 복잡다단한 구조로 이루어져 있지만, 다행히 거기에는 전체를 가로지르는 하나의 상징적인 테마가 주어져 있다. 바로 '제우스와 레다' 신화다. 영화는 시작하기 전 인트로 화면을 이용해, 스파르타의 왕비 레다와 동침하기 위해 제우스가 백조로 변신해 침입했다는 신화의 내용을 들려주고, 이야기가 시작되면 곧바로 갤러리에 보관되어 있는 '레다와 백조' 석판화를 보여준다. 노라가 그 그림을 아버지의 생일 선물로 고르는 탓에 관객은 쉽게 그녀의 이미지를 그림 속 레다의 이미지에 대입하게 되는데, 영화가 진행될수록 누가 백조(가면을 쓴 제우스)일까라는 질문이 끊임없이 머리를 맴돌게 된다. 현실을 외면한 채 순수 문학청년의 이미지를 고수하고 싶어 했던 첫 번째 남편인지, 평생 헌신적이고 자상한 부모의 가면을 쓰고 살았던 노라의 아버지인지, 진실한 사랑을 주장하면서도 끝내 자아의 성에서 빠져나오지 못했던 이스마엘인지, 아니면 사랑을 포기한 채 우아한 귀부인의 가면을 택한 노라 자신인지.

결론부터 말하면, 모두가 레다이고 모두가 백조다. 영화 속 인물들은 모두 가면을 쓰고 살고 있으며 도저히 견딜 수 없는 순간에 잠시 가면을 내려놓고 맨 얼굴로 진실을 고백한다. 노라의 독백이 보여주듯 혹은 그녀의 아버지의 고백이 보여주듯, 삶의 대부분은 진실이 아닌 '다른 것들'로 채워져 있고 모두들 그것을 덮기 위해 저마다 가면을 만들어 쓴다. 거짓일 수도 있고, 거짓인지 진실인지 불분명한 것일 수도 있고, 혹은 거짓과 진실의 구분이 무의미할 정도로 세속적인 것일 수도 있는 그 다른 것들. 인물들은 각자의 삶을 채우고 있는 이 모호한 것들을 은폐하기 위해 가면을 쓴 채 서로 관계를 맺고 살아간다. 그리고 그 가면의 관계를 위해 할 수 있는 노력을 다 한다. 적어도 이들에게 있어 "관계를 망가뜨리는 건 거짓말이나 불성실이 아니라 감추어져야 할 진실"이니까. 거짓과 위선이 이미 일상의 삶 깊숙한 곳까지 지배하고 있는 이 세계에서 그들이 할 수 있는 일은 어쩌면 최선을 다해 거짓말을 꾸미고 지키는 것뿐인지도 모른다.

왕과 소년 이야기

진실과 거짓 외에도, 영화에는 삶과 죽음, 현재와 과거, 실재와 환상, 사랑과 증오 등 또 다른 대립항들이 복잡하게 얽힌 채 깔려 있다. 우리가 다 이해하기에는 삶이 너무나 복잡하고 중층적인 것처럼, 누구든 매 순간마다 이 대립항들 중 하나를 선택해 살아갈 수밖에 없는 것처럼. 다만, 영화는 그러한 선택이 곧 다른 하나의 배제를 의미하지 않는다는 사실, 즉 하나가 표면 위로 올라와도 나머지 하나는 항상 그 이면에 잠재된 채 동행하고 있다는 사실을 강조하려 애쓴다. 영화의 절반은 삶과 현재와 현실과 사랑에 관한 이야기이지만, 나머지 절반은 죽음과 과거와 환상과 증오에 관한 이야기이기 때문이다. 삶은 죽음을 끌어안을 수밖에 없고, 현재는 매 순간 과거의 난입을 용인한 채 나아갈 수밖에 없다. 현실의 일부는 환상이며, 사랑은 끊임없이 자라나는 내면의 증오를 잘라내야만 한다.

영화의 마지막 부분에서 이스마엘은 오랜만에 만난 어린 엘리아스와 많은 대화를 나눈다. 그는 다시 한 번 진실한 사랑에 도전하기 위해 오랫동안 자신을 가두었던 성에서 막 빠져나온 참이다. 다정한 목소리로 전해오는 그의 얘기들은 영화가 말하고 싶은 삶의 모습을 요약한다. 그에 따르면, 우리의 삶은 "언제나 약간 틀리고 조금은 잘못되어 있다." 삶은 항상 불완전하며 결핍투성이다. 그 결핍은 있어야 할 것의 부재에서도 오지만, 끊임없이 현재의 삶에 틈입하는 죽음, 과거, 환상, 증오로부터도 온다. 후자로 인한 결핍은 다른 어떤 것으로 대체할 수 없기에 더 끔찍하다. 하지만 이스마엘은 소년에게 한 가지 방법이 있다고 알려준다. 불완전한 삶과 불완전한 사랑을 있는 그대로 바라보라고. 삶의 무수한 결핍들을 인정하고 생의 일부로 받아들이라고. 그의 얘기처럼, 조금은 잘못되어 있고 무언가 부족한 인생이 어쩌면 "더 흥미롭고 감탄으로 가득할 수 있기" 때문이다.

영화를 만들 때마다
나는 나의 인물들과 고통스러운 동일화에 빠진다.

아르노 데플레생

Arnaud Desplechin, 1960~

지적이고 감성적인 제2의 프랑수아 트뤼포

아르노 데플레생은 1960년 프랑스 북부 소도시 루베에서 부유한 상인의 아들로 태어났다. 전형적인 부르주아 집안이 었지만, 그를 비롯한 네 남매는 감독, 소설가, 시나리오작가, 배우 등 모두 예술가의 길을 택한다. 일찍부터 영화감독의 꿈을 키워온 데플레생은 파리 3대학 영화과에 입학해 영화를 공부하고, 다시 국립영화학교 이텍에 들어가 전문적으로 영화를 배운다. 이텍에서 그는 파스칼 페랑Pascale Ferran, 노에미 르보브스키Noémie Lvovsky, 에릭 로샹Éric Rochant 등 평생 함께할 영화 동지들을 만나며, 두 편의 단편영화를 연출한다. 졸업 후에는 바로 연출에 뛰어드는 대신 스태프로 활동하는데, 에릭 로샹과 니코스 파파타키스Nikos Papatakis 의 영화에서는 촬영감독을 맡고 로샹의 〈동정 없는 세상Un monde sans pitié〉에는 시나리오작가로 참여한다.

　1991년 데플레생은 사촌의 자살 시도로 시골집에 모인 한 가족의 이야기를 다룬 중편 영화 〈죽은 자들의 삶La Vie des morts〉을 발표한다. 이 영화를 통해 이후 그의 '영화적 식구'를 이루게 될 배우들과 스태프들을 만나는데, 여배우 마리안 드니쿠르와 엠마뉘엘 드보, 배우이자 시나리오작가인 엠마뉘엘 살랭제, 촬영감독 에릭 고티에 등이 그들이다. 1992년 데플레생은 이덱 동료들의 지원 속에서 첫 번째 장편영화 〈파수병 *La Sentinelle*〉*을 만든다. 파스칼 페랑, 엠마뉘엘 살랭제, 노에미 르보브스키와 시나리오를 공동 집필한 이 영화는 내성적인 한 청년이 자신의 정체성을 찾아가는 과정을 스파이 영화 형식에 담아낸 작품으로, 칸영화제 경쟁부문에 초청되는 등 호평을 받는다. 1996년 두 번째 장편영화 〈나의 성생활: 나는 어떻게 싸웠는가 *Comment je me suis disputé... (ma vie sexuelle)*〉를 발표하는데, 이 영화를 통해 그는 1990년대 프랑스 영화를 대표하는 젊은 감독으로 급부상한다. 피에르 부르디외의 아들 엠마뉘엘 부르디외와 공동 집필한 이 영화는 우유부단하고 예민한 철학 박사과정생의 일상과 사랑을 다룬 작품으로, 인간관계에 대한 깊은 성찰과 섬세한 내면 묘사로 평단과 관객의 뜨거운 호응을 얻는다. 이 영화에 참여했던 다수의 배우들과 스태프들은 이른바 '데플레생 세대'를 이루면서 젊은 프랑스 영화를 대표하는 영화 그룹으로 떠오른다.

이후, 데플레생은 개인과 가족 이야기에 집중하던 초기

*

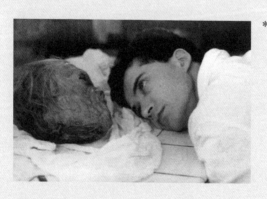

의 경향에서 벗어나 조금씩 새로운 시도들을 벌인다. 2000
년 그는 19세기 영국을 배경으로 하는 영화 〈에스더 칸*Esther
Kahn*〉**을 발표하는데, 젊은 유대인 여성이 연극과 사랑을
통해 성장해나가는 과정을 절제된 형식에 담아 평단의 극찬
을 이끌어낸다(『카이에 뒤 시네마』는 이 영화를 2000년 '세계 최
고 영화 TOP 10' 중 1위로 선정하기도 한다). 이 영화는 특히 '앙
투안 두아넬 시리즈'와 〈화씨 451*Fahrenheit 451*〉(1966), 〈야생
의 아이*L'Enfant sauvage*〉(1970) 등 뛰어난 성장 영화를 만들었
던 프랑수아 트뤼포의 영화적 스타일을 되살려냈다고 평가
받아 그에게 '제2의 트뤼포'라는 별명을 안기기도 한다. 또
2003년에는 권력과 비즈니스 세계에서 벌어지는 암투와 한
청년의 성장 이야기를 담은 〈남성전용회사에서 놀기*Léo, en
jouant «Dans la compagnie des hommes»*〉를 발표하며, 이듬해 이 영
화의 리허설 과정을 담은 다큐멘터리 영화 〈언플러그드, 남
성전용회사에서 놀기*Unplugged, en jouant «Dans la compagnie des
hommes»*〉(2004)를 발표해 화제를 모으기도 한다.

2004년 데플레생은 〈킹스 앤 퀸〉으로 그의 영화 이력에
서 가장 큰 성공을 거둔다. 영화는 한때 부부였지만 전혀 다
른 인생을 사는 남녀의 이야기를 교대로 보여주면서 사랑과

**

이별, 삶과 죽음, 개인과 가족 등에 대한 섬세하고 깊이 있는 통찰을 제시한다. 또 다양한 문학적, 신화적 암시들과 정교한 시각적 형식 등 높은 수준의 영화적 완성도를 이루어낸다. 데플레생 사단의 일원인 배우 마티외 아말릭과 엠마뉘엘 드보가 생애 최고의 연기를 펼쳐 보이며, 칸영화제를 비롯한 다수의 영화제에 출품되어 열렬한 찬사를 받는다. 2006년 데플레생은 다시 가족에 관한 영화 두 편을 준비한다. 먼저, 루베의 고향집에서 자신의 아버지와 동생 및 조카들을 촬영하고 할머니에 대한 추억을 회상하는 다큐멘터리 영화 〈사랑받은 여인L'*Aimée*〉(2007)을 제작하는데, 이 영화로 베니스 영화제에서 최우수 다큐멘터리 영화상을 수상한다. 그리고 이듬해, 〈사랑받은 여인〉의 내용을 더 확장하고 거기에 자신의 초기 영화 〈죽은 자들의 삶〉의 얼개를 얹은 영화 〈크리스마스 이야기*Un conte de Noël*〉(2008)를 발표한다. 이 영화는 어머니의 골수암 소식으로 크리스마스 즈음 루베의 고향집에 모인 한 가족의 이야기를 다룬 것으로, 화목해 보이는 가족 구성원들 사이에 내재되어 있는 뿌리 깊은 갈등과 반목을 유머와 냉소를 섞어 신랄하게 파헤쳐 보여준다. 고전영화의 기법을 차용한 아기자기한 구성과 예리한 인간관계 관찰, 카트린 드뇌브와 안 콩시니를 비롯한 주연 배우들의 열연으로 호평을 받는다.

2013년 데플레생은 미국으로 건너가, 전쟁 후유증에 시달리는 한 미국 인디언의 정신치료 과정을 담은 영화 〈지미 P *Jimmy P. (Psychothérapie d'un Indien des plaines)*〉를 만든다. 이 영화는 민족정신분석학자 조르주 드브뢰Georges Devreux의 연구서를 극영화화한 것으로, 새로운 시도와 독창성으로 큰 화제를 모은다. 또 2014년에는 20년 전에 만들었던 영화 〈나의

성생활: 나는 어떻게 싸웠는가〉의 과거 이야기를 추적하는 영화 〈마이 골든 데이즈*Trois souvenirs de ma jeunesse*〉*를 발표하는데, 주인공들의 청소년 시절로 거슬러 올라가 청춘의 순수한 사랑과 방황을 담백한 영상으로 담아낸다.

사적 영화 또는 영화라는 작은 우주

현대 프랑스 영화인들 중에서 데플레생만큼 '사적私的 영화'라는 용어에 적합한 감독을 찾기는 힘들다. 그는 정말로 자신의 개인사를 아무 거리낌 없이, 촘촘하게 영화 안에 새겨 넣는다. 그의 개인적 삶과 영화 속 인물의 삶은 구분하기 힘들 정도로 유사하거나 뒤섞여 있으며, 영화 세계와 현실 세계 사이의 경계도 자주 무너진다.

　실제로, 데플레생이 태어난 고향 '루베'는 그의 영화들에서도 항상 주인공의 고향으로 등장하며 그곳에는 평범한 중산층인 부모와 사촌들이 살고 있다. 〈킹스 앤 퀸〉에서 주인공 이스마엘의 고향도 루베이며, 그의 아버지는 오랫동안 그곳에서 식료품점을 해왔고 성실한 그의 사촌이 가게 일을 돕고 있다. 〈크리스마스 이야기〉**에서 온 가족이 모이는 시골집 역시 루베에 있으며, 〈나의 성생활: 나는 어떻게 싸웠

*

는가〉와 〈마이 골든 데이즈〉의 주인공들도 루베가 고향이다. 또, 데플레생 자신이 여자 형제와 자주 갈등을 겪었던 것처럼 영화 속 주인공과 여자 형제의 사이는 늘 불편하고(〈킹스 앤 퀸〉, 〈크리스마스 이야기〉 등), 상대적으로 사촌은 형제보다 더 친하고 편한 관계로 묘사된다(〈나의 성생활: 나는 어떻게 싸웠는가〉, 〈크리스마스 이야기〉 등). 아울러, 데플레생은 자신이 겪은 연애사나 지인들과의 관계도 영화에 솔직하게 반영하는데, 한때 그의 연인이었던 배우 마리안 드니쿠르는 자신의 사생활을 동의 없이 영화 〈킹스 앤 퀸〉에 그대로 삽입했다는 이유로 그를 고발하기도 한다.

트뤼포와 외스타슈Jean Eustache의 사적 영화 전통을 이어가는 것처럼 보이는 이러한 시도들은 그러나 단지 개인사의 나열을 통한 일기 형식의 영화를 만드는 데 목적을 두지는 않는다. 데플레생의 영화적 야망은 그것을 훨씬 넘어선다. 그는 끊임없이 자신의 개인사를 바탕으로 영화를 만들지만, 영화 속 인물들에게 실제 인물들과 똑같은 독자성과 개체성을 부여하려 애쓰며 그들만의 역사와 그들만의 관계를 이루어내려 노력한다. 또 그의 식구들이라 할 수 있는 몇몇 배우들을 매 작품마다 반복적으로 등장시키고 그들 사이의 관계

**

아르노 데플레생

(연인 관계, 부부 관계)도 계속 유지해서, 영화를 독립적인 하나의 작은 우주처럼 만들어간다. 그의 영화들은 새로운 작품이 만들어질 때마다 서로 깊이 연결되고, 그럼으로써 하나의 거대한 허구세계를 형성해가는 것이다.

가령, 데플레생의 페르소나로 잘 알려진 배우 마티유 아말릭은 〈나의 성생활: 나는 어떻게 싸웠는가〉 이후 주요 영화들의 주인공을 맡으면서 그의 영화와 함께 성숙하고 늙어가는 모습을 보여준다. 영화마다 직업은 조금씩 바뀌지만(철학 박사 준비생, 연극배우, 바이올리니스트 등) 항상 충동적이고 예민한 캐릭터로 등장하며, 고향은 언제나 루베이고, 배우 장폴 루시옹이 변함없이 그의 아버지 역을 맡는다. 게다가 그의 이름에는 여러 번 '뷔야르'라는 성姓이 붙고, 그의 여자형제의 이름은 자주 엘리자베스이며(〈킹스 앤 퀸〉, 〈크리스마스 이야기〉), 그의 사촌의 이름은 늘 시몽이고, 여배우 엠마뉘엘 드보가 매 영화마다 그의 연인 역을 맡는다(〈나의 성생활: 나는 어떻게 싸웠는가〉, 〈킹스 앤 퀸〉, 〈크리스마스 이야기〉).

또한 데플레생은 영화라는 허구 속 인물들의 과거, 현재, 미래를 오가면서 서로 연결시키는 것을 즐기는데, 가령 〈크리스마스 이야기〉에 등장하는 엘리자베스와 클로드의 아들 이름은 '폴 데달뤼'로 12년 전 영화인 〈나의 성생활: 나는 어떻게 싸웠는가〉의 주인공 이름과 동일하다. 즉 〈크리스마스 이야기〉는 영화의 제작연도와 상관없이 전작인 〈나의 성생활: 나는 어떻게 싸웠는가〉의 주인공 폴 데달뤼의 청소년 시절 모습을 암시적으로 묘사하고 있는 것이다. 몇 년 후 데플레생은 사십대가 된 폴 데달뤼가 자신의 청년 시절을 회상하는 영화 〈마이 골든 데이즈〉를 만드는데, 이로써 영화라는 허구세계 안에서 한 인물의 청소년기, 청년기, 장년기가 모두 등장하게 되고 자연스럽게 한 인물의 방대한 개인사가 형성된다. 허구 속 인물들의 삶을 실제 인물들의 삶과 동등한 것으로 간주하면서 그들의 과거를 추적해 구축해가는 이러한 시도는 영화라는 허구세계의 독자성을 전제할 때만 비로소 가능한 작업이다.

데플레생은 이처럼 그의 영화들을 통해 배우 아말릭이 맡은 한 허구적 인물의 개인사를 하나씩 구축해갈 뿐 아니라 몇몇 주변인들의 변천사에 대한 묘사를 더해, 그 자체로 하나의 거대한 계보를 만들어내고 있다. 그에게 영화란 그 나름의 독자성을 갖는 하나의 거대한 독립적 세계이며, 비록 허구세계이지만 우리가 살고 있는 현실세계와 마찬가지로 그것만의 고유한 실재성을 지닌다. 데플레생에게 영화는, 물리적인 현실 저편에서 그 스스로 실재하고 있는 세계이자 자기만의 시간에 따라 흘러가는 살아 있는 소우주인 것이다.

소립자들

사람들은 '진정한' 인간관계에 대한 기대를 버리지 않는다. 그 기대는 몇 년 동안, 때로는 몇십 년 동안 유지된다. 그러다가 어느 날 갑자기 어떤 결정적인 사건(대개는 죽음이라는 사건)이 일어나서 이미 때가 너무 늦었음을 일깨워준다.
— 미셸 우엘벡, 『소립자들』[1]

데플레생 영화 속 주인공들은 관계에 짓눌려 산다. 각자 나름대로 주변과 소통하려 애쓰지만 가족 사이에서도, 친구 사

---

1) 『소립자들』의 주요 등장인물 중 한 명은 데플레생이다.

이에서도, 연인 사이에서도 진정한 소통은 이루어지지 않는다. 가족은 대개 열등감과 강박, 고통의 원인일 뿐이다. 어떤 이는 무책임한 남동생을 5년 넘게 가족으로 인정하지 않은 채 혐오하고 있고(《크리스마스 이야기》), 어떤 이는 평생 사랑하고 의지해온 아버지로부터 증오와 저주의 유언을 들으며(《킹스 앤 퀸》), 어떤 이는 자기를 좋아하지 않는 친엄마를 엄마 대신 아버지의 부인이라 호명한다(《크리스마스 이야기》). 친구와의 관계도 쉽지 않다. 대개 주인공들은 단 한 명의 친구하고만 소통하고 있고, 자주 친구들로부터 배신당하거나 기만당하며, 친구의 연인과 몰래 잠자리를 갖는 일도 다반사로 일어난다. 물론 사랑하는 이와 관계를 유지하는 것은 그보다 더 힘들다. 주인공들은 항상 사랑과 구속, 사랑과 집착을 혼동하지 않으려 애쓰지만 번번이 실패하고 사랑도 끝내 잃고 만다. 결국 데플레생의 인물들은 철저하게 혼자이며, 살기 위해 관계를 필요로 하다가 살기 위해 관계를 떠나는 행동을 되풀이한다. 관계 속에 있지만 늘 단절감을 느끼는 철저한 단독자들인 것이다.

이 같은 현상의 이면에는 기본적으로 주인공들의 허무주의적 혹은 현실주의적 태도가 자리하고 있다. 10년 동안 사귀던 여인과 어느 날 갑자기 이별을 결심한 폴처럼(《나의 성생활: 나는 어떻게 싸웠는가》), 그들은 사랑의 영속성을 믿지 않으며 아무리 뜨거운 사랑도 유효기간이 지나면 식기 마련이라는 관점을 신봉한다. 그리고 그들은 데플레생의 인물 특유의 강한 '자기애'를 지니고 있다. 타인에 대한 사랑보다는 자아에 대한 사랑에 더 열중하고, 타인을 알기보다는 자신을 알고 이해하는 데 모든 에너지를 쏟는다. 현실세계에 존재하지만 그들의 관심은 온통 자신의 내면세계에 집중되어 있고, 내면에서 일어나는 정신적 변화와 사건들을 탐사하는 것에서 진정한 흥미를 느낀다. 데플레생적 인물의 원형이라 할 수 있는 〈나의 성생활: 나는 어떻게 싸웠는가〉*의 주인공 이름이 폴 데달뤼Paul Dédalus인 것도 우연이 아니다. '데달뤼'는 내면세계 탐구의 상징적 인물이라 할 수 있는, 제임스 조이스의 『율리시스』의 주인공 스티븐 디댈러스Stephen Dedalus를 자연스럽게 환기시킨다.

현대 서구 사회에 만연한 진실에 대한 '불신'도 이들이 개인적 삶에 자신을 가두는 이유가 된다. 〈킹스 앤 퀸〉의 인물들이 보여주는 것처럼 어디까지가 진심이고 어디까지가 거짓인지 구분하기 힘든 인간관계, 〈파수병〉이 드러내는 것처럼 끝 모를 음모와 계략이 지배하고 있는 현대 사회, 그리고 〈나의 성생활: 나는 어떻게 싸웠는가〉에서 스타 철학자 라비에가 구현하는 것처럼 위선과 가식이 더 이상 죄악으로 분류되지 않는 시대. 이처럼 허위가 지배하고 있는 현대 사회에서 데플레생의 주인공들은 더 이상 진실을 좇지 않으며 오로지 자신의 삶을 지키는 데에만 온 힘을 모은다. 우엘백의 언급처럼, 거짓과 음모와 투쟁이 지배하는 세계에 살고 있는 이상 그들만의 잘못은 아닌 것이다. 유일하게 배우 아

*

아르노 데플레생

말릭이 맡은 캐릭터(폴, 이스마엘, 앙리)만이 진실을 추구하며 사람들 사이에서 좌충우돌하지만, 그럴수록 정신이상자 취급을 당하며 멸시되거나 배제된다. 이따금 그들은 견딜 수 없는 한계에 이를 때 고백이라는 수단을 사용해보지만, 그마저도 진실과 거짓의 관계를 돌려놓을 만한 힘을 갖지는 못한다. 고백은 결국 자기 자신에게 되돌아오는 말, 즉 독백 이상의 의미를 갖지 못하는 것이다.

데플레생은 자주 프랑스 영화계에서 엘리트 감독으로 분류되어왔다. 명문 영화학교인 이덱 출신인 데다가 같은 학교 동문들과 오랫동안 함께 작업해온 것이 표면적인 이유일 것이다. 그런데 현대 프랑스 영화인들 중에서 그만큼 문화예술에 조예가 깊은 감독을 찾아보기도 힘들다. 그는 연극, 철학, 신화, 음악, 문학 등 다방면에 걸쳐 해박한 지식을 자랑하고, 심지어 2016년에는 직접 연극 작품(스트린드베리A. Strindberg 의 〈아버지Fadren〉)을 연출해 평단의 뜨거운 지지를 얻기도 했다. 특히 신화, 미술, 문학, 연극 작품의 조각들을 영화 속에 자연스럽게 끌어들여 예술성 높은 작품으로 완성시키는 데에는 그만 한 재능을 발견하기 힘들다.

간혹 데플레생의 영화들은 지나치게 현학적이라는 비판도 받지만, 그 누구도 따라 하기 힘든 아름답고 정교한 형식미로 그러한 비판을 무마시킨다. 그는 오랜 스태프 경험(카메라감독, 편집기사, 시나리오작가 등)을 통해 다양한 영화 기술과 형식에 정통해 있을 뿐 아니라, 서사의 리듬과 이미지의 리듬을 절묘하게 교합해 독특한 영화적 리듬을 창출해내는 데도 뛰어난 능력을 발휘한다. 또 영화적 시간에 기억, 상상, 꿈, 환상의 시간 등을 자유롭게 녹여내는 기법도 탁월하며,

마치 외스타슈나 로메르Éric Rohmer의 영화를 연상시키듯 끊임없이 이어지는 대화를 통해 인물들의 정신세계를 드러내는 데에도 비범한 재능을 보여준다. 평단의 열렬하고 지속적인 지지에 비해 상복이 다소 없는 편이지만, 그의 영화는 이미 종합예술로서 영화가 이룰 수 있는 최상의 경지에 다가가 있다.

아르노 데플레생

"내가 그 짐승들과 같은 족속처럼 보여요?"
"응, 그래 보여."

러스트 앤 본

Rust and Bone(2010)

●

불완전한 몸들이 나누는 생존의 언어

〈러스트 앤 본〉은 캐나다 작가 크레이그 데이빗슨Craig Davidson의 소설을 영화화한 작품이다. 『러스트 앤 본*Rust and Bone*』(2005)이라는 소설집에 실린 단편소설 「러스트 앤 본」과 「로켓 라이드*Rocket Ride*」를 합쳐 하나의 이야기로 만들었다. 「러스트 앤 본」은 미국 국경 지대에 사는 멕시코계 늙은 복서의 이야기이고, 「로켓 라이드」는 범고래 쇼를 진행하다 다리를 잃은 범고래 조련사의 이야기다. 영화는 전혀 상관없는 두 이야기를 합쳐 하나의 러브 스토리로 만들어냈는데, 그 과정에서 원작의 남자 조련사가 여자 조련사로 바뀐다. 사실 오디아르는 〈예언자〉(2009)를 만든 후 다음 작품으로 본격적인 로맨스 영화를 만들고 싶어 했다. 이전 영화들에도 애틋한 로맨스가 들어 있었지만 그것은 어디까지나 범죄영화의 틀 안에서 일어나는 사랑 이야기였다. 자타가 공인하는 범죄영화의 장인이 익숙한 장르를 떠나 로맨스 영화를 만드는 것에 대해, 그 자신을 포함한 많은 사람들이 우려를 감추지 못했다. 그러나 그는 예순 살이 되던 해에, 비할 데 없이 멋진 로맨스 영화를 만들어냈다. 항상 그래왔듯이, 잔혹하면

서도 아름다운, 살과 살이 부딪히는 그만의 강렬한 사랑 이
야기를 만들어낸 것이다.

불안한 남자와 불편한 여자의 사랑

그 남자 이야기. 남자는 무일푼으로 남프랑스에 내려왔다.
가진 거라곤 남보다 크고 단단한 몸 하나. 다섯 살짜리 아들
을 짐처럼 데리고 있을 뿐이다. 남들이 먹다 남은 것을 찾아
기차를 뒤지고 가게에서 물건을 훔치다가, 바닷가 근처 누나
집에 도착한다. 5년 전에 헤어진 누나는 전혀 살갑지 않다.
유통기한이 지난 요플레를 쌓아놓고 먹을 만큼 그녀의 삶
또한 팍팍하기 때문이다. 전직 복싱선수 경력과 이런저런 경
비원 경력으로, 남자는 나이트클럽의 경비원이 된다. 거기서
그 여자를 만난다.

오디아르의 영화 속 인물들이 늘 그렇듯이, 그리고 사회
하층부 구성원들의 삶이 실제로 그렇듯이, 그는 얼마 안 가
'불법'과 '범죄'의 유혹을 받는다. 그리고 별다른 의식 없이,
두려움도 없이 그 세계로 들어간다. 얼마 동안은 만족스러운
생활이 이어진다. 불법 격투기는 그에게 딱 맞는 일자리 같
다. 힘이 넘치고, 싸움을 좋아하고, 배운 거라곤 복싱과 격투
기뿐인 그에게 그보다 더 좋은 일은 없어 보인다. 게다가 쉽
게 큰돈도 벌 수 있다. 클럽에서 알게 된 그 여자와도 그럭저
럭 잘 지낸다. 그녀는 남들과 다른 몸을 가졌지만 별로 문제
될 게 없다. 똑똑하고 차분할 뿐만 아니라, 격투기에 대한 자
신의 희열도 이해해준다. 별 생각 없이 연루된 불법 감시 사
건이 터지기 전까지는, 모든 일이 순조롭게 흘러간다.

그 여자 이야기. 여자는 코피를 흘리며 쓰러져 있었다. 클

럽에서 시비가 붙어 누군가에게 얻어맞은 것이다. 그때 그 남자가 나타나 도와준다. 그는 클럽의 경비원이다. 그녀의 직업은 범고래 조련사. 애인이 있지만 관계는 심드렁하고, 남자들의 시선을 받는 게 좋아 이따금 야한 옷차림으로 클럽을 드나든다. 그런데 어느 날, '사고'가 일어난다. 여느 때처럼 범고래 쇼를 하던 중 범고래 한 마리가 물 밖으로 넘어와 그녀를 덮친 것이다. 그녀는 두 다리를 잃고 하루아침에 불구가 된다. 생각조차 못했던 이 삶을 도저히 받아들일 수가 없다. 그녀는 깊고 긴 절망에 빠진다.

암흑 같은 시간을 보내던 중, 여자는 그 남자에게 전화를 건다. 도울 일이 있으면 연락하라는 그의 말이 우연히 생각났기 때문이다. 남자가 그녀를 찾아온다. 그런데 뜻밖에도 그의 태도는 담담하다. 두 다리가 잘린 그녀를 보고도 특별히 놀라거나 가여워하지 않는다. 그냥 그런 일이 있었구나, 하는 정도의 반응이다. 놀라는 쪽은 오히려 그녀다. 그가 아무렇지도 않게 외출하자고 하더니, 급기야 바다에 들어가 수영을 하자고까지 했기 때문이다. 그녀는 자신의 귀를 의심한다. 바다…, 황금빛 물결로 반짝이는 초록의 바다. 그와 함께 바다에 들어간 그녀는 헤엄을 치며 오랜만에 자유와 해방감을 맛본다. '그'라는 존재 하나가 그녀를 긴 어둠의 터널에서 밖으로 살짝 끌어낸 것이다. 그와 함께 몇 번 바다로 나가던 그녀는 불법 격투기 장소까지 따라간다. 그리고 거기서 야수 같은 인간들의 피 터지는 격투를 보며, 알 수 없는 흥분과 격한 심장박동을 느낀다. 그녀는 그렇게 점점 더 남자와 가까워지고, 마침내 섹스까지 나누게 된다. 몇 번의 갈등과 우여곡절이 있었지만, 그들의 관계는 깊어지고 애정과 신뢰 속에서 모든 게 순조롭게 흘러간다. 불법 감시 사건으로 어느 날 그가 홀연히 사라지기 전까지 말이다.

두 사람의 사랑은 (일부 관객에게) 다소 낯설어 보일 수도, 충격적일 수도 있다. 하지만 알고 보면 이들은 오디아르의 영화에 자주 등장하는 전형적인 커플 유형에 가깝다. 그의 영화에서 남자는 대개 사회 하층부나 주변부에 속해 있고, 어떻게든 잘 살아보려 애쓰지만 항상 범죄세계 혹은 폭력세계의 유혹을 받는다. 또 여자는 비교적 평범한 환경 속에 살고 있지만, 남다른 신체적 장애나 결함을 안고 있다. 사실, 주변부 남자와 평범한 여자의 사랑은 무수한 장르영화들에 등장하는 일종의 '공식'이라 할 수 있는데, 오디아르는 여기에 변형을 가해 '평범한 세계에 속하지만 남다른 결함이 있는 여자'라는 캐릭터를 만들어낸다. 〈러스트 앤 본〉 이전에 〈내 마음을 읽어봐〉(2001)가 이미 이러한 커플의 전형을 보여주었다. 남자는 출소한 지 얼마 안 되는 멀쩡한 외모의 전과자이고, 여자는 능력 있는 회사원이다. 그런데 한 꺼풀 벗겨보면, 남자는 상당한 빚을 지고 있어 범죄의 유혹을 받고 있고, 여자는 보청기를 끼지 않으면 아무 소리도 들을 수 없는 중증의 청각장애를 앓고 있다. 삶이 힘겹기만 한 그들. 평범한 삶을 살기 위해 고달픈 노력을 이어가야 하는 그들은 필요에 의해 서로 가까워지고, 이런저런 위기를 극복한 끝에 사랑의 결실을 맺는다.

요컨대 '불안한' 존재(남자)와 '불편한' 존재(여자)가 만나 이루어가는 사랑. 오디아르의 첫 영화 〈그들이 어떻게 추락하는지 보라〉(1994)의 남남커플에서부터 최근 영화 〈디판〉(2015)의 난민 커플까지, 두 사람이 만나 관계를 맺고 사랑을 이루어가는 방식은 이처럼 항상 비슷하다. 그들은 우선 현실

적인 필요에 의해, 그리고 처절한 고독을 잊기 위해 서로의
곁에 머문다. 사회의 끝으로 내몰린 불안한 존재들이나, 신
체 혹은 신상에 심각한 결함이 생긴 불편한 존재들이 삶에
대해 갖는 느낌은 대개 비슷하기 때문이다. 특히, 영화〈러스
트 앤 본〉에서 두 남녀는 생의 벼랑 끝까지 몰려 있다. 남자
는 어떻게 살아야 할지 방향을 잃었고, 여자는 혼자 감당하
기엔 너무 막막한 생을 마주하고 있다. 살기 위해, 살아남기
위해 그들은 서로를 필요로 하고 서로를 원한다. 고통스럽
더라도 질긴 끈 같은 것을 쥐고 있어야만, 이 생을 버텨낼 수
있다. 이들이 서로의 결여를 채워주기 위해 사랑한다는 식의
해석은, 그러므로 순진하고 안일하다. 세상 끝에 내몰린 이
들의 사랑은 그렇게 간단하지 않다. 목숨을 유지하기 위해,
그들은 사랑을 나눈다. '생존'을 위해, 사랑을 붙들어 매고
있는 것이다.

야생의 세계에서 나누는 몸의 언어

인간은 본래 야생적 동물이다. 인간으로서 우리의 의무는
야생성을 억제하고 야생적이지 못하게 조련하는 조련사처
럼 되는 것이다.
— 아피찻퐁 위라세타쿤,〈열대병〉

남자는 본능에 충실하다. 배고프면 먹고, 맞으면 때리고, 성
욕이 생기면 아무 여자하고나 섹스한다. 자기가 낳은 아들은
어떻게든 돌보려 애쓴다. 격투기에 희열을 느끼는데, 이는
자신의 본능을 단숨에 최대치로 표출해낼 수 있기 때문이다.
인간이 만들어놓은 관습과 규약에 관심이 없고, 인간이 얽

매여 있는 편견과 이분법적 사고로부터도 자유롭다. 때문에, 두 다리가 절단된 여자의 몸을 보고도 크게 놀라지 않는다. 인간의 문명이 설정해놓은 정상/비정상 이데올로기가 그에겐 제대로 작동하지 않는 것이다. 그는 별다른 의도 없이 그녀를 다른 사람과 똑같이 대하며, 사람들의 눈을 전혀 신경 쓰지 않고 그녀와 함께한다. 그러니까 그는 '문명 밖'의 인간, 관습과 질서와 체계 밖의 인간이다. 문명세계에 속해 있지만 자신만의 세계를 살고 있는, 인간세계에서 '야생의 세계'를 살고 있는 짐승 같은 존재이다.

여자는 본래 문명 속에 살던 존재였다. 짐승(돌고래)과 가깝게 지냈지만, 문명의 기술로 야생을 통제하는, 어떻게 보면 더 철저하게 문명적인 삶을 살고 있었다. 그러다가, 한순간에 두 다리를 잃고 문명세계에서 밀려난다. 물론 그녀는 문명세계에 머무르며 인간의 도움을 받겠지만, 시간이 지날수록 소외되고 배제될 것이다. 같은 공간에 있어도 '다른' 존재로 취급될 것이고, 돌고래가 그랬던 것처럼 그녀 역시 인간에 종속되어 살아갈 수밖에 없을 것이다. 그러던 중 그녀는 남자를 만나고, 그를 따라 '야생'의 세계에 눈을 뜬다. 문명의 관점에서 볼 때는 폭력이 난무하는 짐승들의 세계지만, 정작 그 안에서는 편견도 배제도 차별도 없는, 단지 본능과 감정의 교환만이 이루어지는 세계다. 그리고 말 대신 오로지 '몸'으로 소통하는 세계다. 여자는 이 새로운 세계를 접하며 온몸이 진동하는 강렬한 흥분과 희열을 느낀다. 도중에 "인간답게 살고 싶다, 짐승처럼 되긴 싫다" 말하며 주저하기도 하지만, 자신도 모르게 점점 더 야생의 세계에 빠져 들어가고 남자와 동질화되어간다. 마침내 그녀 역시 야생의 일원이 되는 것이다.

영화가 흘러가는 동안, 남자와 여자는 결국 그들만의 세계를 이루어낸다. 문명세계에 잘못 끼어든 것 같았던 두 사람은, 이제 그 안에서 그들만의 '야생세계'를 이루며 어떻게든 살아갈 것이다. 두 사람의 세계는 일반인들의 세계와 다른 빛을 띠겠지만, 어쨌든 그들과 같은 시간, 같은 공간을 공유하며 함께 존재할 것이다. 영화의 배경이 되는 남프랑스(칸, 앙티브, 니스 등)의 풍경이 처음부터 끝까지 렌즈 필터링된 세피아 톤의 이미지로 묘사되는 것도 그 때문이다.

그런데 이 야생세계, 문명 너머의 세계에서는 '몸'이 언어를 대신한다. 정확히 말하면, 신체언어가 문자언어를 대신한다. 우리가 '언어'라 부르는 것, 즉 문법과 어휘목록(사전)을 갖는 문자언어는 단지 관습과 규약의 산물이기 때문이다. 그것은 이성과 규칙이 지배하는 세계, 다시 말해 상징적 질서가 지배하는 문명세계에서만 통용될 수 있는 매개물이다. 게다가 안타깝게도, 상징적 매개물로서의 언어는 인간 내면에서 일어나는 감정이나 본능, 욕망을 온전히 표현해내지 못한다. 언어로 표현하기 위해서는 정신의 필터링 과정을, 즉 문법과 어휘목록의 필터링 과정을 반드시 거쳐야 하기 때문이다. 왜곡과 변질은 불가피하고, 진실성 여부는 모호해진다. 이에 비해, 신체 언어로서의 몸은 인간의 내면에서 일어나는 것들을 어떤 필터링 과정도 거치지 않고 직접 표현해낸다. 몸을 통한 소통행위에는 이성적 명령이나 상징적 질서가 개입하지 못하며, 인간의 본능이나 감정, 욕망이 있는 그대로 표출되고 전달된다. 만지고 때리고 부딪히고 핥고 소리지르는 행위들에, 이성적이고 관념적인 것이 개입할 여지는 없다. 언어라는 상징적 매개가 작동하지 않는 날것 그대로의 세계에서 인간의 소통은 오로지 표정, 몸짓, 소리 같은 신체

기호들을 통해서만 이루어지는 것이다. 특히 분노나 사랑처럼 좀 더 깊은 감정의 교환은 오직 직접적이고 강렬한 살들의 부딪힘, 즉 폭력이나 섹스를 통해서만 실현될 수 있다. 야생세계에서 인간-짐승들은 말하는 대신 때리거나 맞으며, 대화를 나누는 대신 섹스를 나눈다.

문명세계에서 야생세계를 택한 영화 속의 두 남녀 역시 '몸'이라는 짐승의 언어로 사랑을 나눈다. 그들이 몸으로 나누는 사랑은 내면에서 우러나오는 본능과 감정에 절대적으로 충실한 것이며, 거기에는 어떤 이성적 판단이나 관념적 통제도, 어떤 편견이나 의도도 들어 있지 않다. 물론, 그들이 몸으로 표출해내는 본능은 단지 성적 본능이나 육체적 욕망만을 가리키는 것이 아니다. 거기에는 살기 위해 누군가에게 의지해야 하는, 버티기 위해 누군가와 몸을 섞어야 하는 '생존 본능'이 포함되어 있다. 합리적이지만 살벌하고, 규약과 체계를 따르지 않으면 잔인하게 배제되며, 정상이라는 기준에 부합되지 못하면 철저하게 소외되는 이 무서운 문명세계에서 그들이 살아남을 수 있는 방법은 그것밖에 없다. 야생의 존재답게 야생의 방식으로 몸을 섞고 붙어 있어야만, 문명이 휘몰아 오는 소외와 배제의 비바람을 견뎌낼 수 있는 것이다.

프레임 너머, 유리벽을 넘어

한편, 영화는 오디아르 특유의 감각적이면서도 함축적인 시적 이미지들로 가득 차 있다. 영화 곳곳에 삽입되어 있는, 모든 것을 삼키는 듯한 물 이미지도 인상적이지만, 절제된 카메라 움직임만으로 몸의 움직임과 입체감을 극대화시켜 보여주는 격투신과 정사신들 또한 처연할 정도로 매혹적이다.

또, 영화의 주요 교점마다 등장하는 '이차프레임(프레임 안의 프레임)' 이미지들은 서사의 흐름에서 일어나는 변화뿐 아니라 인물들의 관계에서 일어나는 변화를 상징적으로 나타내면서 영화의 의미 영역을 더욱 풍부하게 넓혀준다. 그 이차프레임들은 모두 인물들 사이를 가로막고 있는 단단하면서도 투명한 벽과도 같은데, 따라서 '유리벽'이라는 기호로 해석될 수 있다.

첫 번째 이차프레임은 여자와 남자 사이에 놓여 있던 유리벽, 즉 자동차 '창유리'다. 처음에 여자는 남자가 발을 담그고 있는 격투기의 세계가 못마땅했다. 짐승들이나 하는 짓 같았다. 그런데 그를 따라간 현장에서, 그녀는 자동차 창유리 너머로 새로운 세계를 발견한다. 피가 터지고 살이 찢기며 때리고 밟히는 세계였지만, 어쩐지 그 세계에 이끌렸고 심장이 두근거렸다. 그들은 폭력을 휘두르고 있다기보다는, 인간이 느끼는 모든 분노와 고통, 증오, 희열을 온몸으로 표현하고 있는 것 같았다. 어떤 겉치레나 속임수 없이, 오로지 서로의 본능을 있는 그대로 분출하고 있는 것 같았다. 얼마후, 그녀는 자동차 문을 열고 나가 직접 그들의 세계로 들어간다. 두 다리가 불편했지만, 갈등이나 충돌 없이 금세 그들의 일부가 된다. 무엇보다 그녀가 그 세계를 원했기 때문이다. 그렇게, 여자와 남자 사이의 유리벽은 자연스럽게 열리고 극복된다.

두 번째 이차프레임은 여자와 범고래 사이에 존재하는 유리벽, 즉 수족관의 거대한 '유리벽'이다. 여자는 남자를 만나면서 간신히 어둠의 장막을 걷어내기 시작한다. 그렇게 조금씩 빠져나오다가 남자와 정사까지 나눈 후, 비로소 일말의 자존감을 되찾는다. 자신을 돌아볼 최소한의 용기를 얻은 것이다. 마침내 그녀는 범고래 쇼가 열렸던 장소를 다시 찾는다. 자신의 삶의 전부였던 곳이자, 자신의 삶을 송두리째 앗아간 곳. 거대한 유리벽 너머로 범고래 한 마리가 다가온다. 그녀에게 상처를 입혔던 녀석인지도 모른다. 범고래는 물 속에서, 그녀는 물 밖에서 유리벽을 사이에 두고 그들만의 몸짓으로 대화를 나눈다. 마치, 서로 용서하고 화해하고 다 이해한다는 듯이. 그녀와 범고래 사이의 유리벽은 그렇게 서로 넘지 말았어야 할 벽이었다. 유리벽을 사이에 두고 떨어져 있을 때 그들은 서로 다정하고 평화로웠다. 그 사실을 확인하고는, 씁쓸한 마음을 뒤로한 채 둘은 다시 헤어진다.

세 번째 이차프레임은 아이와 아빠 사이에 놓여 있던 유리벽, 즉 얼어붙은 호수의 두꺼운 '얼음'이다. 처음부터 아이와 아빠 사이에는 불투명한 장막 같은 것이 놓여 있었다. 어쩌면 그것은 아이가 아빠뿐 아니라 세상을 향해 쳐놓은 장막이라 할 수 있다. 엄마를 떠나 거칠고 불안정한 아빠와 단둘이 사는 다섯 살 난 남자아이의 정신상태가 멀쩡하기는 힘들다. 개집이든, 식탁보 아래든, 아이는 어두운 곳으로 기어들어가 숨고 싶어 한다. 어둠 속에 숨어서, 불투명한 장막에 난 작은 구멍으로 세상을 바라보고 싶어 한다. 엄마 품을 그리워하는 자궁 회귀 욕망이라 해도 무방하다. 아빠는 그런 아이가 못마땅해 자꾸 야단만 친다. 그러던 어느 날, 아빠는 아이를 버리고 홀로 떠난다. 그리고 계절이 몇 번 바뀐 후 아이를 다시 만난다. 눈 내린 겨울 산과 호수에서 오랜만에 즐거운 시간을 보내는 아빠와 아이. 그러다가 갑자기 또 '사고'가 찾아온다. 얼어붙은 호수 위에서 놀던 아이가 한순간 얇은 얼음 아래로 빠진 것이다. 아빠는 사력을 다해 아이를 구하려 하지만, 뾰족한 방법이 없다. 결국 아빠는 주먹으로 얼음을 내리친다. 자신이 가진 모든 힘을 다해 얼음이 깨질 때까지 수십 번 내리친다. 아이와 아빠 사이의 이 두터운 얼음벽(유리벽)은 반드시 깨부숴야 할 벽이었다. 그것은 지난 세월 동안 그들 사이에 알게 모르게 세워지고 굳어진 투명한 벽과도 같다. 마침내 아빠는 그 벽을 부순다. 손이 부서지고 얼음에 피가 흥건히 번졌지만, 아빠는 얼음을 깨고 아이를 구해낸다.

네 번째 이차프레임은 영화의 라스트신에 등장하는 유리벽, 즉 호텔의 '회전문'이다. 이 유리벽은 이제 막 한 가족이 된 이들과 세상 사이에 놓여 있다. 시합을 앞두고 남자는 어느 호텔에서 기자회견을 갖는다. 이번에는 합법적인 격투기다. 여자와 아이가 미소를 지으며 그를 바라보고 있다. 기자회견을 마친 뒤 남자와 아이, 여자는 차례로 호텔의 회전문을 밀고 나간다. 그리고 회전문 밖에서 친밀하게 대화를 나누는 세 사람을 보여주며, 영화는 끝을 맺는다. 이제 이들 사이에 유리벽은 존재하지 않는다. 이들과 세상 사이에 놓인 유리벽만이 있을 뿐이다. 불완전하지만, 이들은 어딜 가더라도 함께 유리벽을 넘으려 애쓸 것이다. 유리벽의 어느 쪽에서든, 함께 모여서 세상을 버텨내려 애쓸 것이다.

영화의 정당성을 만들어주는 것은 그것의 증언 기능이다.
세상을 바라보고 인간들 사이의 관계를 이해하는 것이
영화적 행위의 기본이다.

자크 오디아르

Jacques Audiard, 1952~

●

정교한 형식과 강렬한 영상의 범죄영화 장인

자크 오디아르는 1952년 파리에서 출생했다. 처음엔 문학
교사가 되길 희망했으나, 유명 시나리오작가인 아버지 미
셸 오디아르의 영향으로 학업을 중단하고 영화계에 뛰어든
다. 아버지의 후광에 대한 시선을 의식한 듯, 그는 영화 현
장에서 착실하게 기초부터 배워간다. 로만 폴란스키Roman
Polanski를 비롯한 여러 감독의 조연출을 거치고, 한동안 편
집기사로도 활동한다. 또 1980년대 초부터 시나리오를 쓰
기 시작해 실력을 인정받고, 클로드 밀러Claude Miller의 영화
〈데들리 런Mortelle Randonnée〉(1983)의 시나리오를 아버지와
공동 집필하기도 한다.

　1994년 마흔두 살이라는 꽤 늦은 나이에, 오디아르는 첫
번째 장편영화 〈그들이 어떻게 추락하는지 보라Regarde les
hommes tomber〉*로 세자르영화제 신인작품상을 수상하며 화
려하게 데뷔한다. 마티외 카소비츠와 장 루이 트랭티냥 두
배우의 매력적인 조합이 돋보이는 이 영화는 사회 하층부와
범죄세계의 불가역적인 상관성을 유머와 아이러니 가득한
이야기로 들려주면서 관객과 평단을 사로잡는다. 2년 뒤, 오

디아르는 다시 두 배우를 기용해 한 레지스탕스 장교의 거짓된 삶을 다룬 영화 〈위선적 영웅Un héros très discret〉(1996)을 발표하는데, 카소비츠의 섬세한 연기와 짜임새 있는 시나리오(세자르영화제 각본상 수상) 등으로 높은 평가를 받는다. 그 후 약 5년 동안 오디아르는 다른 감독의 시나리오 작업에 참여하는 등 휴지기를 보내다가, 스릴러와 로맨스를 적절히 섞은 세 번째 영화 〈내 마음을 읽어봐Sur mes lèvres〉(2001)로 돌아와 역시 평단과 대중의 고른 지지를 얻어낸다.

제임스 토백James Toback의 영화 〈핑거스Fingers〉(1978)를 창조적으로 개작한 네 번째 영화 〈내 심장이 건너뛴 박동De battre mon cœur s'est arrêté〉(2005)**은 전작들에 비해 비평과 흥행 모두에서 더 큰 성공을 거두며 오디아르의 위상을 한 단계 더 격상시킨다. 범죄세계와 예술세계 사이에서 갈등하는 젊은 남자의 이야기를 다룬 이 영화는 탄탄한 이야기 구조뿐 아니라, 파리의 밤거리를 배경으로 하는 독특하고 감각적인 영상으로도 큰 주목을 받았다. 그해 세자르영화제에서 작품상, 감독상, 남우주연상 등 여덟 개 부문을 수상하고, 베를린영화제에서도 은곰상을 수상하며 작품성을 인정받는다. 그리고 2009년 오디아르는 문제작 〈예언자Un prophète〉를 발

*

자크 오디아르

표한다. 이 영화는 프랑스뿐 아니라 전 세계 비평가들과 영화팬들의 절대적인 찬사를 이끌어냈고, 그에게 칸영화제 심사위원대상과 영국아카데미 최우수외국어영화상 등 수많은 상을 안긴다. 북아프리카 이민자 출신의 보잘것없는 청년이 감옥 생활을 통해 갱단의 두목으로 성장하는 이야기를 박진감 있게 다루면서, 인종 갈등과 이민자 문제라는 동시대의 첨예한 사회문제를 절묘하게 담아냈다.

2012년 오디아르는 범죄 이야기에서 벗어나 사회 주변부로 밀려난 두 남녀의 애틋한 사랑을 다룬 영화 〈러스트 앤 본〉을 발표하는데, 이 영화 역시 〈에언자〉 못지않은 열렬한 찬사와 호응을 이끌어낸다. 특히 두 다리를 절단한 여주인공 역을 탁월하게 소화해낸 마리옹 코티야르의 열연으로 칸영화제 대상과 여우주연상 등이 점쳐졌지만, 그해 출품된 미카엘 하네케Michael Haneke 감독의 〈아무르Amour〉에 밀려 무관에 그치는 불운을 겪기도 한다. 아이러니하게도 오디아르는 그의 작품 중 유일한 범작으로 간주되는 일곱 번째 영화 〈디판Dheepan〉으로 2015년 칸영화제 대상을 수상하는데, 다소간의 논란에도 불구하고 지난 20여 년 동안 그의 영화들이 구축한 특별한 영화세계를 기리는 수상이었다고 평가받는다.

**

새로운 유형의 범죄영화 장인

오디아르에게는 시나리오작가 출신이라는 이력이 꼬리표처럼 붙어 다닌다. 정확히 말하면, 모든 영화의 시나리오를 자신이 직접 쓰기 때문에 여전히 현역으로 활동하고 있는 시나리오작가이기도 하다. 어찌 됐든 그는 이야기를 잘 만든다. 할리우드 장르영화에 정통한 시네필답게, 갈등과 서스펜스, 반전 등을 창출해내는 서사적 타이밍과 관객의 흥미를 이끌어내는 영화적 리듬을 정확히 알고 있다. 무엇보다 그 모든 것을 자유자재로 무너뜨렸다가 복원시킬 수 있을 만큼 타고난 이야기꾼의 능력을 갖추고 있다. 게다가 동시대 사회 문제에 대한 의식을 항상 견지하고 있으며, 개인의 내면에서 일어나는 감정의 상승과 하강, 비등을 정확히 짚어내 표현할 줄 아는 예민한 감각도 지니고 있다.

특히, 오디아르는 캐릭터 구축에 뛰어나다. 매 영화마다 탄탄한 시나리오를 바탕으로 부조浮彫되는 매력적인 캐릭터들은 강한 흡인력으로 관객을 사로잡고 영화 자체에 생동감을 더해준다. 물론, 여기에는 다양한 유형의 인간들에 대한 그의 부단한 관심과 편견 없는 시선도 한몫했을 것이다. 강렬하고 매혹적인 캐릭터들은 그것을 연기하는 배우들로부터 자연스럽게 최대치의 연기를 이끌어낸다. 오디아르는 배우의 잠재력을 이끌어내는 데 있어 누구보다 뛰어난 능력을 발휘하는데, 그의 영화에 출현한 배우들은 신인이나 스타 할 것 없이 대부분 인생 최고의 연기를 보여준다. 영화 〈증오〉(1995)의 감독으로 더 유명한 카소비츠는 오디아르의 초기 두 영화(〈그들이 어떻게 추락하는지 보라〉, 〈위선적 영웅〉)에서 주연을 맡아 배우로서도 탁월한 자질을 지니고 있음을 입증해 보였다. 연약하고 어수룩한 표정 뒤로 교활함과 영악함,

그리고 잔인할 정도의 냉정함을 흘려 보이는 그의 연기는 다른 대체 배우를 떠올리기 힘들게 만들었다. 또 이전까지 이렇다 할 주목을 받지 못했던 엠마뉘엘 드보와 로맹 뒤리스는 각각 〈내 마음을 읽어봐〉와 〈내 심장이 건너뛴 박동〉에서 주연을 맡아 커다란 찬사를 이끌어냈고(각각 세자르영화제 여우주연상, 남우주연상 수상), 이후 연기파 배우로 변신한다. 이미 최고의 여배우 자리에 올라와 있던 마리옹 코티야르 역시 〈러스트 앤 본〉을 통해 다시 한 번 진정한 연기파 배우임을 각인시켰고, 〈러스트 앤 본〉과 〈예언자〉에서 남자 주인공 역을 맡은 마티아스 쇼에나에츠와 타하르 라힘은 무명에 가까운 신인 배우에서 단숨에 연기력을 갖춘 주연급 배우로 급부상한다.

오디아르가 특별히 애착을 갖는 장르는 범죄영화다. 기본적으로 그는 필름누아르, 갱스터 무비, 스릴러 등과 같은 세부 장르 안에 머물면서 장르의 요소들을 적절히 변형하고 뒤집고 지연하는 것을 즐긴다. 또 장르의 공식을 따르면서도 과감하게 넘어서고 벗어났다가 되돌아오는 것을 자유자재로 해낸다. 이 같은 범죄영화에 대한 선호로부터 오디아르 영화 특유의 캐릭터가 탄생하는데, 바로 이중적 세계에서 '이중적 본성'을 지닌 채 살아가는 인물이다. 그의 영화의 남자 주인공들은 대개 사회 주변부로 내몰려 있으며, 범죄세계 혹은 폭력세계에 발을 걸치고 있지만 그곳에서 빠져나와 남들처럼 평범한 인생을 살려 애쓴다. 이들은 대개 이런저런 우연으로 평범한 여자, 하지만 장애나 남다른 결함이 있는 여자(혹은 남자)를 만나며, 서로 필요에 의해 인연을 이어가다가 결국 사랑에 빠진다. 불안한 존재와 불편한 존재가 만나 나누는 소통과 사랑, 그리고 평범한 삶을 회복하기 위한 그들의 애달픈 노력. 범죄영화라는 상투적 세계에서 펼쳐지는 오디아르의 인물들만의 특별한 이야기는 대략 이렇게 요약될 수 있다.

덧붙여, 독특한 스타일의 영상미도 그를 작가주의 감독의 반열에 올려놓는 요소 중 하나다. 한마디로, 오디아르는 몇 컷의 '이미지'로 영화 전체의 의미를 함축할 수 있는 능력을 지니고 있다. 영화 형식 전반에 대한 깊은 조예와 타고난 시적 감각이 있어야 가능한 일이다. 가령, 〈내 마음을 읽어봐〉*에서 그는 청각장애인인 여주인공의 답답한 내면을 청각적인 방식뿐 아니라 '시각적인' 방식으로도 표현해낸다. 영화 중간 틈틈이 찾아오는, 사운드가 꺼진 듯한 무소음의 장면들은 주인공이 일상에서 느끼는 청각적 암흑과 그것의 진공 같은 압박을 나타내는 청각적 표현방식이다. 그리고 영화 곳곳에 산재하는 아스라한 '빛의 소멸' 장면들은 주인공이 느끼는 청각적 암흑의 상태를 시각적으로도 체험하게 해준다. 특히 여주인공이 거울을 바라보며 내면의 욕망과 마주하는 장면들에서는, 항상 망막이 닫히듯 화면이 어두워지면서 어둠으로 뒤덮여가는 거울 속 그녀의 모습이 강조된다. 주변 세계보다 자기 자신의 깊은 내면을 더 알기 어려워진, 그녀

*

자크 오디아르

의 답답한 심상心象을 감각적인 영상으로 표현한 것이다. 또 〈디판〉의 초반, 영화 타이틀이 등장하는 장면은 까만 어둠 속에서 색색의 빛이 반딧불이처럼 빛나는 영상으로 처리되는데, 이는 불법으로 야광 머리띠를 팔아 생계를 유지하는 난민들의 힘겨운 현실을 시각적으로 단순화시켜 표현한 것이다. 이후에 등장하는 장면들과 연계해볼 때, 이 장면은 조각 같은 배에 의지해 목숨을 걸고 밤바다를 건너오는 난민들, 암흑 같은 세상에 내던져졌지만 희망을 잃지 않으려 애쓰는 그들의 서글픈 운명을 시적으로 압축해 보여준 것이라 할 수 있다.

주변부에 대한 집요한 시선

오디아르의 영화에 변함없이 나타나는 또 다른 특징 중 하나는 바로 사회 주변부를 향한 끈질긴 시선이다. 일곱 편의 영화에서 평범한·사람이 주인공이나 주요 인물로 등장한 적은 한 번도 없다. 특히 그의 영화의 남자 주인공들은 부랑아이거나 사기꾼이거나 전과자이거나 사채업자이거나 죄수이거나 불법 격투기 선수이거나 난민이다. 범죄영화에 대한 그의 애착이 어느 정도 영향을 주었겠지만, 평범한 환경의 사람이 범죄의 주체가 되지 말란 법은 어디에도 없다. 가령 오디아르가 깊은 영향을 받았던 클로드 샤브롤Claude Chabrol의 경우, 50편이 넘는 범죄영화에서 꾸준히 부르주아 계층이나 소시민 계층의 범죄를 다루었고 이를 통해 평범한 사람들의 삶에 내재해 있는 광기와 폭력성을 고발했다. 부르주아 가정 출신이라는 자신의 환경을 자각하면서, 역설적으로 부르주아 세계의 내파內破를 기도했던 것이다. 반면, 오디아르는 스스로 인정하듯 평범한 부르주아 가정 출신이지만, 우리 주변에서 흔히 만나는 평범한 사람들보다 우리가 외면하는 사회 주변부나 밑바닥 계층의 사람들을 묘사의 대상으로 삼는다. 사회를 향한 그의 시선은 항상 위보다 아래를 향해 있다.

초기에는 그의 이러한 관심을 안전한 영역에 머물러 있는 부르주아 예술가의 일시적이고 낭만적인 시선으로 보는 이도 적지 않았다. 하지만 영화가 거듭될수록 사회 주변부를 향한 그의 진정성 있는 관심과 성실한 고찰에 지지와 힘을 보태는 목소리가 늘고 있다. 물론 그의 영화가 혁신적인 문제 제기를 하거나 어떤 대안을 제시하지는 않는다. 또 몇몇 작품들에서는 다소간의 신비주의나 영웅주의로, 즉 판타지적 결말로 모호하게 끝나버리는 것도 사실이다. 그러나 주변부와 하층민의 삶에 끊임없이 다가가면서 그들에게서 일어나는 다양한 문제를 지속적으로 이슈화하는 오디아르의 작업은 분명 중요하고 의미 있는 일이다.

이 같은 오디아르의 집요한 시선은 종종 '진짜' 심각한 사회문제, 실제 현실에서는 다수가 침묵하며 외면하는 중요한 문제를 대놓고 얘기할 수 있는 용기로 이어진다. 일례로, 〈예언자〉*가 내포하는 정치, 사회적 알레고리는 시의적일 뿐 아니라 매우 의미심장하다. 영화는 겉으로는 갱스터 무비와 한

*

　　　　　　　　자크 오디아르

남자의 성장담 형태를 취하고 있지만, 그 이면에서는 프랑스 사회를 위협하는 심각한 사회문제임에도 누구도 제대로 언급하지 않았던 '감옥의 이슬람화'에 대해 이야기하고 있다. 물론 이야기 방식은 일종의 알레고리 형태를 취하고 있지만, 영화가 갖는 대중적 파급력을 고려해볼 때 상당한 용기를 요하는 시도라 할 수 있다(실제로 프랑스 수감자 중 70퍼센트 이상이 이슬람교도이며, 그중에는 막연한 성향이었다가 감옥을 거치며 급진화되거나 과격화되는 경우가 적지 않다). 더 의미심장한 알레고리는, '예언자'이자 '수장'인 한 청년의 출현이다. 실제로 평범한 청년 말리크가 여러 고난과 깨달음을 거쳐 새로운 마피아 두목으로 성장하는 과정은, 예언자이자 이슬람의 창시자인 마호메트의 성장 과정과 아주 유사하다. 일찍이 부모를 여의고 고아가 된 점, 천사의 계시를 받는 점, 예언의 능력을 갖춘 점, 미망인과 결혼하는 점, 영역 내의 반대 세력을 무력으로 무찌르고 통치자가 되는 점 등이 그렇다. 어쩌면 미셸 우엘벡이 소설 『복종Soumission』(2015)에서 예언한 것처럼, 머지않은 미래에 프랑스에서는 이슬람 대통령이 선출될지 모르고 나라의 국교 자체도 이슬람으로 바뀔지 모른다. 지금 프랑스에서 벌어지고 있는 일련의 사태들과 각종 사회문제들, 지표들을 고려해보면 결코 허황된 얘기가 아니다. 다시 말해, 영화 〈예언자〉는 감옥 이야기를 빗대어 언젠가는 프랑스 사회 자체가 비범한 능력을 갖춘 아랍계 이슬람 통치자에 의해 접수될 수 있다는 사실을 암시하고 있다.

〈디판〉**의 경우도 이와 비슷하다. 오디아르는 이 영화를 통해 현재 유럽의 가장 뜨거운 화두인 난민 문제에 대해 직설화법으로 이야기한다. 물론 난민 문제에 대한 과도한 부채의식이 영화를 다소 무겁게, 그리고 단순하게 만들었을 수도 있다. 어쨌거나 영화의 초점은 난민을 둘러싼 여러 정치역학적 구도보다 난민 수용 이후의 무기력하고 무관심한 유럽의 태도에 맞춰져 있다. 수많은 난민을 받기만 하고 사후 처우나 관리에 대해서는 무능과 무관심으로 일관하는 유럽, 최악의 환경에 몰아넣고 소통과 통합을 위해서는 어떤 노력도 기울이지 않는 유럽의 이상주의와 탁상 행정에 대해 고발하고 있는 것이다. 영화의 마지막 부분에 등장하는 주인공 디판의 다소 비현실적인 총격 장면은 따라서 영웅적인 캐릭터를 창출하기 위한 것이 아니라, 유럽을 향한 울분과 분노를 토로하기 위한 것, 위험 수위에 다다른 한 사회의 지속성에 대해 경각심을 일깨우기 위한 일격일 수 있다.

오디아르는 남성적 터프함과 섬세한 감정선, 강렬한 액션과 애틋한 사랑의 감정을 동시에 표현해낼 줄 아는 드문 프랑스 감독 중 한 사람이다. 물론, 장르영화에 대한 애착과 뛰어난 이야기꾼으로서의 면모 등을 들어 그를 할리우드화된 대중영화 감독으로 분류하는 이들도 더러 있다. 그러나 오디아르는 분명 그 이상이다. 아니, 현재 세계적으로 가장 높은 평가를 받는 프랑스 감독 중 한 사람이라는 게 더 정확한

**

자크 오디아르

표현이다. 지금껏 단 일곱 편의 장편영화를 연출했지만, 만드는 영화마다 세계 주요 영화제에 초청되었고 수많은 상을 휩쓸었으며, 프랑스를 대표하는 세자르영화제의 역대 최다 수상자(작품상, 감독상, 각본상 등 총 9회)이기도 하다. 이제 막 노년에 접어든 과작의 시네아스트이지만, 앞으로 그가 얼마나 더 큰 성과를 거둘지는 아무도 알 수 없다.

BRUNO DUMONT

Flandres

거긴 완전 지옥 같았어….

플랑드르

Flandres(2006)

신이 버린 세상에서 인간으로 살아가기

세상은 악이 지배하고 있고 인간은 무기력하며 구제불능이다. 인간에게 희망이 있을까? 죄를 짓고 회개하고 용서를 구하면 신이 구원해줄까? 브뤼노 뒤몽의 영화 〈플랑드르〉는 그런 물음으로 가득 차 있는 영화다. 물론, 답은 결코 제시되지 않는다. 영화는 처음부터 끝까지 그저 폭력적이고 이기적인 인간의 모습들만을 보여줄 뿐이다. 음울하고 적막한 플랑드르의 시골 풍경과 전쟁이 벌어지고 있는 살벌한 사막의 풍경. 영화는 서로 다른 두 풍경을 절묘하게 병치시키면서, 그 풍경 속에서 인간들이 벌이는 갖가지 위악적 행위들을, 나아가 내부의 악과의 치열한 투쟁들을 묘사한다.

소리와 이미지로 가득한 내면의 풍경
영화가 시작되면, 소, 닭, 돼지 등 온갖 짐승의 울음소리와 누군가의 고함소리, 농기계 돌아가는 소리가 어지럽게 뒤섞여 들려온다. 화면은 낡고 허름한 어느 농가 건물에 고정되어 있다. 곧이어 검은 털모자를 눌러쓴 젊은 농부가 나타나 들판으로 걸음을 옮긴다. 그런데 강조되는 것은, 그의 표정이나 몸짓이 아니라 그의 발걸음이 내는 소리들이다. 그가 걸음을 옮길 때마다 철퍽철퍽, 진창을 밟는 소리가 불편한 소음들을 배경으로 유난히 확대되어 들려온다. 들판으로 온 남자는 커다란 철책에 살찐 몸을 끼우고 말없이 먼 곳을 응시한다. 마치 스스로를 좁은 우리 안에 가둔 모습이다. 이윽고 그는 다시 철퍽거리는 소리를 내며 숲속으로 들어가 작은 올가미 한 개를 만들어놓고 나온다. 이 긴 시간 동안 그의 입에서 나온 말은 "빌어먹을"이라는 단어 하나뿐이다.

도입부의 이러한 시청각적 구성은 이후로 전개될 영화의 형식을 미리 집약해 보여준다. 영화 내내 이미지는 단조롭고 간결하게 표현되지만, 사운드는 줄곧 확대되고 강조된다. 마치 라디오 볼륨을 높여놓은 듯, 관객은 인물의 작은 숨소리에서부터 자연과 사물이 내는 온갖 소리들까지 선명하게 전해들을 수 있다. 그리고 그 소리들을 통해, 보이지 않고 설명되지 않는 것들을 자유롭게 상상할 수 있다. 가령, 주인공 앙드레의 표정은 영화의 전반이 지나도록 거의 변화가 없지만, 그가 내는 거친 호흡 소리와 성급한 발걸음 소리는 그의 억눌린 감정을 대신 표현해준다. 또 그가 운전하는 트랙터의 굉음은 군 입대를 앞둔 그의 불안과 두려움, 그리고 짝사랑하는 여인에 대한 불만을 간접적으로 토로해낸다.

물론, 감독이 오로지 청각 기호들에만 집중하는 것은 아니다. 영화 곳곳에는 은밀하지만 정교한 시각 기호들이 산재해 있다. 예를 들어, 영화 초반 남녀 주인공이 숲속에서 정사를 나눈 후 바라보는 하늘에는 앙상하게 마른 나뭇가지가 그로테스크한 형상으로 걸려 있다. 흔히 '악마의 손길'이라고 불리는 이 나뭇가지 이미지는 기계적으로 치러진 정사에서 알 수 있듯이 그들의 메마른 감정 상태를 대변하는 것일 수 있고, 혹은 그들에게 다가올 불길한 운명을 예고하는 것일 수도 있다. 또 영화 전반의 몇몇 장면들에서 화면을 꽉 채우는 거대한 '농기계 칼날' 이미지는 생산의 도구로서의 칼이 곧 살육의 도구가 될 것임을 암시하는 것일 수 있다. 이어지는 사막의 전쟁신들에서 인류가 만들어낸 도구들이 서로를 도륙하는 수단으로 쓰일 것임을 미리 나타내는 것이다.

이처럼 영화는 일견 절제된 극사실주의적 스타일을 고수하는 듯 보이지만, 자세히 들여다보면 다양한 의미를 내포하는 소리와 이미지들로 가득 채워져 있다. 그리고 그 소리와 이미지들, 즉 다채로운 시청각 기호들은 대부분 하나의 공통된 지시 대상을 향하고 있다. 바로 인물들의 내면세계다. 이 영화에서 다양한 시청각적 기호들이 축조해내는 외부의 풍경은 주인공들의 내면세계를 반영하는 '거울'에 다름 아니다. 피상적인 인간관계로부터 오는 쓸쓸함, 단조롭고 반복적인 일상이 주는 권태, 쓰러뜨리거나 쓰러질 수밖에는 없는 현실 앞에서의 두려움 등이 깊게 새겨져 있는 내면의 풍경인 것이다.

생각하지 않는 남자, 용서하는 여자

잠깐 영화의 이야기를 살펴보자. 앙드레는 프랑스 북부 플랑드르 지방에서 농장을 경영하며 단조로운 일상을 보내는 청년이다. 그는 동네 여자친구인 바르브를 사모하고 이따금 정사도 나누지만, 그녀는 그를 그저 친구로 대한다. 그녀는 마을의 여러 남자들과 아무렇지 않게 몸을 섞고, 그가 보는 앞에서 새로운 연인을 사귀기도 한다. 앙드레는 마을 청년들과 함께 북아프리카의 어디선가 벌어지는 전쟁에 자원한다. 거기서 그는 숱한 살상을 경험하고 윤간에 동참하기도 하며 생존을 위해 동료를 버리기도 한다. 그사이 바르브는 멀리 떨어진 전쟁터에서 벌어지는 갖가지 폭력과 야만에 고통받다가 급기야 플랑드르의 정신병원에 입원하게 된다. 영화 말미, 그녀는 혼자 살아 돌아온 앙드레의 악행과 비겁함을 비난하지만 그의 참회를 듣고 용서한다.

주인공 앙드레는 말수가 적고 표정 변화도 거의 없다. 항상 어딘가를 응시하지만 무슨 생각을 하는지 알 수 없다. 언뜻, 감독의 장편 데뷔작 〈예수의 삶〉(1996)에서부터 이어지는 다소 모자란 주인공 캐릭터의 계보를 이어가는 듯하다. 여하튼 그는 '생각을 기피하는 인간' 혹은 '사고가 정지된 인간'에 가까운 인상을 주고, 감정마저 삭제된 인간처럼 행동한다. 영화 초반 요란한 울음소리를 내며 그의 주변을 맴도는 커다란 분홍색 돼지가 은연중에 그를 표상하고 있는 것처럼 보인다. 정도의 차이는 있지만, 다른 인물들의 경우도 마찬가지다. 특히, 플랑드르 마을에 등장하는 인물들은 대부분 사유를 거부하고 감정을 배제한 채 살아가는 것처럼 보인다. 별 생각 없이 전쟁터로 떠나거나 남은 마을 청년들도, 이따금 바르브에게 육체를 구걸하는 마을의 남자들도 다들 어딘가 모자란 표정이며 어눌한 말투와 단순한 몸짓만을 행사할 뿐이다. 사는 게 아니라 하루하루를 넘기는 것, 주어진 삶의 시간 위를 조금씩 지나가는 것. 인간이 생각을 거부하고 감정을 배제하는 것은 이성과 감성을 갖지 않으려 하는 것과 동일하다. 그리고 이성과 감성을 갖지 않으려 하는 것은 오직 본능에만 충실하겠다는 것을 뜻한다. 짐승과 다를 바 없는, 혹은 짐승보다 못한 삶을 스스로 원하는 것이다.

반면, 여주인공 바르브는 일종의 희생양 같은 존재로 묘사된다. 그녀는 마을의 남자들에게 쉽게 몸을 허락하는데,

유희나 쾌락을 위해서가 아니라 남자들의 원초적인 본능을 해결해주기 위해 그러는 것처럼 보인다. 마치 더 큰 폭력이나 악을 막으려는 듯, 그녀는 무덤덤한 얼굴로 자신의 몸을 내준다. 또한 그녀는 마을의 남자들이 전장에서 야만과 폭력을 겪고 행사하는 동안, 그들을 대신해 고통스러워하고 미쳐간다. 시간이 지날수록, 자신이 살아 있음을 못 견뎌 하고 인간 자체를 혐오한다. 영화의 끝부분에서 그녀는 전쟁에서 돌아온 앙드레로부터 눈물의 참회를 이끌어내는데, 결국 그를 끌어안고 그가 행한 모든 악행을 용서해준다. 요컨대, 바르브는 인간을 위해 희생하고, 인간을 대신해 고통받으며, 돌아온 탕아를 용서해주는 일종의 성녀聖女와 같은 존재라 할 수 있다. 영화에서 그녀의 시선은 여러 번 하늘을 향하는데, 마지막에는 발뒤꿈치를 들고 눈물을 쏟으며 하늘로 승천하려는 듯한 몸짓을 취하기도 한다. 인간이 저지른 모든 죄에 대해 용서를 구하고 신의 구원을 갈망하는 몸짓인 것이다.

이처럼 자신을 희생하고 인간을 용서하지만, 결코 그녀가 구원을 얻어내는 것은 아니다. 그녀는 끊임없이 하늘을 바라보며 구원을 요청하지만, 그녀가 바꾸어놓는 것은, 그러니까 조금이라도 구원되는 것은 아무것도 없다. 전쟁의 폭풍우가 휘몰아치고 지나갔지만, 사람들은 여전히 고요한 마을에 숨쉬고 살면서 크고 작은 폭력과 악행을 저지를 것이다. 그리고 전쟁은 반드시 그들의 삶을 찾아 되돌아올 것이다. 이것이 그녀가 미칠 수밖에 없는 이유다. 그리고 아버지의 대사에서 알 수 있듯이, 과거에 그녀의 어머니가 미쳐서 플랑드르의 정신병원에 입원할 수밖에 없었던 이유다.

사막, 플랑드르

〈플랑드르〉가 칸영화제에서 첫선을 보인 직후 영화 속 전쟁 신들은 큰 화제를 불러일으켰다. 아랍계 게릴라 군인들과 유럽계 군대가 싸우는 장면들 때문에 이라크 전쟁, 북아프리카 내전 등 여러 추측이 난무했지만, 정작 뒤몽은 인터뷰에서 영화 속 전쟁은 단지 '내면의 전쟁'을 가리키는 것이라고 강조했을 뿐이다. 우리의 마음속에서 매일, 매순간 일어나고 있는 전쟁이라는 것이다. 어쨌든 영화가 끝날 때까지 전쟁에 대한 구체적인 지표는 전혀 제시되지 않는다. 언제 어디서 일어난 전쟁인지, 실제 전쟁인지 상상 속의 전쟁인지 도무지 알 수 없다.

그런데 다른 한편으로 전쟁 중인 사막은 영화의 제목인 '플랑드르'를 가리키는 것일 수도 있다. 플랑드르는 뒤몽의 영화마다 단골로 등장하는 프랑스 북부의 한 지역인데, '북부'는 그의 영화에서 가난과 소외, 권태로운 일상 등을 상징한다. 또, 조용하고 평범한 풍경 속에 숨어 있는 인간의 위선과 이기심, 폭력성도 지시한다. 다시 말해, 전쟁 중인 사막은 매순간 수많은 입장들이 서로 갈등하고 난투하는 우리의 내면세계를 나타내는 동시에, 잔인한 폭력과 약육강식의 본능을 숨긴 채 고요와 평화로 위장한 우리의 삶, 우리의 일상을 가리킨다. 고독과 단절, 폭력과 억압이 끝없이 반복되고 있는, 지배하거나 지배당할 수밖에 없는 우리의 현실 말이다.

결국 감독이 말하고자 하는 바는 분명해 보인다. 인간은 (특히 남자는) 근본적으로 악한 존재이며 폭력적 본능과 성적 욕망에 속수무책으로 끌려 다닌다. 이성이나 도덕, 그 어느 것도 인간을 제어하지 못한다. 플랑드르의 고요한 전원이든, 총알이 빗발치는 사막의 전장이든, 인간이 겪어야 할 현실은 지옥 그 자체다. 인간은 어리석음과 탐욕으로 죄를 짓고 괴로워하다가 용서를 구하지만, 달라지는 것은 아무것도 없다. 희망은 없다. 신은 우리를 구원하러 내려오지 않을 것이며 우리가 우리 스스로를 완전히 파괴할 때까지 기다릴 것이다. 가톨릭적이면서도 종말론적인, 그야말로 암울한 뒤몽의 시선이다.

〈플랑드르〉는 불친절한 영화다. 시간과 공간에 대한 구체적인 지표들이 다수 삭제되어 있고, 내러티브 전개에도 생략과 비약이 많다. 그 흔한 배경음악 하나 삽입되어 있지 않고, 카메라, 편집, 미장센 모두 일반적인 양식에서 많이 벗어나 있다. 또, 무거운 형이상학적인 질문들이 영화 저변에 깔려 있을 뿐 아니라, 인간에 대한 감독의 시선은 한없이 절망적이고 암담하기만 하다. 그런데 바로 그와 같은 이유들로, 이 영화는 시네아스트로서 뒤몽의 능력을 한껏 드러내 보인 작품이라 할 수 있다. 사실성(또는 핍진성)의 강박을 가볍게 뛰어넘고, 극사실주의적 스타일과 추상 영화 스타일을 자유롭게 오가며, 때로는 과하다 싶을 정도로 심오한 질문들을 적당한 긴장 속에 흥미롭게 풀어낼 수 있는 능력을 두루 갖춘 감독은 결코 흔하지 않기 때문이다.

브뤼노 뒤몽

Bruno Dumont, 1958~

●

내면의 리얼리티를 향한 종교적 시선

브뤼노 뒤몽은 1958년 프랑스 북부의 작은 도시 바이유에서
출생했다. '북부 출생'이라는 단순한 이력은 평생 동안 그의
영화 활동을 지배하는 중요한 요소가 된다. 어린 시절부터
영화감독을 꿈꾸던 그는 1977년 파리의 국립영화학교 이덱
에 지원하지만 낙방한다. 이후, 진로를 바꿔 릴 대학 철학과
에 입학해 학사와 석사를 취득하고 고등학교에서 철학을 강
의하며 생계를 유지한다. 하지만 영화에 대한 미련을 버리지
못하고 1986년 영화계에 발을 들이고, 독립적인 제작 방식
으로 단편영화, 다큐멘터리영화, 광고영화 등 약 40여 편의
작품을 연출한다.

　1996년 뒤몽은 고향 바이유를 배경으로 첫 번째 장편영화
〈예수의 삶 *La Vie de Jésus*〉을 만든다. 이 영화는 발표되자마자
프랑스 영화계에 적지 않은 파장을 일으키는데, 어설프지만
독특한 연출 방식과 현학적이지만 진지한 시선이 열띤 찬반
논란을 낳는다. 또 권태와 소외감 속에서 차별과 폭력에 길
들여진 채 아무런 목적 없이 살아가는 프랑스 지방 젊은이
들의 모습은 일부 관객들의 심기를 불편하게 흔들어놓는다.

예의 바른 영화, 관례적인 영화는
나를 아주 진저리나게 만든다.
중요한 영화는 우리를 뒤집어엎는 영화들이다.

그럼에도, 뒤몽은 이 영화로 그해 뛰어난 프랑스 신인 영화 감독에게 수여되는 장 비고 상Prix de Jean Vigo을 수상하며 칸 영화제에서 황금카메라상도 거머쥔다.

뒤몽은 두 번째 영화 〈휴머니티L'humanité〉(1999)*를 발표 하며 한층 더 깊어진 성찰과 완성된 연출력을 선보인다. 다 소 어수룩한 시골 경찰 파라옹이 겪는 기이한 경험들을 중 심으로 고요한 시골 마을에 내재된 극단적인 폭력성과 개인 주의, 속물근성 등을 예리하게 파헤친 이 영화는 비관습적 인 영화 스타일과 인간혐오적인 관점으로 또 한 번 거센 찬 반 논란을 낳는다. 이 영화는 이후 뒤몽이 고집스럽게 밀고 나갈 영화적 특징들을 거의 다 보여준다고 할 수 있는데, 비 직업배우 위주의 캐스팅, 절제된 대사와 음악, 정교한 사운 드 묘사, 간결한 카메라 움직임, 탈-드라마적인 서사구조 등 이 그것이다. 뒤몽은 이 영화로 단 두 영화만에 칸영화제 심 사위원대상을 수상한다. 또, 이전까지 연기 경험이 전혀 없 던 남녀 주연배우가 동시에 칸영화제 남녀주연상을 받아 커 다란 화제가 되기도 한다.

한편, 젊은 남녀의 절망에 찬 미국 횡단 여행을 다룬 세 번 째 영화 〈29 팜스Twentynine Palms〉(2003)는 다소 미흡한 영화 적 완성도 탓에 별다른 반응을 이끌어내지 못한다. 하지만 네 번째 영화 〈플랑드르〉(2006)로 뒤몽은 다시 한 번 칸영화 제에서 심사위원대상을 수상하며, 찬반의 입장을 떠나 프랑 스를 대표하는 시네아스트로 급부상한다. 이 영화에서 뒤몽 은 다시 프랑스 북부로 돌아오는데, 고요하고 적막한 플랑 드르의 시골 풍경과 삭막하고 살벌한 사막의 풍경을 병치시 키면서 인간에 내재된 폭력적 본성에 대해 날카로운 질문을 던진다. 또 인간의 근본적인 폭력성 앞에 절망하면서 종교적 구원에 대한 갈망을 암시적으로 표현하기도 한다.

〈플랑드르〉 이후 뒤몽은 발표하는 영화마다 높은 평가를 받으며 2000년대 프랑스 영화를 대표하는 시네아스트로 자리 잡는다. 물론 기이한 연출 스타일과 다소 현학적인 태도, 지나치게 염세적인 인간관 등은 항상 비판과 반론을 몰고 다니지만, 그의 영화들은 대체로 평단과 시네필들의 높은 지지를 받으며 비상한 주목의 대상이 된다. 〈하데비치 Hadewijch〉(2009)와 〈아웃사이드 사탄Hors Satan〉(2011)**은 인간과 종교에 대한 심오한 사유를 밀도감 있게 표현해냈고, 조각가 카미유 클로델의 불행한 삶을 다룬 영화 〈까미유 끌로델Camille Claudel〉(2013)도 쥘리에트 비노슈의 탁월한 연기와 어우러지면서 높은 호응을 얻어냈다. 또 프랑스 북부 시골 마을을 배경으로 미스터리한 연쇄살인사건을 다룬 〈릴 퀸퀸P'tit Quinquin, Li'l Quinquin〉(2014)은 길게 늘어지는 영화적 리듬에도 불구하고 시니컬한 유머와 영화적 긴장, 예리한 성찰을 적절히 섞어내 『카이에 뒤 시네마』가 뽑은 '그해 최고의 영화'로 선정되기도 했다.

독자적 스타일의 내면적 리얼리즘

1990년대 이후 프랑스 영화계에는 '내면적 리얼리즘Réalisme intérieur'이라는 새로운 경향이 부상하기 시작한다. '내면'에

*

브뤼노 뒤몽

대한 성찰은 1980년대 광풍처럼 불어닥쳤던 몰아적인 이미지 영화들에 대한 반성적 태도라 할 수 있고, '리얼리즘'은 오랫동안 프랑스 영화계를 지배했던 다소 과도한 '서정주의'에 대한 일종의 거리두기라 할 수 있다. 급변하는 사회에 대한 관찰을 기본으로 하면서 지나친 서정주의나 형식주의에 빠지지 않고 자기 자신을 들여다보는 것, 그것이 바로 1990년대 프랑스 영화가 찾은 새로운 대안 중 하나였다.

내면적 리얼리즘 경향의 진원지는 엄밀히 말해 1950년대 후반 이탈리아의 미켈란젤로 안토니오니가 선보였던 영화들이라 할 수 있다. 안토니오니는 정교한 방식으로 인간의 내적 세계와 외적 세계를 동시에 형상화하면서 로셀리니 Roberto Rossellini, 데시카Vittorio De Sica, 비스콘티 등 선배 네오리얼리즘 감독들과 구별되었다. '내면적 네오리얼리즘' 혹은 '후기 네오리얼리즘'이라고도 불리는 그의 영화 스타일은 이후 세계 영화의 흐름에 중대한 영향을 미치는데, 프랑스에서는 사실 외스타슈와 피알라Maurice Pialat 정도를 제외하고는 이렇다 할 계승자를 찾아보기 힘들었다. 그런데 1990년대에 들어 안토니오니적인 영화 스타일을 표방하는 젊은 감독들이 대거 등장하면서 '프랑스식 내면적 리얼리즘'이

**

라는 새로운 경향이 자연스럽게 형성된다. 세드릭 칸Cedric Kahn, 자비에 보부아Xavier Beauvois, 브뤼노 뒤몽, 로랑스 페레라 바르보자Laurence Ferreira Barbosa 등이 그들이다.

한편으로는 엄격하고 절제된 극사실주의적 스타일을 지향하고 다른 한편으로는 현실 이미지와 상상 이미지를 자연스럽게 뒤섞으며, 동시에 '내면의 거울'로서의 시청각적 풍경에 대한 정교한 묘사를 추구하는 것. 뒤몽은 이러한 현대 프랑스 영화의 내면적 리얼리즘 경향에 꽤 충실한 감독이라 할 수 있다. 다른 감독들에 비해 좀 더 절제된 시청각적 묘사, 개인의 정체성보다는 인간 자체의 본질 탐구에 더 많은 비중을 둔다는 점이 그만의 변별적 특징일 것이다. 따라서 뒤몽의 영화에 등장하는 풍경들은 단순하게 '거기 존재하는 être là' 외부 세계들이 아니다. 그것은 내면의 풍경, 등장인물들의 내부에서 끊임없이 흔들리고 변화하며 치열하게 투쟁 중인 '감정들의 풍경'이다. 뒤몽의 영화마다 단골로 등장하는 프랑스 북부의 풍경, 즉 끝없이 이어지는 구릉과 낮은 하늘, 낡은 건물들과 음울한 날씨 등은 모두 등장인물들의 내면을 반영하고 있다. 무엇보다, 폭발 직전의 답답함과 소외감, 쓸쓸함이 뒤섞여 있는 무기력한 지방 젊은이들의 내면 풍경인 것이다.

북부의 영화

뒤몽은 지금까지 대부분의 영화에서 자신의 고향인 프랑스 '북부 지방'을 주요 배경으로 삼아왔다. 여기에는 위에서 말한 것 외에도 몇 가지 의도 혹은 목적이 더 있다.

먼저 중심에 대한 '주변'의 외침이다. 프랑스 내의 대표적인 낙후 지역 중 하나인 북부는 경제적으로나 정치적으로 모두 소외되어 있다. 즉 프랑스 북부는 현대 프랑스 사회의 주변부를 상징하는데, 뒤몽은 북부의 가난한 농촌과 황량한 소도시들을 배경으로 주변인들이 겪는 소외와 내면의 상실을 그리는 데 주력한다. 뒤몽은 영화 제작을 시작한 이후로 줄곧 파리의 엘리트 영화 그룹과 일정한 거리를 유지하며 독립적인 방식을 추구해왔다. 어쩌면 이러한 제작 방식은 파리의 국립영화학교에 낙방한 자신의 이력과도 무관하지 않을 수 있다. 하지만 그는 상대적으로 열악한 지원과 제작 조건 속에서도 얼마든지 훌륭한 영화를 만들어낼 수 있다는 것을 직접 보여주고자 노력한다. 유명해진 이후에도 그가 고향을 떠나지 않고 지역의 영화인들과 합심해 영화를 만들어내는 이유이다.

나아가 뒤몽이 보기에 프랑스 농촌은 인간의 본성을 관찰하고 드러내기에 더없이 좋은 곳이다. 막연한 선입견과 달리, 시골에서 인간관계는 근본적으로 단절되어 있고 개인의 내면 또한 파편화되거나 공동화되어 있다. 도덕이라든가 공동체 윤리 따위는 이미 사라진 지 오래고(〈휴머니티〉, 〈플랑드르〉, 〈릴 퀸퀸〉)*, 폭력은 아이들에서부터 젊은 세대, 기성세대에 이르기까지 일상화되어 있으며(〈예수의 삶〉, 〈릴 퀸퀸〉),

*

외부인 혹은 이민자에 대한 차별도 가혹하기 그지없다(〈예수의 삶〉, 〈릴 퀸퀸〉). 본능과 사리사욕의 추구가 인간의 삶을 지배하고 있는 곳, 남자들은 그저 수컷으로서의 욕망만 채우려 하고 여자들은 남자들을 위해 몸을 내주거나 마찬가지로 욕망의 노예가 되는 곳, 짐승의 삶보다 더 나을 게 없는 삶이 반복되고 있는 곳. 뒤몽이 보여주려는 시골은 그런 곳이다. 그곳은 대도시만큼이나 비인간적이고 폭력적인 데다가 익명성이 보장되지 않는다는 점에서 대도시보다 더 위험하다. 뒤몽의 영화에 밑그림처럼 깔려 있는 고요하고 평화로운 전원 풍경은 인간의 악한 본성과 폭력성을 담요처럼 덮고 있는 그럴듯한 장막일 뿐이다. 이 점에서, 뒤몽은 보부아, 캉테, 종카 등 프랑스 북부를 주요 배경으로 삼는 동시대 다른 영화인들과 분명히 구별된다.

아마도 악마가

> 대부분의 인간들은 타인을 비참하게 만드는 데 그들 삶의
> 가장 좋은 몫을 활용한다.
> ─장 드 라브뤼에르, 『잠언집』

뒤몽이 보기에, 현대인에게 '사랑'은 더 이상 존재하지 않는다. 그들은 사랑하기보다는 단지 욕망하거나 집착하며, 섹스는 원초적 욕구를 해결하는 '교미' 행위에 지나지 않는다. 반면 '폭력'은 어디에나 존재한다. 인간의 삶에 매 순간 내재되어 있고 언제 어디서든 불쑥 튀어나온다. 인간은 사소한 이유로 혹은 아무 이유 없이 무자비하게 폭력을 휘두르고, 종종 타인의 삶을 죽음으로 몰고 간다. 집단에 속해 있을 때,

인간의 모습은 더욱 추악하다. 오로지 자신의 이익을 위해 공동체의 질서를 지키려 애쓰고, 균질성을 깨뜨리는 이(주로 외부인)가 나타나면 가차 없이 처단하거나 추방한다. 이기적이고 속물적이며 위선적인 인간들, 윤리나 진실 따위는 애초부터 관심 밖인 인간들, 필요에 따라 한없이 잔인해질 수 있는 인간들. 뒤몽의 영화에는 어디를 둘러봐도 그런 인간들뿐이다.

다만, 영화마다 일종의 '구원적 존재'로서 여성이 등장한다. 〈예수의 삶〉*에서 차별당하는 아랍 청년에게 마을의 남자들을 대신해 미안하다는 말을 전하는 마리, 〈플랑드르〉에서 마을 남자 모두에게 몸을 허락하고 남성들이 벌이는 살육 행위에 대신 고통스러워하는 바르브 등이 그런 존재들이다. 남성을 위해 모든 것을 베풀고, 남성 대신 고통받고, 남성 대신 속죄하는 여성. 그녀들은 자연스럽게 성모마리아를 연상시킨다. 뒤몽의 영화 속 주인공이 대부분 아버지가 부재하는 가정의 일원이라는 점, 가정과 사회의 리더로서의 남성 역할은 고려 대상조차 되지 않는다는 점 등은 구원적 존재로서 여성이 갖는 상징성을 더욱 뚜렷하게 부각시킨다. 사실, 아버지-국가-신(예수)으로 이어지는 하나의 상징 계열

*

은 이미 뒤몽의 첫 영화에서부터 제거되었다. 〈예수의 삶〉 초반에서 에이즈에 걸려 죽는 주인공의 선배를 상기해보라. 병들어 죽어가는 그의 모습은 벽에 걸린 성화 속 예수의 모습과 자연스럽게 겹쳐지며, 또 놀랍도록 닮았다. 역설적으로, 영화 〈예수의 삶〉은 시작하자마자 상징적 존재로서의 신(예수)의 죽음을 선언한 것이다.

이렇듯 뒤몽의 영화는 인간에 대한 깊은 절망의 표상들로 채워져 있다. 인간은 짐승보다도 더 잔인하고 포악하며, 세계는 불의와 악으로 가득 차 있다. 〈릴 쾡퀸〉에서 수사반장 베이뎅이 한없이 평화로워 보이는 한적한 프랑스 시골마을을 가리키며 몇 번이나 내뱉는 그 말을 상기해보라. "여기는 악의 한가운데야", "여기는 살아 있는 지옥이야." 인간은 악의 화신이고 세계는 그 자체로 지옥이다. 따라서 뒤몽은 종교적 구원만이 인간의 악행을 막을 유일한 길이라고 본다. 영화마다 종교적 구원에 대한 갈망을 직간접적으로 표현하는 장면들이 등장하는 것도 그런 이유에서다. 인간 세계를 타락의 장場으로 보고 종교적 구원에서 그 답을 찾는다는 점에서, 뒤몽은 브레송(〈죄악의 천사들Les Anges du péché〉, 〈어느 시골 사제의 일기Journal d'un curé de campagne〉, 〈아마도 악마가 Le Diable probablement〉)과 피알라(〈사탄의 태양 아래서Sous le soleil de Satan〉)의 영화관을 계승한다고 볼 수 있다. 또 가톨릭적인 세계관의 범주에 머물면서 어떤 초월적 힘에의 의지를 갈구한다는 점에서, 칼 드레이어Carl Dreyer의 영화적 계보에 속한다고도 할 수 있다.

그런데 정말 그럴까? 정말로 뒤몽은 인간을 나락으로부터 끌어올려줄 신의 손길을 기다리는 걸까? 지금까지 발표

브뤼노 뒤몽

된 영화들만 봐서는 알 수 없다. 오히려 그의 영화들에서 신은 인간 세계를 내려다보며 수수방관하고 있다. 그 어떤 호소에도 아랑곳하지 않은 채, 인간들끼리 서로 때리고 물어뜯고 죽이는 것을 지켜보고만 있는 것이다. 아직까지 그의 영화에서 신은 인간이 스스로를 완전히 파괴할 때까지 기다리고 있다.

너는 욕망과 소설을 혼동하고 있어.

인 더 하우스

Dans la Maison (2012)

●

훔쳐보기와 글쓰기

오종의 〈인 더 하우스〉는 스페인 작가 후안 마요르가Juan Mayorga의 희곡 『맨 끝줄 소년*El chico de la ultima fila*』(2006)을 영화화한 작품이다. 영화는 희곡의 내용을 꽤 충실하게 담아내고 있는데, '이야기'와 '이야기 속의 이야기'를 빈번하게 오가는 절묘한 구성 역시 원작에서 그대로 차용했다. 대신 비약과 생략, 시공간적 이동이 잦은 희곡의 복잡한 형식을 비교적 평이한 양식으로 변모시켰고, 지식인, 예술가, 중산층 등에 대한 원작의 신랄한 풍자도 조금은 부드러운 어조로 완화했다. 영화는 특히 '욕망'과 '허구'의 문제에 몰두하면서 희곡과 뚜렷한 차이를 만들어낸다. 희곡에서 서사의 초점이 주인공인 교사의 위선과 이중성을 드러내는 데 맞춰져 있다면, 영화의 서사는 두 주인공(교사와 학생)의 내면에서 일어나는 욕망의 변화를 표현하는 데 더 집중한다. 또한 영화는 인물들의 삶에서 '허구'와 '상상'이 차지하는 의미를 기발한 대사와 정교한 이미지들을 통해 강조하는데, 이 지점에서 오종 영화만의 독특한 매력이 발산된다.

욕망의 교묘한 중첩과 분기

〈인 더 하우스〉는 무엇보다 '욕망'에 관한 영화다. 중심인물은 두 사람, 프랑스 어느 고등학교의 문학 교사 제르맹과 학생 클로드다.

교사의 욕망. 문학을 가르치는 것에 절망하고 있던 교사 제르맹은 오랜만에 글쓰기에 재능이 있는 학생 클로드를 발견하고, 그에게 글쓰기에 좀 더 몰두해볼 것을 권유한다. 그리고 클로드가 매주 제출하는 글을 읽고 수정해주면서, 자신도 모르게 그의 글에 빠져든다. 처음에 그의 욕망은 일종의 '대리만족의 욕망'이었다. 자신이 못 이룬 작가의 꿈을 클로드를 통해 실현해보고자 욕망하면서, 그를 격려하고 지도하며 때로는 밀어붙인다. 그러나 곧 욕망의 성질이 바뀌어간다. 클로드가 쓰는 글의 내용에 점점 더 깊이 몰입하면서 '훔쳐보기 욕망'에 사로잡히기 때문이다. 클로드의 글을 통해, 그는 평범한 프랑스 중산층 가정을 가까이서 들여다보게 되며 그들의 일상, 사랑, 고통 등을 알아간다. 그럴수록, 좀 더 깊이 들어가고 싶어 하고 좀 더 상세히 알고 싶어 한다. 어느 시점부터 클로드의 욕망에 그의 욕망이 겹쳐지는 것이다. 대리만족 욕망과 훔쳐보기 욕망이 뒤섞이면서, 제르맹은 이성을 잃고 집착과 광기에 빠져든다. 다른 선생의 시험문제를 훔쳐서 클로드에게 갖다 바칠 만큼, 그의 욕망은 점점 더 뒤틀린 욕망으로 변질되어간다.

학생의 욕망. 클로드의 욕망은 좀 더 복잡하다. 그는 교사를 만나기 전부터 친구 라파의 집을 몰래 관찰하는 '훔쳐보기 욕망'에 빠져 있었다. 자신이 갖지 못한 평범하고 화목한

중산층 가정의 모습이 그의 마음을 끌어당겼기 때문이다. 그런데 교사 제르맹을 만나고서부터, 글을 잘 쓰고 싶은 '글쓰기 욕망' 또한 품게 된다. 수학엔 뛰어났지만 문학엔 자신이 없던 그에게 선생이 뜻밖의 관심을 보이고 격려와 지도를 아끼지 않았기 때문이다.

클로드는 자연스럽게 두 욕망을 융합시키면서, 그로부터 최상의 결과를 얻고자 노력한다. 더 좋은 글을 쓰기 위해 자신의 훔쳐보기 욕망을 적극적으로 실천에 옮기며, 더 잘 훔쳐보기 위해 자신의 글을 끊임없이 수정하고 가다듬는다. 수학 과외를 빌미로 라파의 집에 자주 드나들고 그의 가족과 더 가까워지며 여러 수단을 동원해 마침내 그 가정의 준일원이 되는 것은, 모두 다 더 그럴듯하고 더 흥미진진한 글을 만들어내기 위함이다. 동시에, 제르맹과의 대화를 통해 글의 방향을 바꾸고 디테일을 교정하며 내용을 첨삭하는 것은, 모두 다 더 자세히 관찰하고 더 정확히 파악하기 위해서, 즉 제대로 훔쳐보기 위해서다.

다시, 학생의 욕망. 제르맹의 이중적 욕망(대리만족과 훔쳐보기)이 집착과 광기로 변질되어갈 무렵부터, 클로드의 평화롭던 이중적 욕망(훔쳐보기와 글쓰기) 역시 새로운 욕망의 출현으로 흔들리게 된다. 바로 '소유의 욕망'이다. 글쓰기를 통해 라파의 가족과 훨씬 더 가까워지게 된 클로드는 그의 가족의 준일원이 되는 걸 넘어, 자신에게 부재하는 화목한 가정을 소유하고 싶어 한다. 하지만 곧 그것이 실현될 수 없는 일이라는 걸 깨달으면서 대신 '라파의 엄마'를 소유하고 싶어 한다. 물론 친구 엄마를 소유하고 싶은 욕망에는, 성숙한 여성에 대한 사춘기 소년의 '성적 욕망'과 어릴 적 자신을 버리고 떠난 엄마에 대한 '대리보충의 욕망'이 더해졌을 것이다. 그런데 소유의 욕망 또한 뜻대로 이루어지지 않자 클로드의 욕망은 빠르게 '파괴의 욕망'으로 바뀌어간다. 가질 수 없다면 파괴하고 싶은 욕망이 그를 사로잡은 것이다. 허구를 핑계로, 허구를 통해, 현실 속 친구의 가정을 흔들어보려 하지만 이 역시 마음대로 이루어지지 않는다. 남은 것은 교사와 교사의 가정. 제르맹이 물론 그의 글쓰기를 격려하고 지도해주었지만 그것은 어디까지나 교사 자신의 욕망을 실현하기 위해서였다는 사실을, 클로드는 잘 알고 있다. 또한 제르맹은 클로드의 글쓰기를 한없이 부추기다가 막상 클로드가 관습적 사고의 범위를 넘어서자 모든 것을 중단하자고 선언한다. 결국, 영화 말미에 학생은 교사를 무너뜨림으로써 일종의 '대리만족의 욕망'을 실현한다. 허구를 통해 현실을 바꾸고 싶었던 일도, 현실 속에서 화목한 가정을 소유하거나 파괴하고 싶었던 일도 뜻대로 되지 않자, 대신 교사의 삶을 무너뜨려 실패한 욕망들의 상처를 보상받는 것이다.

다시, 교사의 욕망. 그는 정말로 훔쳐보기 욕망에 빠져 길을 잃었던 걸까? 학생의 글을 훔쳐보고 다른 가정의 삶을 훔쳐보는 욕망에 사로잡혀 분별력과 자제력을 모두 잃어버렸던 걸까? 어쩌면 그는 정말로 '소설의 완성'을 고대했는지도 모른다. 그의 아내의 말처럼, 그는 형편없는 연애소설 한 권으로 끝나버린 삼류소설가였다. 그렇다고 교육에 대단한 소명의식이 있어 보이지도 않는다. 자식 없이 아내와 오랫동안 단둘이 살아온 부부관계는 밋밋하고 심드렁하기만 하다. 누구나 찬사를 보낼 만한 그럴듯한 소설 한 권을 완성하는 것, 자신이 알고 있는 창작 이론들에 충실하면서 모두가 좋아할

만한 작품 한 편을 만들어내는 것. 어쩌면 그것이 영화 내내 그가 욕망했던 유일한 것인지도 모른다. 자신이 할 수 없다면 누군가가, 기왕이면 자신이 통제할 수 있는 그 누군가가 대신 소설을 완성해주어도 좋다. 그러니까 그는 단순한 대리만족 욕망과 훔쳐보기 욕망을 넘어, 처음부터 끝까지 '소설에 대한 욕망'에 빠져 있었는지도 모른다. 학생이 소설을 통해 현실을 파괴하려 들기 전까지 말이다.

허구라는 (또 하나의) 현실

이 영화는 따라서 '허구' 혹은 '픽션'에 관한 영화이기도 하다. 우선, 영화는 처음부터 끝까지 '소설 쓰기'란 무엇이며, '이야기하기'란 무엇인가에 대해 끊임없이 질문하고 답한다. 교사가 학생의 글쓰기를 격려하고 지도하는 영화의 내용상 이러한 탐구는 비교적 쉽게 이루어진다. 제르맹은 클로드에게 단계별로 하나씩 가르친다. 첫 단계는 묘사다. 대상을 가까이서 지켜보되 편견은 갖지 말 것, 플로베르처럼 인물을 냉정하게 바라볼 것을 주문한다. 또 경우에 따라서는 평범한 것을 비장하게 바꿀 수 있고 흉한 것도 보기 좋은 것으로 바꿀 수 있어야 한다고 가르친다. 다음 단계는 이야기하기(스토리텔링)다. 방해자와 역경을 삽입해 갈등을 생산하고 자기 자신과의 내적 갈등도 만들어낼 것을 요구한다. 문제 해결 과정을 집어넣어 긴장과 서스펜스를 유발하고 목표 달성의 기쁨도 만들어내라고 조언한다. 한마디로, 제르맹은 통상적인 소설 작법에 필요한 주요 기술을 가르치며 클로드는 그의 가르침을 착실히 익혀간다.

그런데 문제가 발생한다. 클로드의 심리에 변화가 일어나면서, 이 착실한 소설 쓰기에 대한 '위반'이 시작된 것이다.

앞서 말한 것처럼, 애초의 훔쳐보기 욕망에 친구 엄마에 대한 소유의 욕망이 끼어들면서 모든 게 틀어지기 시작한다. 어느 날 갑자기 클로드는 제르맹의 가르침을 역으로 이용해, 소설 속 학생(클로드)이 친구 엄마라는 목표물을 얻기 위해서는 두 장애물(친구와 친구 아빠)을 제거해야 한다고 주장한다. 위험을 느낀 제르맹은 처음엔 성장소설을 쓰냐며 비아냥거리지만, 이미 이성을 잃은 그였기에 곧바로 이 위반에 동참한다. 오히려 그는 궤도가 수정된 클로드의 글을 읽은 후, 친구 라파의 밋밋한 캐릭터를 살려내기 위해 라파의 아빠와 더 친해져서 라파의 질투를 유발하라고 조언한다. 또 아예 아들 자리를 차지할 정도로까지 친밀해져서 라파의 캐릭터에 불을 붙이라고까지 권유한다. 더 그럴듯한 소설(허구)을 얻기 위해, 제르맹은 클로드보다 더 멀리, 더 과격하게 나가는 것이다. 그는 자신이 직접 라파의 캐릭터에 불을 붙이는 일까지, 즉 수업 시간에 라파를 불러 친구들 앞에서 망신을 주는 일까지 서슴지 않는데, 이 일은 결국 그의 현실적 삶을 무너뜨리는 발단이 된다.

요컨대, 제르맹과 클로드는 각기 다른 목적을 위해 현실을 바꾸는 일을 공모하고 서로 협력한다. 제르맹은 더 흥미로운 소설을 얻기 위해, 클로드는 자신에게 없는 것, 즉 가정을 얻기 위해. 서로 다른 목적을 지니고 있었기에 두 사람의 노선은 중첩되다가도 다시 분기分岐하며, 한 방향으로 나아가지만 종국에는 서로 다른 지점에 다다른다. 하지만 두 사람은 처음 만났을 때부터 같은 종류의 꿈을 지니고 있었고, 마지막 순간까지 그 꿈을 함께 나눈다. 바로 '허구'이다. 제르맹은 '소설'이라는 허구를 소망했으며, 클로드는 '가정(집)'이라는 허구를 소망했다(영화의 마지막 부분에서 라파의 엄마가 클로드에게 전하는 말을 상기해보라. "우리의 일은 비현실이고, 네가 사랑하는 것은 내가 아니라 하나의 환상일 뿐이야."). 장애인 아버지와 단둘이 사는 소년이 행복한 가정을 꿈꾸는 것도 가슴 아픈 일이지만, 창작의 재능이 없는 무명작가가 훌륭한 소설을 꿈꾸는 일도 애잔하다. 두 사람 다 이룰 수 없는 허구를, 현실에서 일어날 수 없는 허구를 꿈꾸고 있었기에, 한눈에 서로를 알아볼 수 있었고 공모할 수 있었다. 또 그랬기에, 함께 현실과 허구의 경계를 넘나들 수 있었고 현실과 허구의 관계를 역전시킬 수 있었으며 기꺼이 허구의 힘을 빌려 현실을 바꾸는 일도 모의할 수 있었다. 적어도 두 사람에게 허구란 현실 밖에 있는 비현실적인 그 무엇이 아니라, 현실 안에서 현실을 견디게 해주고 현실을 보다 풍요롭게 만들어주는 '또 하나의 현실'이었다. 어쩌면 현실보다 더 소중하고 절실한, 현실보다 더 현실적인 그 무엇이었던 것이다.

라스트신 또한 두 사람의 삶에서 허구가 차지하는 의미를 은유적으로 강조한다. 아내와 직장을 모두 잃은 수척한 모습의 제르맹과 학교를 중퇴한 클로드는 오랜만에 공원에서 만난다. 두 사람은 벤치에 나란히 앉아 얘기를 나누다가, 맞은 편 건물의 어느 집에서 두 여자가 대화를 나누는 모습을 보며 각자 다른 상상을 펼친다. 제르맹은 두 자매가 유산을 놓고 싸우는 중일 거라고 말하고, 클로드는 두 여자는 레즈비언이며 금발머리 여자가 배신해서 서로 싸우는 중일 거라고 말한다. 이야기를 더 만들어가면서 두 사람은 조금씩 미소를 되찾고, 건물의 불 켜진 창들이 화면을 가득 채우면서 영화는 끝을 맺는다. 물론, 이 장면은 집이라는 공간과 연극적 구성에 대한 감독의 취향을 암시하는 것일 수도 있다. 하지만 서사적 맥락상 라스트신의 더 중요한 역할은 '허구를 상상하기'와 '이야기하기'가 두 인물에게서 차지하는 의미를 다시 한 번 강조하고 환기시켜주는 데 있다. 두 사람은 많은 것을 잃었지만 그들에게는 여전히 상상할 수 있는 힘이, 이야기를 만들어낼 능력이 남아 있다. 그리고 허구를 꿈꿀 수 있는 힘이 남아 있는 한, 삶은 아직 살아볼 만하다. 또다시 실패하고 또다시 홀로된다 해도 그들은 허구를 꿈꿀 수 있어 보잘것없는 현실을 견뎌낼 것이다. 결국은 공허하고 부질없는 삶이겠지만, 허구라는 또 하나의 현실이 있어 그런대로 재미를 찾으며 살아갈 것이다.

냉소와 권태 사이

영화 〈인 더 하우스〉에서 오종은 젊은 시절 보여주었던 파격적인 도발 대신, 씁쓸하면서도 재기 넘치는 '냉소'를 선택한다. 무엇보다, 문학에 대한 냉소가 영화 전체를 가로지른다. 제르맹은 클로드에게 소설 쓰기에 대해 가르치지만 그것은 어디까지나 대중소설 작법에 불과하다. 끊임없이 독자가 무엇을 좋아할지 생각하고, 주인공의 앞길을 막는 방해자와 장애물을 삽입하며, 타인과의 갈등과 내적 갈등을 만들어내고, 긴장과 서스펜스를 늦추지 않는 것은 전형적인 대중소설 혹은 장르소설의 작법이기 때문이다. 제르맹은 수시로 플로베르를 인용하고 영화의 배경이 되는 학교 또한 '귀스타브 플로베르 고등학교'이지만, 제르맹이 주입하는 소설 작법의 핵심은 플로베르의 소설관과 정확히 대치된다. 플로베르가 누구인가? 당시까지 지배적이었던 소설의 형식에서 과감히 벗어나, 그럴듯한 극적 구조와 특별한 사건들을 배제하고 치밀한 관찰과 정확한 묘사로 한 시대와 사회의 모든 것을 담아

내려 했던 작가 아닌가? 제르맹은 끊임없이 과거의 위대한 작가들을 거론하지만 정작 그가 추구하는 문학은 그들의 문학에서 한참 벗어난, 소비상품으로서의 문학에 가깝다. 마지막에 부인을 공격하다 셀린의 책 『밤으로의 긴 여로』로 얻어맞는 장면은 그야말로 기막힌 블랙유머다. 예술 전반에 대해서도 오종은 비슷한 입장을 취하는데, 특히 갤러리 큐레이터인 제르맹 부인을 중심으로 돈의 논리에 지배당한 채 공허한 수사로 치장하는 예술계의 위선을 끊임없이 비꼬고 희화화한다.

한편, 프랑스 중산층에 대한 냉소도 만만치 않다. 오종은 작품 활동 초기부터 프랑스 부르주아 계층에 대해 신랄한 비판을 가했는데, 이 영화에서는 다소 소박한 중산층인 라파의 가정이 조소의 대상이 된다. 프랑스에서는 찾아보기 힘든 미국 양식의 집에 살면서, 피자를 시켜 먹으며 TV로 미국의 NBA를 즐겨보는 그들. 중국에 일주일 다녀온 후로 중국 전문가를 자처하고, 중국인을 멸시하면서도 어떻게든 중국을 통해 돈을 벌려 하는 가장. 사실 20년 전만 해도 상상하기 힘든 프랑스 가정의 모습이다. 그만큼 프랑스는 최근 빠른 속도로 미국식 세계화에 빠져들고 있고, 삶의 질이나 문화의 향유보다는 부의 축적이 최우선 가치로 급부상하고 있다. 그리고 그 중심에는, 문화적 자부심이나 전통에 대한 애착은 선사시대의 기억처럼 치부해버리고 아무런 자의식 없이 미국의 대중문화와 중국의 경제력에 기꺼이 종속되어가는 프랑스 중산층이 있다.

또한 언제나 그렇듯이 부부 혹은 커플도 냉소의 대상이 된다. 영화에 등장하는 모든 중년 부부는 권태와 공허 속에서 살아간다. 제르맹 부부는 각자의 일에 빠져 철저하게 분리된 삶을 살며, 서로의 일에 거의 무관심하다. 특히 제르맹은 부인이 직장을 잃을 위기에 처해도 자신에 일에만 골몰하며 부인의 얘기를 남의 얘기보다도 더 건성으로 듣고 넘긴다. 또 라파의 부모는 겉으로는 다정한 중년 부부처럼 보이지만, 속으로는 깊은 단절감 속에서 각자 외로운 삶을 살고 있다. 라파의 아버지 머릿속에는 직장에 대한 걱정과 운동에 대한 열정만 가득하며, 라파의 어머니는 자신의 일을 포기하고 가족에만 충실해온 삶에서 권태와 무기력함을 느끼고 있다. 알고 보면, 클로드의 엄마가 가족을 버리고 오래전에 새 삶을 찾아 떠난 것도 삶의 권태를 이기지 못해서였다. 오종의 다른 영화들에서처럼, 이 영화에서도 가족이나 부부는 단지 그럴듯한 허상일 뿐이고 서로를 힘겹게 만드는 고단한 인연일 뿐이다.

결국 문제는 '권태'다. 오종이 그의 인물들을 통해 발신하는 차가운 냉소 이편에는 삶의 권태에 대한 뿌리 깊은 의식이 자리하고 있다. 냉소뿐만이 아니다. 영화 속 인물들이 보여주는 욕망과 집착의 뒷면에도 지긋지긋한 권태가 끈끈하게 달라붙어 있다. 특히, 제르맹의 자기 파괴적인 욕망과 광기 어린 집착은 따지고 보면 모두 삶의 권태로부터 잉태되어 자라난 것들이다. 영화 초반부터 드러나듯이, 그는 직장과 일에 흥미를 잃었고 부부생활에도 아무런 열정이 없다. 딱히 애정을 둘 곳도 없고 딱히 열정을 쏟을 데도 없는, 말 그대로 지치고 무기력한 중년 교사. 그런 그가 우연히 재능 있는 학생을 만나 오랜만에 다시 소설 쓰기에 빠져든다. 그리고 소설 쓰기는 곧바로 그의 유일한 삶의 즐거움이자 열정의 대상이 된다. 권태의 끝에서 찾은 순수한 열정. 만약 소년과 합심해 그가 바라던 소설을 완성할 수 있다면 그의 삶은 파괴되어도, 부서져나가도 좋다. 어차피 권태로울 수밖에 없는 인생쯤은 위험에 내맡겨도 상관없는 것이다. 그동안 오종의 영화들에서 도발적이거나 엽기적인 이미지들 아래 가려져 있던 권태가 이 영화에서는 마침내 수면 위로 부상한다. 욕망과 권태, 혹은 집착과 공허는 사실 동전의 앞뒷면과도 같다. 인정하고 싶지 않지만, 뒤집으면 바로 나오는 끔찍한 이항異項인 것이다.

때로는 거짓말이 우리를 더 행복하게 만들 수 있다.
나는 거짓말과 진실이 서로를 거울처럼 비추는
영화를 만들고 싶다.

프랑수아 오종

François Ozon, 1967~

●

도발과 일탈의 젊은 감독에서 관조와 사색의 시네아스트로

프랑수아 오종은 1967년 파리에서 교사 부부의 아들로 태어났다. 파리 1대학에서 영화학으로 석사까지 공부한 후, 국립영화학교 페미스FEMIS에 입학해 영화 연출을 배웠다. 페미스 재학 시절 만든 단편영화들이 세계 여러 단편영화제에 초청되면서 일찍부터 주목받기 시작했다. 특히, 십대 남성의 이중적 성정체성을 다룬 단편영화 〈썸머 드레스*Une robe d'été*〉 (1996)와 충격적인 이야기 사이사이에 엽기적인 장면들을 끼워 넣은 중편영화 〈바다를 보라*Regarde la mer*〉(1997)가 크고 작은 논란을 낳으면서 오종의 이름을 널리 알리게 된다.

파솔리니Pier Paolo Pasolini의 영화 〈테오레마*Teorema*〉(1968) 를 독창적으로 재해석한 첫 번째 장편영화 〈시트콤*Sitcom*〉 (1998)*은 근친상간, 부친살해, 성도착증 등 파격적인 주제와 재기 넘치는 형식으로 세간의 이슈가 된다. 반가부장적이고 반부르주아적인 가치관뿐 아니라, 비관습적이고 비정상적인 것에 대한 선호를 전면에 드러내는 이 영화는 프랑스영화사에서 한 번도 본 적 없는 낯선 감독의 출현을 알렸다. 또 파스빈더의 미발표 희곡을 영화화한 〈워터 드롭스 온 버

닝 락*Gouttes d'eau sur pierres brûlantes*⟩(1999)**은 동성애, 양성애, 소아성애 등 주류 영화에서 금기시되던 주제들을 거침없이 다루면서 모든 인간관계에 필연적으로 수반되는 권력의 문제를 냉정하게 묘사해 호평을 받는다. 한편 ⟨사랑의 추억*Sous le sable*⟩(2000)은 기존의 도발적인 스타일에서 벗어나 한 중년 여인의 내적 파멸을 차분한 시선으로 묘사한 작품으로, 오종에게 비판적이었던 영화인들조차 열렬한 지지를 보내게 만든다.

이후 약 5년 동안 오종은 일종의 영화적 전성기를 보낸다. 발표하는 영화들마다 비평적 찬사와 높은 흥행 성적을 거두며 프랑스를 대표하는 시네아스트 반열에 올라선다. 베를린 영화제 수상작인 ⟨8명의 여인들*8 femmes*⟩(2001)은 다니엘 다리외, 카트린 드뇌브, 이자벨 위페르, 엠마뉘엘 베아르 등 여러 세대에 걸친 프랑스 유명 여배우들을 한자리에 모이게 만든 것만으로도 하나의 사건이었는데, 1950년대 할리우드 뮤지컬 스타일에 범죄영화의 구성을 접목한 독특한 형식으로 비평과 흥행 모두에서 커다란 성공을 거둔다. 또 자크 드레*Jacques Deray*의 영화 ⟨수영장*La Piscine*⟩(1969)으로부터 영감을 받아 만든 ⟨스위밍 풀*Swimming Pool*⟩(2003)은 '훔쳐보기'

*

프랑수아 오종

욕망에 대한 뛰어난 심리 묘사와 기발한 '픽션 안의 픽션' 형식으로 찬사를 받았고, 갑작스럽게 죽음을 맞이한 젊은 사진작가의 짧은 여생을 그린 〈타임 투 리브Le Temps Qui Reste〉(2005)도 죽음에 대한 담담하면서도 관조적인 시선으로 높은 평가를 받았다.

그 후로도 오종은 여러 장르를 오가면서 꾸준히 영화를 만드는데, 이전에 비해서는 다소 침체된 모습을 보인다. 젊은 시절의 자신만만한 도발은 점점 힘을 잃어가고, 자타공인의 시네필답게 미국과 프랑스의 고전영화들에 대한 애정을 영화적으로 표현하는 데 만족해한다. 하지만 2012년 오종은 〈인 더 하우스〉로 화려하게 부활한다. 도발적 표현은 여전히 자제했지만, 한층 더 예리해진 시선과 짜임새 있는 구성으로 인간 내면에 숨어 있는 욕망의 민낯을 탁월하게 그려냈기 때문이다. 연이어 발표한 〈영 앤 뷰티풀Jeune et Jolie〉(2013)과 〈나의 사적인 여자친구Une nouvelle amie〉(2014) 역시 평범한 듯 평범하지 않은 그만의 스타일을 매력적으로 구현하면서, 이제는 완숙한 수준에 오른 시네아스트의 면모를 보여준다.

**

사랑은 존재하지 않는다

오종의 영화 속에서 '가족'은 불안하기 그지없다. 낯선 사람 한 명만 등장해도 쉽게 무너져내린다. 사랑과 신뢰로 굳게 엮인 가족, 나를 이해해주고 받아줄 마지막 보루로서의 가족 같은 것은 세상 어디에도 없다. 가령, 파솔리니의 〈테오레마〉에서 낯선 여행객의 방문이 이탈리아 부르주아 가족의 허상을 무참하게 무너뜨렸다면, 〈시트콤〉에서는 아버지가 가져온 실험용 쥐 한 마리가 평범한 프랑스 부르주아 가족의 허약한 관계를 뒤흔들어놓는다. 불과 쥐 한 마리에, 아들이 갑자기 커밍아웃을 하고 딸이 자살을 기도해 2층에서 뛰어내리며 아들과 어머니가 근친상간을 하고, 급기야 온 가족이 힘을 모아 아버지를 살해하는 일까지 벌어지는 것이다. 〈8명의 여인들〉*의 경우, 예쁘고 화려한 미장센과 아름다운 음악들로 우리의 눈과 귀를 현혹시키지만, 그 이면에는 역시 가족에 대한 차가운 조소가 자리하고 있다. 아버지와 어머니는 각자 여러 상대와 바람을 펴왔고, 이모는 형부를 사랑했으며, 할머니는 과거에 할아버지를 독살했다. 하녀는 아버지와 오래전부터 내연의 관계였고, 심지어 큰딸은 아버지의 아이를 임신하기까지 했다. 말로만 가족이지, 아무런 유대감도

*

프랑수아 오종

가족애도 없이 그저 각자의 욕망만 쫓는 그야말로 막장 집안인 것이다. 심지어 젊은 사진작가의 죽음이 주된 이야기인 〈타임 투 리브〉에서도, 배경으로 보이는 가족의 풍경은 쓸쓸하고 삭막하기만 하다. 언뜻 웃음과 덕담만이 오갈 것 같은 가족의 식사 자리도 결국은 서로간의 깊은 단절을 확인해줄 뿐이며, 남자는 어차피 이해받을 수 없을 거라는 생각에 자신의 병을 가족에게 끝까지 알리지 않고 혼자 죽어간다. 요컨대, 가족은 한 꺼풀만 벗기면 각자의 이기심과 욕망이 그대로 드러나는 위선적이고 불안한 허상일 뿐이다.

연인이나 부부의 경우도 다를 게 없다. 이성 커플이든 동성 커플이든, 오종의 영화에서 '사랑'은 그저 환상일 뿐이며 인물들은 단지 욕망이나 필요에 의해 서로의 곁에 머문다. 〈워터 드롭스 온 버닝 락〉에서 중년 남자 레오와 청년 프란츠의 설레는 사랑 이야기는 시간이 지날수록 지배욕과 배신, 파멸의 이야기로 바뀌어가고, 〈타임 투 리브〉에서 남자는 자신의 죽음을 알게 되자마자 가장 먼저 애인과의 관계를 청산한다. 또 〈사랑의 추억〉이나 〈인 더 하우스〉에 등장하는 중년 부부들에게 사랑이란 그저 먼 과거의 어딘가에서 아른거리는 기억의 그림자 같은 것일 뿐이다. 그 밖의 영화들에도 다양한 유형의 커플이 등장하지만, 그들의 관계는 어느하나 견고해 보이지 않는다. 사랑은 실체를 알 수 없는 환영과도 같고, 두 사람 사이에는 필요와 욕망 또는 끔찍한 권력 게임만이 남아 있다.

오종은 그가 존경했던 파스빈더의 "사랑은 존재하지 않는다. 단지 사랑의 가능성만이 존재할 뿐이다"라는 전언을 오랜 세월 변함없이 신봉하고 있다. 아니, 오종에게는 그 사랑의 가능성조차 없어 보인다. 정치적, 역사적 메타포로 이어졌던 파스빈더의 메시지와 달리, 오종이 말하는 사랑은 단지 날것의 욕망을 감싸는 그럴듯한 포장에 다름 아니기 때문이다. 이러한 오종의 시각 이면에는, 무엇보다 生의 깊은 '공허'에 대한 처절한 인식이 자리 잡고 있다. 오종에게 사랑은, 아니 욕망은 삶이라는 공허의 사막을 건너기 위해 인간이 만들어내는 신기루에 지나지 않은 것이다.

욕망, 공허의 다른 이름

오종의 주인공들은 항상 누군가를 혹은 무언가를 '욕망'하고 있다. 굳이 일반적인 기준에 따라 나눈다면, 그 욕망은 항상 정상적인 것보다는 비정상적인 것을, 익숙한 것보다는 낯선 것을, 보편적인 것보다는 예외적인 것을 향하고 있다. '일탈' 또는 '비정상'에 대한 욕망은 오종의 초기 영화부터 지금까지 일관되게 나타나고 있는 가장 중요한 요소 중 하나다. 〈시트콤〉의 평범한 가족 구성원들은 계기가 주어지자마자 기다렸다는 듯이 동성애, 근친상간, 사도마조히즘 등 온갖 비정상적인 욕망을 실현하고, 〈크리미널 러버Les Amants criminels〉의 여고생 알리스는 건장한 남학생의 죽어가는 모습을 보고 싶은 욕망에 자신을 흠모하는 또 다른 남학생에게 살인을 사주하며, 〈사랑의 추억〉의 주인공 마리아는 남편의 죽음을 받아들이지 못하면서도 주변 남자들과 정사를 나누는 등 점점 일탈의 늪에 빠져든다. 또 〈스위밍 풀〉*의 중년 여성작가 사라는 겉으로는 격식과 예절을 내세우지만 일탈에 대한 강한 욕망을 품고 있으며, 이 때문에 자신의 몸을 희생하면서까지 젊은 여인(줄리)의 시체 유기와 범죄 은폐를 도와준다.

또한 오종의 영화 속 인물들은 일탈의 욕망 외에도 '훔쳐보기'의 욕망에 빈번히 빠져든다. 도발적인 이야기에 미국 장르영화의 형식을 덧씌우는 것을 즐겼던 오종에게 훔쳐보기 욕망은 그 자체로 영화의 서사 진행을 돕는 매우 효과적인 수단이 되었을 것이다. 가령, 〈바다를 보라〉에서 젊은 엄마 사샤는 낯선 여행자의 텐트 안으로 몰래 들어가 기괴한 그림과 낙서로 가득한 일기장을 훔쳐보는데, 이 훔쳐보기 욕망은 결국 그녀의 죽음을 부르는 화근이 된다. 또 〈인 더 하우스〉에서 교사 제르맹은 학생 클로드의 글을 통해 중산층 가정의 삶을 훔쳐보는 욕망에 빠져들며, 욕망이 점차 집착과 광기로 변하면서 결국엔 직장과 가정을 모두 잃고 파산한다. 〈스위밍 풀〉의 경우, 주인공 사라가 쓰는 소설 속에서이긴 하지만 두 여인이 서로의 행동을 훔쳐보고 서로의 글을 훔쳐보다가 살인까지 저지르게 된다.

그런데 무엇 때문에 오종의 인물들은 이처럼 비정상적이고 과도한 욕망에 빠져드는 걸까? 무엇 때문에 삶이 흔들리고 위태로워지는 걸 보면서도, 또 욕망이 집착으로 바뀌고 집착이 다시 광기로 바뀌는 걸 느끼면서도, 욕망에 담근 발을 거두지 못하는 걸까? 공허 때문이다. 오종은 한 번도 드러내놓고 삶의 공허를 얘기한 적이 없지만, 그의 모든 영화

*

에는 보이지 않는 공허의 그림자가 공기처럼 화면을 꽉 채우고 있다. 결국은 부질없는 삶, 죽음보다 나을 게 없는 공허한 삶을 잊기 위해, 그의 인물들은 모두 무언가를 욕망하며 그 욕망 속으로 점점 더 깊이 침잠한다. 그리고 더 잘 잊기 위해, 더 낯설거나 더 예외적인 무엇에 빠져든다. 모든 것이 죽음에 이르는 과정일 뿐인 이 삶에서 정상과 비정상, 보편과 일탈의 구분은 아무런 의미도 갖지 못하는 것이다.

오종의 인물들은 특별한 자각이나 반성 없이, 그저 공허와 불안을 잊으려는 무의식의 명령에 따라 욕망하고 행동한다. 〈타임 투 리브〉에서 젊은 남자 주인공이 5퍼센트의 삶의 가능성과 죽음 사이에서 아무런 주저 없이 죽음을 선택하는 것도 그 때문이다. 어차피 공허하기는 마찬가지일 삶을 위해 희박한 가능성을 안고 노력을 기울일 이유가 전혀 없다. 불교는 생의 공허를 극복하기 위해서는 모든 욕망(집착)부터 끊어야 한다고 가르친다. 하지만 오종이 생의 공허를 이겨내는 방식은 더 적극적으로 욕망하는 것이다. 비록 그 끝이 비극이나 파멸에 이르더라도, 할 수 있는 한 끝까지 욕망함으로써 생의 공허를 잊고 남은 시간을 견뎌내려 한다. 욕망은 생의 공허에 맞서는 오종만의 방식인 것이다.

집 혹은 픽션, 가두고 갇히기

오종의 영화에서 인물들의 욕망은 거의 항상 '집'을 배경으로 펼쳐진다. 그만큼 집은 등장인물 못지않게 중요한 서사적 요소 중 하나다. 영화의 이야기는 자주 집에서 시작해 집에서 끝나며, 집 내부와 그 주변 정도가 배경의 전부인 경우가 대부분이다. 〈워터 드롭스 온 버닝 락〉과 〈8명의 여인들〉은 모든 장면이 처음부터 끝까지 집 안에서만 촬영되었고, 〈시트콤〉의 경우도 거의 모든 사건이 집 안에서 일어나며, 〈바다를 보라〉, 〈스위밍 풀〉, 〈인 더 하우스〉에서 사건의 주요 무대는 항상 집이다. 오종이 이처럼 '집'을 그의 영화적 공간으로 고정하는 이유는, 무엇보다 집이라는 한정된 공간이 인물의 미묘한 심리와 욕망을 더 선명하게 드러낼 수 있기 때문이다. 또한 닫혀 있기에 인물들 간의 갈등과 지배관계, 이야기의 파국 등도 더 극대화해 부각시킬 수 있다.

이는 또한 연극적 구성을 선호하는 그의 성향과도 잘 맞아떨어진다. 오종은 현실에 대한 '기록'이자 상상으로 빚은 '픽션'이라는 영화의 두 본성 중에서 후자 쪽에 훨씬 더 큰 비중을 둔다. 그리고 픽션의 기본인 상상하기와 이야기하기의 매력을 극대화하기 위해, 시공간적 제약이 뚜렷한 연극적 형식의 도입을 즐긴다. 구속이 강하면 강할수록, 그것을 넘어서려는 열정과 그것을 위반하는 희열은 오히려 더 증폭되기 때문이다. 아울러, 오종은 기존에 발표되었거나 미간된 희곡을 영화로 새롭게 각색하는 것도 선호한다. 〈워터 드롭스 온 버닝 락〉은 파스빈더가 열아홉 살에 쓴 미발표 희곡을 영화화한 것이고, 〈8명의 여인들〉은 1960년에 이미 〈의심의 밤〉이라는 영화로 만들어진 적이 있는 로베르 토마Robert Thomas의 희곡 『8명의 여인들』(1958)을 다시 영화화한 것이며, 〈인 더 하우스〉는 스페인 작가 후안 마요르가의 희곡 『맨 끝줄 소년』(2006)을 영화로 각색한 것이다.

한편, 닫힌 공간과 인물 가두기에 대한 오종의 선호는 집이라는 가시적 영역뿐 아니라 '이야기'라는 비가시적 영역에서도 자주 실천으로 옮겨진다. 오종은 종종 '이야기 안의 이야기' 또는 '픽션 안의 픽션'이라는 형식을 사용해 흥미로운 구성물을 만들어내는데, 대표적인 사례가 〈스위밍 풀〉과

〈인 더 하우스〉다. 〈스위밍 풀〉에서는 영화 이야기 속에 등장인물(사라)이 쓰는 소설이라는 이야기가 들어가고, 그 소설 이야기 속에는 다른 등장인물(줄리)의 일기장이라는 또 다른 이야기가 들어간다. 각각의 이야기들은 영화 내내 서로 반사하거나 서로 조금씩 배반하면서, 관객을 복잡한 추리와 추론의 장으로 이끈다. 마찬가지로 〈인 더 하우스〉에서도 등장인물이 쓰는 소설이 이야기 속의 이야기 형식으로 들어가는데, 시간이 지날수록 이야기 속의 이야기가 영화의 본래 이야기를 지배하고 조종하면서 관객에게 묘한 긴장과 흥미를 안겨준다.

또한 두 영화에서 오종은 서사적 차원에서뿐 아니라 시각적 차원에서도 '틀 안의 틀' 형식을 사용해 이야기 영역과 이미지 영역의 교묘한 조우를 이끌어낸다. 〈스위밍 풀〉에서는 창문, 문, 거울, 수영장 등 '프레임 속의 프레임'을 상징하는 이미지들을 지속적으로 등장시키고 그 안에 놓인 두 주인공의 모습을 강조하면서, 서로가 서로를 가두고 감시하는 그들의 기묘한 관계를 시각적으로 형상화한다. 또 〈인 더 하우스〉에서는 주인공 클로드가 영화의 '이야기'와 '이야기 속의 이야기' 사이를 넘나들 때마다, 창, 문, 거울 등 '프레임 속의 프레임'에 있는 그의 모습을 보여주면서 역시 서사적 미장아빔(mise en abyme, 액자 구조)과 시각적 미장아빔의 절묘한 이중주를 이루어낸다.

오종의 영화는 점점 더 차분해지고 있다. 시간이 지날수록 도발과 파격은 줄고, 점점 더 냉정하고 절제되어간다. 표현 방식이나 표현되는 주제, 이야기 등 어느 하나 상식을 벗어날 만큼 크게 과격하거나 비정상적이지 않다. 하지만 오종

프랑수아 오종

의 언어는 더 강하고 견고해졌으며, 더 정교해졌다. 도발 대신 선택한 냉소가 조금은 낯선 게 사실이지만, 그의 영화에서는 여전히 재치와 유머가 넘치고 또 여전히 공허와 권태가 어둠의 그림자처럼 맴돈다. 공허를 잊기 위해 온갖 비정상적인 욕망을 펼쳐 보이던 그였지만 이제는 어느덧 거리를 두고 담담하게 그것들을 마주할 수 있게 되었다. 묘하게도, 오종의 재기才氣는 자제할수록 더 또렷한 빛을 발한다.

어릴 때부터 공장에 다니는 아빠가 창피했어요.

이젠 창피하게 느끼는 나 자신이 부끄러워요.

[…]

하지만 지금 아빠는 내게 평생 남을 치욕을 주었어요.

인력자원부

Ressources humaines(1999)

●

어느 노동자 가족 이야기

로랑 캉테의 〈인력자원부〉는 현재 프랑스를 대표하는 감독들의 '데뷔작' 중에서도 가장 뛰어난 작품으로 손꼽힌다. 오랫동안 단편영화와 다큐멘터리 영화 분야에서 활동하던 캉테는 이 영화에서 특별한 기교 없이 소박한 영화적 스타일을 고수하면서 프랑스 노동 현장의 실상을 냉정하게 도려내 보여준다. 실제 노동자들에게 주요 배역을 맡겼고, 조명과 편집 효과를 자제했을 뿐 아니라, 음악도 전혀 사용하지 않았다. 하지만 영화는 오히려 그 투박하고 단순한 형식 덕분에 진정성과 호소력을 발휘한다. 또 다양한 인물들 간의 대립과 갈등을 적절히 뒤섞고 풀어가면서, 전통적인 서사구조가 여전히 메시지 전달의 유용한 도구가 될 수 있음을 입증해 보인다.『르몽드』의 평가처럼, 오랜만에 프랑스 영화계에 "소설적 환상과 현실의 냉혹함을 제대로 결합한 작품"이 등장한 것이다.

아들 – 어느 이상주의자 이야기
영화가 시작되면 강을 따라 늘어선 공장들이 눈에 들어온다.

누군가 기차에서 끝없이 이어지는 공장의 행렬을 바라보고 있다. 시골 기차역에 내린 그는 마중 나온 가족의 환대를 받는다. 반가운 포옹을 나누는 누나와 조카들과 어머니, 그리고 무뚝뚝한 아버지. 그는 작은 시골마을이 배출한 수재, 프랑크다. 파리의 명문 그랑제콜에서 경영학을 전공했고 인턴십을 위해 고향의 지사로 발령받아 내려온 참이다. 영화는 이렇게 모두가 흐뭇한 미소를 머금을 만한 소박한 금의환향 스토리로 시작된다.

그러나 시간이 지날수록 그는 조용하던 마을에 풍파를 일으키는 문제적 남자가 되어간다. 실제로 영화의 모든 갈등은 그에게서 시작된다. 달리 말하면, 그는 모든 갈등의 중심에 서 있다. 우선, 그는 주어진 환경 속에서 고군분투하던 마을 사람들에게 갑자기 '이상과 현실' 사이의 갈등이라는 난해한 문제를 던져준다. 마을 사람들의 주요 일터인 공장에서 '주 35시간 근무제'라는 이상주의적 정책을 실험해보고자 하는 것이다. 사회 전반에서 여전히 뜨거운 논란의 대상이 되고 있는 주 35시간 근무제의 '경제적 전제조건 평가'가 그의 인턴십 과제였다. 그 스스로도 주 35시간 근무제가 노사 양측에 이익이 될 것이라는 굳은 신념을 갖고 있다. 하지만 현실은 그의 생각대로 돌아가지 않는다. 노동자 측은 이 제도가 유발할 것으로 기대되는 일자리 창출과 근무 환경 개선 등에 대해 미심쩍은 눈초리를 보냈고, 그중 일부는 이 제도가 결국 노동자의 권리를 빼앗을 것이라 주장하며 반대했다. 제도 자체에 무관심한 이들은 큰 소란 없이 현행 노동 조건이 그대로 이어지기를 희망했다. 회사 측은 사 측대로 이 제도가 불러일으킬 미묘한 문제들에 대해 불안해했다. 그러던 중 사장과 간부들이 이 제도를 역이용해 노동자들을 해

고할 근거를 마련하기 시작한다. 결국 이상과 달리 현실에서는 노사 모두 주 35시간 근무제를 환영하지 않으며 이 제도의 실현 가능성과 타당성에 대해 회의적인 태도를 보인 것이다.

그런데 이 문제적 젊은이가 마을에서 일으키는 갈등은 이상과 현실 사이의 갈등만이 아니다. '개천에서 난 용'과도 같은 그의 갑작스러운 출현은 마을 사람들의 가슴 한 편에 자리하고 있던 주변부 콤플렉스를 자극한다. 그의 존재 자체가 평생 시골 공장에서 일해온 늙은 노동자들(매형, 아버지의 동료들)의 지친 마음을, 신분상승에 대한 꿈 자체를 혐오하며 평생 지방이라는 주변부에서 살아갈 수밖에 없는 젊은 노동자들(친구들)의 억눌린 감정을 자극하게 된 것이다. 파리의 명문 그랑제콜 재학생이라는 타이틀 자체가 그를 '주변'(지방)이 아닌 '중심'(파리)의 인물로, '노동자'가 아닌 '관리자' 계층으로 규정짓는다.

정작 본인 자신은 받아들이기 힘든 이 낯선 정체성은 영화 내내 그를 혼란 속으로 몰아넣는다. 영화 전반 그는 강경하고 공격적인 노조위원장의 태도에 불만을 느끼며, 노조 전체를 비효율적인 투쟁집단으로 간주해버린다. 그리고 사장의 노련한 화술에 넘어가 노조를 무력화시킬 묘안을 제안하게 된다. 노사 모두를 위한 길이라는 미명하에, 자신도 모르게 사 측 입장에 서서 노동자를 탄압하고 사주의 배를 불릴 계략에 가담하게 되는 것이다. 그러나 자신의 제안을 앞세워 노동자의 무단해고를 감행하려 하는 사 측의 계략을 알아차린 후, 그의 입장은 경영자 쪽에서 노동자 쪽으로 급선회한다. 그 자신이 사장의 교활한 전략에 이용당했다는 사실을 알고부터, 그리고 그의 아버지를 포함한 무고한 노동자들이 정년을 채우지 못한 채 해고당한다는 사실을 알고부터, 적극적으로 노동자 편에 서서 그들의 일을 돕기 시작한 것이다. 그는 노조와 힘을 합쳐 파업을 준비한다.

주인공 프랑크가 겪는 경영자에서 노동자로의 스펙터클한 전환은 영화의 이야기를 이끌어가는 중요한 동력이 된다. 그와 동시에, 이후로 그가 겪게 될 모호한 정체성, 즉 경영자의 입장에도 노동자의 입장에도 쉽게 서지 못하고 이상과 현실 사이에서도 번민하게 될 그의 이중적 정체성을 강하게 암시한다.

아버지 — 어느 순응주의자의 이야기

> 나는 나의 아버지를 죽였고, 인간의 살을 먹었다. 기쁨으로 온몸을 떨었다.
> — 피에르 파올로 파솔리니, 〈돼지우리〉

영화에서 주인공이 겪는 또 하나의 큰 갈등은 아버지와의 갈등이다. 모든 면에서 그와 대조되는 아버지는 그에게 죄책감과 부담감, 측은함을 동시에 일으키는 존재이며, 벗어나고 싶은 동시에 지켜주고 싶은 대상이다. 기업 경영자로서 탄탄하고 화려한 미래가 보장되어 있는 그에게 아버지는 언제든 돌아가고 싶지만 오래 머무를 수는 없는, 낡고 불편한 시골집 같은 존재인 것이다.

아버지는 시골의 한 공장에서 30년 동안 일해온 육체노동자다. 금속판에 구멍을 뚫고 볼트를 끼우는 매우 단순한 일을 소명으로 삼아 두 자식을 키우면서 소박한 삶을 꾸려왔다. 아침에 15분 일찍 출근해 자판기 커피를 마시며 동료들과 잡담을 나누는 것을 일상의 낙으로 삼고, 주말에는 목공예를 하며 여가 시간을 보낸다. 그는 아들의 성공과 출세를 인생의 가장 큰 보람으로 여기는 전통적인 아버지이다. 아들의 인생이 자신의 인생과 다르기를 소망하며, 아들을 위해서 자신의 모든 삶을 희생할 각오가 되어 있다. 하지만 그는 아들이 부끄러워하는 것처럼, 전형적인 체제 순응자다. 노조의 투쟁적 입장에 동의하지 않으며, 아들의 능력을 인정해주는 사장에 감사해하고, 심지어 부당한 해고를 통보받았음에도 저항하지 않고 마지막 날까지 작업대에서 손을 놓지 않는다. 아버지가 공장 노동자여서가 아니라 평생 굽실거리기만 한 존재라서 부끄럽다는 아들의 말에 결국 파업에 동참하지만, 그전까지 그에게 신분이란 타고난 것이며 자신의 계급에 충실한 삶이 올바른 삶이었다.

영화는 주인공 프랑크와 아버지 사이의 이 같은 갈등을 처음부터 끝까지 붙들고 가면서 세대 간의 갈등이 여전히 해결되지 않은 프랑스 사회의 난제 중 하나임을 부각시킨다. 사실, 아들에 의해 부정당하고 모욕당하는 아버지 모습은 지난 세기 서구의 사유와 예술에서 중요한 한 축을 담당했던 '부친 살해'의 한 유형이라 할 수 있다. 캉테는 20세기 서구 문화와 예술을 사로잡았던 이 낡은 테제가 21세기에도 여전히 수행해야 할 지난한 과제임을 인정하고 또 강조한다. 특히, 이 영화에서 부정되고 정신적 살해를 당하는 아버지는 가부장적이고 권위주의적인 부르주아 아버지가 아니라, 지극히 소박하고 힘없는 노동자 아버지다. 아들은 가난한 아버지를 부끄러워하는 것이 아니라 체제 순응적이고 몰사회적이며 가족이기주의적인 아버지를 부끄러워한다. 이상세계를 떠나 현실세계에 막 발을 디딘 그가 가장 먼저 깨달은 것은 현실이 진실과 규칙, 합리가 아닌 거짓과 불법, 부조리에 의해 지배되고 있다는 사실이기 때문이다. 프롤레타리아 가정 출신으로서, 그는 가장 낮은 계급부터 불의에 저항하는 목소리를 내야 상위 계급의 탐욕스러운 횡포를 막고 최소한의 권리를 지킬 수 있다는 것을 인지하게 된다. 성실한 삶으로 포장되는 맹목적인 순종은 끝없는 착취와 불공정한 분배만을 낳는다는 사실을 뼈아프게 깨달은 것이다.

파솔리니, 부뉴엘Luis Bunuel, 베르톨루치Bernardo Bertolucci 등 지난 세기 서구 거장의 영화들에서는 지위나 부富의 수준과 관계없이 권위주의적이고 가부장적인 아버지가 전복의 대상이었다면, 캉테의 영화 〈인력자원부〉에서는 이처럼 순응적이고 탈권위적이며 가정적인 '착한' 아버지가 극복의 대상이 된다. 구세대에 대한 새로운 세대의 거부가 전면적인 차원으로 확대된 것이다. 실제로 캉테는 이어지는 영화들에서 구세대 구성원 모두를, 특히 다양한 유형의 아버지들을 차례로 부정하고 조소한다. 〈타임아웃〉에서 중년 아들의 삶에 사사건건 간섭하지만 결국 아들에게 큰돈을 내어주고 아들을 다시 취직시켜주는 아버지는 프랑스 사회에서 여전히 큰 영향력을 행사하고 있는 전 세대 부르주아 아버지를 상징한다. 여전히 권위주의적이고 가부장적이지만 축적된 부를 통해 아들을 통제할 수 있고 원조할 수도 있으며, 그렇기에 더더욱 벗어나거나 극복하기 어려운 아버지다. 다른 영화들에서도 일종의 아버지에 해당하는 인물들이 등장하는데, 〈남쪽을 향하여〉에서 아이티 중년 남성인 알베르는 신세대 아이티 청년들의 성적 일탈과 물질지상주의를 비판하면서도 그 역시 서구 자본주의에 복종하고 현실의 문제들에 눈을 감는 무기력한 '소시민 아버지'로 묘사된다. 〈클래스〉의

교사 프랑수아도 무기력한 아버지이긴 마찬가지인데, 그는 다인종으로 구성된 새로운 프랑스 세대를 이해하려고 노력하나 결국은 포기하고 현실을 외면하는 이상주의적이고 무능력한 '지식인 아버지'를 대표한다.

이처럼 캉테는 전 세대의 주요 구성원이었던 다양한 아버지들을 냉정한 시선으로 비판하고 거부하면서 새로운 세대가 나아가야 할 방향을 모색한다. 그러나 단지 모색할 뿐이다. 새로운 세대의 남성들, 그러니까 미래의 아버지들이 나아가야 할 길은 그의 영화에서 안개보다 더 두터운 장막에 싸여 보이지 않기 때문이다. 〈인력자원부〉의 마지막 장면은 그래서 관객 모두에게 침묵과 다를 바 없는 무거운 질문만을 남긴다. 짧은 시간 동안 경영자에서 노동자로의 급속한 변화를 겪었던 프랑크는 "이제 뭘 할 거야?"라는 이주민 노동자 알랭의 질문에 파리로 돌아갈 거라고 간단히 답한다. 하지만 그의 표정이 말해주듯 그는 이미 모든 지표들 사이에서 길을 잃었다. 학업이라는 현실을 위해 그가 일시적으로 머물 곳은 파리지만, 이후의 길은 전혀 보이질 않기 때문이다. 영화의 마지막 순간, 그는 직장을 잃을 위기에 처한 알랭에게 자기 자신에게 묻듯 짧은 질문을 던진다. "네가 있을 곳은 어디지?"

노동자 - 분열과 와해의 이야기

프랑크와 그의 아버지 외에 영화의 서사를 이끌어가는 또 다른 주요 캐릭터는 바로 '노동자(들)'이다. 이들은 개인이기보다는 집단으로서 영화 이야기의 한 축을 담당하며, 내적으로는 무한히 분열되면서도 외적으로는 하나의 전체성을 지니는 양가적 특성을 지닌다. 영화는 아들과 아버지의 이야기를 거쳐 결국은 노동자의 이야기, 즉 고용주가 아닌 고용인의 이야기로 나아간다. 정신노동자건 육체노동자건, 회사 혹은 공장에 고용된 이들의 다양한 현실을 들려주고자 여러 차원의 갈등을 모아 하나의 드라마로 엮어내는 것이다. 캉테는 노동자들의 현실을 보다 사실적으로 드러내기 위해 대부분의 역할을 비전문 배우들에게 맡기는 실험을 감행했다. 영화 속 사장은 실제 회사 사장이고, 여성 노조위원장은 과거 노동운동가 출신이며, 아버지 역은 실제 공장노동자가 맡아 연기했다. 프랑크 역을 제외한 모든 주요 배역을 실제로 회사나 공장에서 일하는 노동자들에게 맡긴 것이다. 현실에서처럼 영화에서도 이들은 서로 다른 직급에 서로 다른 가치관과 입장을 지니고 있으며, 공장을 무대로 각자의 노동을 수행하면서 각자가 처한 현실을 실감나게 보여준다.

'공장'은 그러므로 영화의 모든 이야기가 수렴되고 뒤얽히는 가장 중요한 공간이다. 알랭의 말처럼 노동자들이 "인생의 절반 이상"을 보내는 삶의 주요 터전이며, 각종 이해관계와 가치관이 부딪히고 대립하는 갈등의 공간이다. 또한 공장은 마을 사람들의 삶에 깊이 관여하고 그들의 삶의 근간을 통제하는 일종의 '지배 공간'이기도 하다. 실제로 공장은 영화에 등장하는 마을의 모든 장소와 직간접적으로 연결되어 있는데, 프랑크 아버지의 집, 누나의 집, 동료의 집, 광장의 카페, 술집, 거리 등은 공장과 따로 분리해 생각할 수 없다. 과거 프랑스는 오랫동안 봉건국가 체제를 유지했고 각 지역은 권력과 군사력을 갖춘 영주들이 지배했다. 영주들은 대개 높은 언덕에 성을 짓고 그곳을 중심으로 마을을 형성했으며, 마을 사람들의 삶에 깊이 개입하고 마을의 모든 것을 지배했다. 현재는 마을 외곽에 지어진 공장, 즉 회사가 그 역할을 대신한다. 마을 한가운데에 위치하지는 않지만, 과거 영주의 성처럼 마을의 거의 모든 것에 관여하면서 마을의 삶 전체를 지배한다. 현대 사회에서 각 지역의 영주는 바로 지역 회사(공장)의 사장이며, 그의 생각과 계산에 따라 마을 사람들 수십 명의 운명이 정해지고 삶의 명암이 뒤바뀐다.

영화의 주된 이야기도 따지고 보면 프랑크가 마을의 공장에 도착해서 떠날 때까지의 사건들을 중심으로 구성되어 있다. 좌충우돌하는 그를 중심으로 다양한 갈등들이 얽히고설키지만, 영화의 진짜 목적은 그러한 갈등들을 통해 점점 와해되어가는 프랑스 노동 현실을 드러내는 데 있다. 영화의 표면을 이루는 전통적인 서사구조도 노조/비노조, 구세대 노동자/신세대 노동자, 단순 노동자/관리 노동자들 간의 미묘하면서도 첨예한 대립을 보다 생생하게 묘사하는 데 이용된다.

물론, 상징적이면서도 개성 강한 캐릭터들의 배치도 같은 맥락에서 이해될 수 있다. 가령, 다소 상투적이라 할 수 있는 사장의 캐릭터는 영화에서 노동자들의 내적 분열을 효과적으로 나타내는 장치가 된다. 사장은 전형적인 자본가 계층으로 묘사되는데, 고급 승용차를 몰고 다니고 클래식 음악을 즐겨 들으며 우아한 말투와 사교적인 매너를 잃지 않으려 노력한다. 하지만 노조와 대화할 때는 강경 일변도로 나가면서 모욕적인 언사와 공격적인 행동을 서슴지 않고, 프랑크의 제안을 역이용해 노동자를 해고할 계획을 세울 만큼 교활하다. 이런 사장에 대한 노동자들의 각기 다른 대응은, 결과적으로 그들 각자가 처한 현실과 각자의 가치관을 보여준다. 강성의 여성 노조위원장은 사장과 사사건건 부딪히고 대립하며 강압적인 사장의 언사에도 전혀 밀리지 않는다. 그녀를 비롯한 노조의 핵심 노동자들은 사장을 위선적이고 기만적인 인물로 간주하고, 그의 모든 말과 행동에 깊은 불신을 갖고 있다. 반면, 프랑크의 아버지로 대변되는 늙은 비노조 노동자들은 사장과의 대립을 원치 않으며 그의 말에 복종하고 따른다. 이들은 지금까지 살아온 삶의 패턴이 바뀌지 않기를 바랄 뿐이며, 회사가 어떤 정책을 시행해도 그것에 순응한다. 한편 일군의 젊은 비노조 노동자들은 현실 문제들에 대한 숙고 자체를 거부하며 조금이라도 더 벌 수 있는 조건이라면 그 무엇도 마다하지 않고, 소수 관리 노동자들은 동료 노동자들을 감시하고 억압하면서 사장의 지시에 맹종한다.

결국, 사 측(고용주)의 지능적이면서도 뻔뻔한 계략에 노동자들(고용인들)은 영화 내내 사분오열되면서 서로 반목하고 대립한다. 물론 이들 중 일부는 단체행동을 통해 사 측의 횡포에 저항하나 그들의 행동은 더 나은 노동 조건을 요구하기 위해서라기보다는 어디까지나 현행 노동 조건을 유지하기 위해서다. 늘 그렇듯 사 측은 경기 침체나 시장 악화 등을 구실로 내세워 끊임없이 압박해올 것이고, 노동자들은 무조건적인 희생을 강요받으면서 점점 더 그들의 권리를 박탈당할 것이기 때문이다. 영화는 따라서 노동자들의 연대와 투쟁이 미래를 보장하지 못할 뿐 아니라, 매번 내적인 자기분열과 싸우고 자멸의 위기를 넘겨야 하는 힘겨운 일임을 강조한다. 갈수록 교묘해지는 자본가들의 전략과 불완전한 고용 환경, 이상주의적이고 미숙한 국가정책 등이 점점 더 노동자들을 절망과 무기력의 늪으로 밀어넣고 있음을 보여주고 있는 것이다.

〈인력자원부〉는 현대 노동자들의 삶이 봉건시대 '농노'의 삶과 다를 바 없는 상태로 되돌아가고 있음을 강력하게 시사하는 영화라 할 수 있다. 정신적, 물리적으로 와해되고 있는 노동자들의 현실과 그들의 종속적인 삶을 보여주면서 역사가 거꾸로 회귀하고 있음을 강조하는 것이다. 자본주의 체제가 지속될 경우 어렵게 도달한 시민사회가 무너지고 신봉건주의 사회가 다시 도래할 수 있음을, 영화는 강렬하면서도 서늘한 언어들로 들려주고 있다.

나는 질문할 뿐 대답을 제시하지는 않는다.
영화는 가장 신중하면서도 열정적인 질문이 될 수 있다.

로랑 캉테

Laurent Cantet, 1961~

●

뜨거운 심장과 냉정한 시선의 시네아스트

로랑 캉테는 1961년 프랑스 중서부 지역의 작은 도시 멜에서 교사의 아들로 태어났다. 프랑스 남부 마르세유 대학에서 영상학으로 석사를 마치고, 1984년 파리로 올라가 국립영화학교 이덱에 입학한다. 이덱 졸업 후 곧바로 영화 제작 현장에 뛰어들지만, 연출보다는 촬영, 편집 등을 맡으면서 다양한 경험을 쌓는다. 1990년대에 들어 연출을 시작하며, 주로 단편영화와 다큐멘터리 영화에 주력하면서 비상업적인 영화 제작에 전념한다.

1999년 캉테는 서른여덟 살이라는 다소 늦은 나이에 첫 번째 장편영화 〈인력자원부〉를 발표한다. 이 영화는 본래 프랑스 TV채널 아르테의 지원을 받아 만든 TV용 영화téléfilm였지만, 예상 밖의 큰 호응을 얻으면서 극장개봉용 영화로 전환된다. 당시 프랑스 사회는 '주 35시간 노동법' 시행으로 첨예한 논란을 겪고 있었는데, 〈인력자원부〉는 이상주의적 노동 행정의 이면을 드러내는 동시에 프랑스 사회에 만연한 노사 갈등, 세대 간 갈등, 지방-파리 갈등 등을 날카롭게 묘사해 호평을 이끌어낸다. 또 정신적으로 와해된 노동 계층의 현실을 탁월하게 그려내면서도 극적 긴장과 흥미를 잃지 않아 평단과 관객 모두로부터 큰 지지를 받는다.

이후, 캉테는 한 중간 관리자의 실직과 일탈을 다룬 영화 〈타임아웃*L'Emploi du temps*〉(2001)*을 발표한다. 노동 문제보다는 개인의 실존과 정체성 문제에 더 천착한 이 영화는 가족과 직장으로부터의 도피를 꿈꾸면서도 결국은 사회적 질서에 순응하는 부르주아 중년 남성의 이중적 심리를 냉정한 시선으로 묘사했다. 특히 자신의 삶의 테두리에서 떨어져 나와 주차장, 고속도로, 휴게소 등 삭막한 공간들을 배회하는 주인공의 고독과 소외감을 차가운 푸른 톤의 영상으로 형상화해 높은 평가를 받았다. 베니스영화제에서 '오늘의 사자상'을 수상했고, 『빌리지 보이스』, 『필름 코멘트』, 『타임』 등 각종 영화 저널에서 뽑은 그해의 '세계 영화 베스트 10'에 선정된다. 세 번째 장편영화 〈남쪽을 향해*Vers le sud*〉(2005)는 카리브해의 가난한 나라 아이티를 배경으로 백인 중년 여성들의 성적 일탈을 다루었다. 바캉스를 이용해 아이티를 찾은 서양 여성들이 건강하고 때 묻지 않은 아이티 청년들을 돈으로 유혹해 육체적 쾌락을 즐기는 이야기가 주된 내용이다. 다소 파격적인 이야기를 바탕으로 캉테는 독재와 부패가 만

*

연한 아이티의 비극적 현실과 아슬아슬한 일탈을 즐기면서도 지극히 서구 우월적이고 제국주의적인 태도를 버리지 않는 백인들의 이중적 태도를 예리하게 드러내 보였다.

2008년 캉테는 불과 네 번째 장편영화인 〈클래스*Entre les murs*〉**로 칸영화제 그랑프리를 수상하며 또다시 커다란 주목을 받는다. 전직 교사이자 원작 소설의 저자인 프랑수아 베고도가 직접 주인공 교사 역할을 맡았고, 실제 교사와 학생들이 영화 속 교사와 학생 역할을 맡아 화제가 되었다. 영화는 파리의 중학교 교실을 배경으로 인종 갈등, 계층 갈등, 세대 갈등 등 각종 갈등이 뒤엉켜 있는 프랑스의 현실을 차분한 시선으로 보여주었고, 다큐멘터리와 픽션의 경계를 무너뜨리는 정교한 형식으로 이야기의 현실성을 높였다. 특히 대안이나 해법을 제시하기보다는 다양한 각도에서 질문을 던지는 태도를 끝까지 고수함으로써, 관객에게 프랑스 사회의 제반 문제들에 대해 숙고할 기회를 마련해주었다.

캉테는 한때 카소비츠의 '열정적인 사회의식'과 보부아의 '냉정한 시선'을 동시에 갖춘 인물로 평가되곤 했다. 또한 강렬한 드라마를 내포한 전통적 서사구조와 차가운 현실 묘사를 적절히 교합할 줄 아는 특별한 재능의 감독으로 인정받

**

기도 했다. 하지만 시네아스트로서 캉테의 가장 큰 특징은 무엇보다 사회와 개인을 바라보는 놀랍도록 차분하고 섬세한 시선에 있다. 끝까지 일정한 거리를 유지하면서 현대 사회에서 개인이 갖는 의미와 가치를 집요하게 탐구하는 그의 영화들은 동시대 여느 감독들의 영화에서 찾아보기 힘든 값진 성과를 이루어내고 있다.

정교한 캐릭터들로 형상화되는 프랑스의 민낯

캉테의 영화는 1990년대 중반부터 부상하기 시작한 '사회적 시선regard social'이라는 영화의 흐름 속에 분명하게 위치하고 있다. 자비에 보부아, 로베르 게르디앙, 에릭 종카, 로랑 캉테, 마티외 카소비츠 등 새롭게 등장한 젊은 감독들은 노동 문제, 이민 문제, 인종 갈등, 계층 갈등, 정치적 부패 등 갈수록 심화되는 프랑스 사회의 여러 문제들을 정면으로 다루는 영화들을 선보이기 시작한다. 무수한 사회적 문제들을 개인적 문제로 환원시키면서 개인의 내면세계에 갇혔던 전 세대 주류 영화의 나이브한 태도에 반기를 든 것이다. 이들은 대부분 단편영화나 다큐멘터리 영화 등 비상업적인 영화 제작에 오랫동안 투신한 바 있으며, 상업 영화로 넘어와서도 제작자의 간섭을 피하기 위해 가능한 저예산 영화를 추구했다.

누벨 이마주 등 전 세대의 영화들이 이미지의 표현력에 집중하면서 이야기의 전달력을 의도적으로 경시했던 것과 달리, 이 새로운 사회적 시선의 영화들은 이야기의 대중적인 설득력에 주목한다. 그중에서도 캉테는 전통적인 서사구조를 선호하는 감독으로 분류된다. 갈등 혹은 대립 구조가 분명한 이야기를 즐겨 사용하고, 각 등장인물들의 역할도 비교적 분명하게 설정하기 때문이다. 특히 그는 자신의 모든 영화에서 상징성 강한 캐릭터 구축에 심혈을 기울이는데, 여러 유형의 캐릭터들 사이에 얽혀 있는 복잡한 갈등들을 하나씩 풀어가면서 자신이 주목하는 사회적 문제들을 뚜렷하게 부각시킨다.

예를 들어, 〈인력자원부〉의 주인공 프랑크는 파리의 명문 그랑제콜에서 경영학을 전공한 수재다. 그는 '새로운 세대'와 파리라는 '중심'을 상징하며, 이상과 현실 사이에서 갈등하지만 결국은 개인의 안위와 이익을 택할 미래의 '상류층'을 암시한다. 반면, 시골 공장에서 평생 동안 일해온 프랑크의 아버지는 '구세대'와 '지방', 그리고 '순응주의적 노동자'를 대표한다. 그는 아들의 성공을 위해 온갖 희생과 모멸을 감내하며, 저항하기보다는 순종하고, 정의와 진실보다는 소박한 삶의 유지를 지상의 가치로 삼는다. 또 '자본가'를 상징하는 회사의 사장은 교활한 전략에 능할 뿐 아니라 사익을 위해 가차 없이 노동자들을 해고하는 냉혹한 인물로 묘사되고, '노동운동가'를 상징하는 여성 노조위원장은 대화와 타협보다는 투쟁과 대결을 유일한 대안으로 간주하는 투쟁적 인물로 묘사된다. 한편, 〈타임아웃〉의 주인공 뱅상은 가정과 직장으로부터 도피를 꿈꾸면서도 현실적인 가치들을 놓지 못하는 우유부단하고 이중적인 '중년 부르주아 남성'을 대표한다. 또 남편의 고민을 알면서도 일정한 거리를 유지하며 가족의 경제적 안정을 최우선의 가치로 삼는 그의 아내는 세속적인 '중년 부르주아 여성'을 대표하고, 성인이 된 아들의 삶에 사사건건 간섭하면서 아들의 모든 문제를 해결해주는 그의 아버지는 프랑스 사회에 여전히 적지 않은 영향력을 행사하고 있는 '구세대 부르주아 계층'을 상징한다.

〈남쪽을 향해〉* 역시 성격과 환경, 관점이 모두 다른 세

명의 백인 여자와 두 명의 흑인 남자 캐릭터를 뚜렷하게 부각시키면서 아이티라는 구식민지국가에 남아 있는 제국주의의 폐해들을 적나라하게 드러내 보인다. 자신만의 논리에 입각해 당당하게 원주민 남성의 육체를 탐하는 대학교수 엘렌, 뒤늦게 성적 욕망에 눈뜬 이혼녀 브렌다, 일상에서의 소외를 만회하려 아이티를 찾는 노동자 쉬에 등 세 명의 백인 여성은 욕망의 해소 방식을 놓고 서로 갈등하지만, 결국 그녀들 모두에게 아이티는 돈으로 성적 욕망을 해결할 수 있는 성의 파라다이스이자 미개하고 열등한 식민지일 뿐이다. 또 〈클래스〉의 주인공인 교사 프랑수아는 권위적인 태도를 버리고 학생들과 지속적인 대화를 통해 문제를 해결하려 하지만 종국엔 무기력한 태도로 현실을 외면하는 '프랑스 지식인'의 전형을 보여준다. 다른 교사들도 정해진 범주 내에서만 서로 다른 입장을 표명할 뿐 정작 근본적인 문제들에는 무관심으로 일관하는 개인주의적 한계를 드러내고, 다양한 인종과 계층, 환경을 대표하는 학생들 역시 각종 문제에 부딪히면서도 쉽게 망각에 길들여져가는 신세대의 전형을 보여준다.

이처럼 현재 프랑스 사회를 구성하는 다양한 계층과 다

*

로랑 캉테

양한 집단을 대표하는 캉테의 등장인물들은 각 영화의 갈등 구조에서 분명하게 자기 역할을 수행할 뿐 아니라, 영화가 주목하는 사회 문제들의 중요성을 드라마적 재미를 곁들여 드러내는 데 일조한다. 그러나 캉테는 자신의 인물들에게 이러한 상징성과 대표성을 부여하면서도, 이야기의 끝은 항상 결론 없이 열어놓는다. 자신이 극화한 사회적 문제들에 대해 대안이나 해결책을 제시하지 않고 단지 질문하는 것에서 멈춘다. 그의 영화들은 현재 프랑스 사회의 여러 갈등 양상들을 면밀하게 관찰하고 집요하게 파헤치지만, 그러한 관찰과 분석에도 불구하고 영화에서 해결되는 것은 아무것도 없으며 미래는 매번 불안하거나 모호한 것으로 남아 있다.

거리두기, 혹은 무기력에 대한 솔직한 고백

캉테는 영화 속 인물들에 대해 철저한 거리두기를 고수한다. 전통적인 이야기 구조에 인물들을 위치시키고 명확한 역할을 분배하였음에도 어느 한 인물의 입장에 서기보다는 모두에게 일정한 거리를 유지하면서 끝까지 지켜보는 것이다. 영화 속 인물들은 각자 처한 상황에서 저마다 노력하고 있지만 모두 문제를 안고 있다. 〈인력자원부〉의 프랑크는 노동자와 사주 모두의 이익을 위해 노력하지만, 그의 이상주의적 사고와 순진한 접근은 오히려 무고한 피해자들만 낳는다. 〈클래스〉의 교사 프랑수아는 최선을 다해 학생들과 대화를 시도하지만 막상 중요한 사건 앞에서는 무력하고 무능한 모습을 보이며 씁쓸한 현실을 환기시킨다. 〈타임아웃〉에서도 관객은 실직의 충격으로 일탈에 빠져드는 주인공을 비난할 수도, 옹호할 수도 없는 입장에 처하며, 아들의 모든 일에 간섭하면서 끝까지 아들을 도와주는 아버지나 남편을 믿으면서도 남편 스스로 문제를 해결하기를 바라는 아내에 대해서도 쉽게 동의나 반대를 하기 힘든 입장에 놓인다.

또한 캉테 영화의 주인공들은 어떤 집단, 어떤 계층에 속해 있든 간에 자신의 가치관이나 신념에 대해 확신을 갖지 못한다. 영화의 이야기가 진행되고 사건들의 연쇄가 쌓여가도 자신이 직면한 문제들에 끝까지 매달리지 못하고, 끝내 손을 놓은 채 자신이 있던 곳에 다시 주저앉아버린다. 그들은 사회를 이끌어가는 총체적 가치와 일반적 법칙들에 대해 믿음을 잃어버린 지 오래이며, 끊임없는 자기합리화를 통해 모든 거짓과 부조리에 눈을 감고 자신의 안위를 지키는 방법만 익혀왔다. 작가 우엘벡이 작금의 프랑스인들을 바라보며 개탄한 것처럼, 캉테의 인물들 또한 '무기력'이라는 집단적 질병에 걸려 있는 것이다. 결국 캉테의 영화 속에서 인물들이 선택할 수 있는 길은 둘 중 하나다. '부유浮遊하기' 혹은 '회귀하기'. 권태롭고 삭막한 인간관계나 불합리하고 위선적인 체제에서 벗어나 일시적으로 떠도는 것, 혹은 일탈과 방황을 접고 돌아와 폭압적인 일상의 구조에 다시 순응하는 것. 그들에게는 이 둘 사이에서의 선택만이 남아 있다. 자신이 속한 세계를 넘어서거나 전복하는 것은 그들의 몫이 아닌 것이다.

모두가 노력하지만 모두에게 문제가 있는 캉테의 영화 세계. 그것은 어쩌면 분열된 프랑스 사회를 압축적으로 나타내는 일종의 세밀화細密畵이기도 하다. 모두에게 문제가 있고 아무도 그 문제를 해결하지 못하는 사회에서 통합은 한낱 꿈같은 얘기에 지나지 않기 때문이다. 각자의 문제와 각자의 틀에 갇혀 있는 캉테의 인물들에게 소통은 요원한 얘기일 뿐이고, 다양한 차원에서 일어나는 첨예한 갈등들이 일상적으로 그들을 위협하고 있다. 세대 간 갈등, 계층 간 갈등, 노사 갈등, 노노 갈등, 인종 갈등, 지방-파리 간 갈등 등이 집단적 침묵이라는 투명한 덮개 아래에서 언제든 폭발할 준비를 하고 있는 것이다. 캉테의 영화는 분열에 분열을 거듭하고 있는 사회, 파편화의 극한으로 치닫고 있는 사회에 대한 치밀하고 냉정한 조서라고도 할 수 있다.

한편, 캉테는 영화 〈클래스〉를 발표한 후 여러 매체를 통해 그의 일관된 거리두기가 '성공과 실패가 공존하는 한 집단'의 모습을 보여주기 위한 방식이라고 설명한 바 있다. 그러나 그러한 그의 태도 자체가 다소 위험할 수 있다. 그의 영화들에는 정말로 작은 성공과 실패들만이 산재할 뿐, 문제의 해결을 위해 끝까지 노력하는 모습이나 미래를 위해 희망을 버리지 않는 모습 등은 보이지 않기 때문이다. 어쩌면 캉테는 그가 그토록 혐오했던 부르주아 신화의 수사법 중 하나를, 즉 '양비론ninisme'이라는 오래된 수사법을 다른 방식으로 답습하고 있는지도 모른다. 바르트에 따르면, 양비론은 일차적으로는 저울질 가능한 두 개의 대립물로 대상을 나눈 후 대상 자체를 거부하는 태도이지만, 보다 근본적으로는 사회를 이루는 다양한 구성원들의 문제를 지적하고 동시에 모든 개별적 입장들에 대해 부정함으로써 사회성 자체를 기화시키는 태도를 가리킨다. 캉테의 영화가 보여주는 일관된 비관주의적 태도, 즉 사회의 구성원 모두에게 문제가 있고 따라서 사회의 문제들은 해결될 희망이 없다는 태도는 궁극적으로 사회성 자체를 거부하고 기화시키는 결과만을 낳을지도 모른다. 부르주아 신화가 원하는 그대로, 결국은 사회의식 자체를 소진시키고 개인주의로의 환원만을 이끌어낼 수 있는 것이다.

하지만 이러한 위험성에도 불구하고, 캉테의 영화들이 보여주는 예리하고 냉정한 시선은 동시대 프랑스 사회를 이해하는 데 있어 반드시 필요하다고 할 수 있다. 섣부른 대안을 제시하는 대신, 현재 프랑스 사회를 잠식하고 있는 다양한 갈등들과 프랑스인들이 겪고 있는 불안, 절망, 고독 등을 그 어떤 영화보다도 세밀하면서도 선명하게 드러내 보이고 있기 때문이다. 나아가, 현재 프랑스가 앓고 있는 무기력이라는 중병을 내용뿐 아니라 표현방식을 통해서까지 있는 그대로 구현하고 있는 캉테의 영화는 그 진정성과 용기만으로도 특별한 평가를 받을 만하다.

쿠스쿠스는 사랑으로 만들어.
사랑이란 매일매일 화목하게 잘 지내는 것을 뜻하지.
그만큼 애쓰면서….

생선 쿠스쿠스

La Graine et le Mulet(2007)

•

그래도 삶은 계속된다

한 남자가 적막한 도시의 밤거리를 뛰어다니고 있다. 그는 조금 전 동네 아이들에게 전동자전거를 도둑맞았다. 어떻게든 자전거를 되찾아야 하고 쿠스쿠스를 구해 부두의 선상식당으로 돌아가야 한다. 같은 시각, 만찬 중인 선상식당에서는 그의 의붓딸이 요염한 몸짓으로 벨리댄스를 추고 있다. 주요리인 생선 쿠스쿠스가 나오지 않아 불만을 터뜨리던 손님들은 넋을 놓고 그녀의 춤을 바라보고 있다. 영화가 시작한 지도 벌써 두 시간이 훌쩍 넘었다. 15분이 넘는 시간 동안 영화는 이 두 상황을 집요하게 교차시켜 보여준다. 한쪽에서는 늙은 아랍계 이주민 노동자 슬리만이 아이들을 뒤쫓으며 고요 속에서 서서히 소진되어가고 있고, 다른 한쪽에서는 이제 갓 소녀티를 벗은 아랍계 여인의 풍만한 몸이 구슬프면서도 요란한 아랍 음악에 맞춰 격렬하게 흔들리고 있다. 이곳은 프랑스 남부의 오래된 항구 도시 세트Sète다.

숭어 혹은 수노새 이야기
영화의 본래 제목은 프랑스어로 'La graine et le mulet'이다.

'날알과 숭어'를 뜻한다. 감독인 케시시는 데뷔작 〈볼테르의 탓이다〉를 찍기 전부터 이 영화를 구상했고, 연출이 무산된 후로도 오랫동안 영화의 줄거리와 장면들을 다듬었다. 영화 제목도 많은 고심을 했는데, 가장 먼저 그를 사로잡은 단어는 'mulet', 즉 '숭어'다. 여러 인터뷰에서 밝힌 것처럼, 그에게 숭어는 '끈질긴 생명력'의 상징과도 같다. 지중해 어느 해역에서든 잘 번식하고 그물을 던지면 "믿을 수 없을 만큼" 높이 뛰어올라 포획에 어려움을 주는 어종이다. 강한 생존력과 역동성을 지닌, 쉽게 낚을 수 없는 존재. 지중해 어느 지역에서든 볼 수 있지만 끈질긴 생명력과 자존감을 지닌 북아프리카 출신 이민자들의 모습이 그 이미지에 자연스럽게 겹쳐진다.

그런데 프랑스어 'mulet'는 흥미롭게도 전혀 다른 뜻 하나를 더 지닌다. '수노새'다. 케시시는 이 두 번째 뜻에도 각별한 관심을 갖는데, 노새는 그가 떠나온 북아프리카 나라들에서 가장 친숙한 가축이자 가장 오랫동안 이용되어온 이동수단이다. 페즈나 카이로우안 같은 고대 도시들에서 자신의 몸보다 더 큰 짐을 잔뜩 싣고 좁은 골목길을 돌아다니던 노새들을 상상해보라. 케시시는 어릴 적 아버지에게 들은 수노새 이야기를 떠올리며 그가 그리고자 하는 캐릭터를 더욱 구체화시킨다. '옛날에 수전노 주인이 수노새에게 주는 먹이가 아까워 조금씩 줄였는데 노새는 변함없이 일을 잘해냈다. 그래서 주인은 먹이의 양을 더 줄여갔고 결국 수노새는 길에서 죽고 말았다.' 수노새는 바로 영화의 주인공 슬리만을 표상한다. 그 역시 평생 동안 열악한 조건에서 묵묵히 일하다가 결국 "일의 속도가 느려졌다"라는 석연치 않은 이유로 해고를 당하기 때문이다.

숭어이자 수노새인 슬리만은 영화의 엔딩 헌사에서 드러나듯 감독의 아버지와 동세대 이민자들을 대표한다. 슬리만 역을 맡은 배우는 실제로 아버지의 친구이자 연기 경험이 전혀 없는 건설노동자였다. 영화 속 늙은 악사의 대사처럼, 그들은 "갖은 차별과 억압 속에서도" 끈질기게 버티고 살아남은 숭어 같은 존재들이자 열악한 현실 속에서 평생 고된 노동에 시달리다 쫓겨나는 수노새 같은 존재들이다.

영화에서는 여러 이야기들이 시간의 흐름을 따라 서로 교차하지만, 주된 이야기는 슬리만의 에피소드들을 축으로 형성된다. 슬리만은 조선소에서 강제 퇴직당한 후 폐선을 개조해 선상식당을 열 계획을 세운다. 이를 위해 의붓딸과 함께 도시의 담당 기관들을 찾아다니지만 문전박대에 가까운 모멸스러운 대우를 받는다. 대출을 받기 위해 들른 은행에서는 시청에 가서 여러 허가 증서들을 받아 다시 오라고 하고, 시청에서는 냉소적인 태도로 은행의 재정 지원이 있어야 허가해줄 수 있다고 하며, 보건당국에서는 은행에서 대출을 받아 제대로 된 부엌 설비부터 갖추라고 지시한다. 각 부처의 요직을 차지하고 있는 프랑스 백인들은 서로에게 책임을 떠넘기면서 이민자에게 작은 식당 하나 여는 것조차 쉽게 허락하지 않는 것이다. 식당 홍보 만찬에 초대된 프랑스인들도 음식의 맛을 평가하기보다는 슬리만의 식당에 손님을 빼앗길까 봐 걱정하면서 수단과 방법을 가리지 않고 그의 개업을 저지하기로 뜻을 모은다. 그들은 엄연한 프랑스 국적의 슬리만을 '외국인'이라 칭하고 멸시에 찬 말들을 내뱉으면서 그와의 상생 자체를 거부한다.

영화가 계속될수록 프랑스의 작은 도시에조차 만연해 있는 뿌리 깊은 우월주의와 차별의식 그리고 그 근간인 관료

주의가 소소한 사건들을 통해 점점 더 선명하게 드러난다. 거기에 아랍계 이민자들이 겪는 내적 혼란과 갈등, 무기력 등에 대한 묘사가 더해지면서, 영화는 동시대 프랑스 사회에 대한 정교한 벽화를 완성해낸다.

불안한 시선, 혼란스러운 영혼

케시시의 영화를 처음 접한 관객이라면 이 영화를 보면서 한동안 애를 먹을 수밖에 없다. 대부분의 숏은 짧게 끊어지고, 카메라는 쉴 새 없이 움직이거나 흔들리며, 얼굴이나 신체 일부를 자른 클로즈업 이미지들이 수시로 눈앞에 던져진다. 더러는 중간에 자리를 박차고 나갈 수도 있다. 잔인하거나 선정적인 장면 때문이 아니라 시종일관 어지럽게 펼쳐지는 화면들 때문이다. 전작인 〈게임스 오브 러브 앤 찬스〉에서 이미 그 징후를 드러낸 케시시의 독특한 이미지 구성 양식은 이 영화에서 정도가 훨씬 더 심해진다. 그는 왜 평범한 한 가족의 이야기를 이토록 불편한 방식으로 들려주는 걸까?

어지럽고 혼란스러운 영화 이미지 양식에는 무엇보다 주인공들, 즉 마그레브 출신 이민자들의 내적 혼란과 불안이 새겨져 있다. 갖은 고생 끝에 어렵게 프랑스에 정착한 이민 1세든, 보이지 않는 차별과 배제 속에서 성장한 이민 2세든, 그들의 내면은 평온한 일상 속에서도 늘 불안정하고 혼란스럽다. 영화 초반에 등장하는 긴 가족 식사 시퀀스를 떠올려 보라. 슬리만의 전처 수아드는 평소처럼 출가한 자녀들과 며느리, 사위, 손자를 모두 불러 '생선 쿠스쿠스' 요리를 대접한다. 아버지 슬리만이 빠져 있지만, 이들은 함께 음식을 먹으며 즐거운 수다와 웃음을 나눈다. 더할 나위 없이 화기애

애한 가족 풍경. 그런데 케시시는 이 일상의 한 토막을 긴 시간 동안 카메라에 담으면서 무수히 많은 숏으로 분할하고, 정신없이 카메라를 움직이며 보여준다. 마치 끊임없이 무언가가 단절되고 있는 것처럼, 알 수 없는 불안이 그들의 영혼을 잠식하고 있는 것처럼…. 아랍인의 피를 이어받은 자녀들과 프랑스인 사위, 러시아인 며느리가 한데 모여 맛있는 음식을 먹으며 웃음 가득한 대화를 나누고 있지만, 그 평범한 일상의 순간에도 이민자들은 디아스포라 특유의 내적 혼란과 불안에 끊임없이 시달리고 있는 것이다.

물론, 달리 보면 이것은 이민자들의 삶에 대해 고정적인 시각을 갖지 않으려는 감독의 의도된 양식일 수도 있다. 매 순간 고착되거나 정주하기를 거부하면서, 끊임없이 미끄러지거나 벗어나면서, 좀 더 다양한 관점으로 이민자 집단과 그들이 속한 프랑스 사회를 바라보려는 의도일 수 있다. 하지만 그렇다 해도, 이민자들의 내적 혼란은 케시시의 다른 영화들에서와 마찬가지로 이 영화에서도 여러 층위에 걸쳐 분명하게 묘사된다. 가령, 인물들이 사용하는 프랑스어도 그 경우에 해당된다. 이민 1세대인 슬리만의 프랑스어는 30년이 넘는 체류 기간에도 불구하고 어눌하고 부정확하며, 2세대인 림이나 마지드, 리야드의 프랑스어는 아랍어 특유의 억양과 그들만의 특이한 어휘로 구성되어 있다. 또 아랍인 사위들이나 러시아인 며느리, 그리고 호텔의 아랍계 늙은 악사들도 저마다 다른 억양과 어휘의 프랑스어를 사용한다. 서로 다른 프랑스어로부터 비롯되는 그들의 불확실한 소통 행위 자체가 그들 내부의 근본적인 혼란을 반영하고 있는 것이다.

이민자들의 내적 혼란은 또한 그들의 모호한 정체성과도 연결된다. 케시시는 그의 영화들에서 프랑스에 대한 반감과 동경을 동시에 품고 있거나 프랑스인과 아랍인 사이에서 정체성의 혼란을 겪고 있는 인물들을 자주 묘사하는데, 이 영화에 등장하는 슬리만의 식구들도 예외는 아니다. 예를 들어, 그들은 일상적으로 차별과 억압을 받고 있는 아랍계 이민자들이면서 또 다른 이민자인 러시아 며느리 줄리아를 은연중에 따돌리고 차별한다. 슬리만의 전처와 딸들은 큰아들 마지드가 프랑스 백인 여성과 바람을 피우는 것을 알면서도 눈감아주며 심지어 그녀를 대신해 메시지를 전해주기도 한다. 러시아인 며느리가 그들과 다른 민족, 다른 집단이라는 의식 때문에 가능한 일이다. 분노를 참지 못한 줄리아는 시아버지 슬리만에게 울분을 토하면서 "너희, 프랑스인들은 다 똑같다"라고 원망한다. 결국 슬리만의 식구들은 프랑스 백인들에게는 언제나 '외국인'이라고 멸시당하면서 그들 또한 다른 소수 이민자들을 멸시하며 프랑스 '내국인'처럼 행동하는 것이다.

다만, 영화 내내 스크린을 장악하다시피 하는 얼굴-클로즈업들에는 그런 불안과 혼란 속에서도 서로 진심을 나누기를 바라는 인물들의 염원이 새겨져 있다. 어지러운 이미지들의 연쇄 곳곳에 배치된 커다란 얼굴-클로즈업들은 인물들의 아주 가벼운 표정 변화나 미세한 근육의 떨림까지 보여주면서 그들의 내면에서 일어나고 있는 감정의 변화를 그대로 나타낸다. 관습적이고 일상적인 대화의 순간들에도, 분노와 격정이 치밀어 오르는 순간들에도, 그들은 서로의 얼굴을 살피며 마음속에 숨겨진 진심을 찾아 헤맨다. 불안과 혼돈 속에서도 얼굴 위 어딘가에 상대의 진짜 감정이 드러나길, 자신의 영혼 또한 얼굴에 묻어나길 바라는 것이다.

그래도 삶은 계속된다

*이렇게 늙었는데 왜 아직도 불행은 매번 새롭게 우리를 짓
밟고, 우리 위에 올라타 춤추고, 우리 머리를 너절한 삶 속
에 처박는 거지?*
— 베르나르 마리 콜테스, 『서쪽 부두』

도시 부둣가에 생선 쿠스쿠스 식당을 열겠다는 슬리만의 꿈
은 결국 실패로 끝날 것이다. 뒤늦게 연인 라티파가 집에서
쿠스쿠스를 옮겨오지만 그녀의 쿠스쿠스는 맛이 없기로 소
문나 있다. 또 의붓딸 림의 벨리댄스가 만찬의 흥을 돋우고
손님들의 불만을 잠재우지만 생선 쿠스쿠스 요리를 대신할
수는 없다. 슬리만마저 자전거를 훔친 아이들을 뒤쫓다가 거
리에서 쓰러지고 만다. 실패가 거의 확실한 상황에서 영화는
한 늙고 초라한 노동자의 등에 구슬픈 아랍 음악을 덮어주
며 끝을 맺는다.

실패의 원인은 무엇보다 슬리만의 두 아들에게 있다. 식
당의 허가를 유보하고 지연시켜온 프랑스인들에게도 문제
가 있지만, 결정적인 원인은 언제나 그렇듯 '내부'에서 발생
한다. 생선 쿠스쿠스 요리를 중심으로 하는 홍보 만찬은 식
당 개업이 여의치 않자 슬리만과 가족들이 내놓은 아이디어
였다. 도시의 유력 인사들을 초대해 음식을 맛보게 한 다음
재정적 투자와 호의적인 처우를 이끌어내겠다는 계획이었
다. 슬리만이 엄청난 노력 끝에 보기 흉한 폐선을 말끔히 개
조했고 전처와 자식들, 의붓딸까지도 힘을 합쳤다. 그런데
만찬의 흥이 한창 무르익어갈 무렵, 바람둥이 큰아들은 자신
의 불륜녀가 식당에 초대된 것을 알고 쿠스쿠스가 실린 차

를 탄 채 달아나버린다. 또 그전에 둘째 아들은 차 트렁크에서 짐을 꺼내면서 쿠스쿠스가 들어 있는 통을 알아보지 못했다. 큰아들의 무질서와 작은아들의 무지가 가족들을 비롯한 모든 이의 노력을 물거품으로 만든 것이다.

그러나 케시시의 다른 영화들에서 그렇듯 이 영화에서도 실패가 곧 절망을 의미하지는 않는다. 영화에서 인물들이 꾸었던 꿈은 결국 실패로 끝났지만 그럼에도 그들은 여전히 희망을 잃지 않고 살아갈 것이다. 그들에게는 아직 서로를 진정으로 위하는 인정人情이 남아 있기 때문이다. 별 비전 없어 보이는 슬리만의 식당 개업에 온 가족은 당연하다는 듯이 발 벗고 나선다. 평소 시큰둥하던 그의 친구들도 만찬에 참석해 무보수로 장시간 음악을 연주해주고, 슬리만의 연인과 의붓딸 역시 전처 식구들과 불편한 관계임에도 만찬에 찾아와 도움을 주려 노력한다. 동시대 프랑스인 감독들의 영화에서는 흔히 볼 수 없는 풍경들이다. 오종이나 데플레생의 작품에서 볼 수 있듯, 현대 프랑스 영화에서 가족은 대개 열등감, 갈등, 증오의 원천이자 어떻게든 떼어내 던져버리고 싶은 족쇄이다. 가족애란 억지로 주입된 허상일 뿐이며, 우정이나 인정의 한계도 명확하다. 그런데 케시시는 프랑스인들에게는 분명 구태의연해 보일 가족과 인정에 대한 애착을 숨기지 않고 영화 전면에 내세운다. 누군가에게는 단지 신파나 낭만적 허상에 지나지 않겠지만 그를 비롯한 이민자들에게는 여전히 아주 당연하고 절실하다는 사실을 강조하고 싶은 것이다. 지극히 개인적인 이익에 따라 좌우되는 프랑스식 '연대solidarité'보다 끈끈한 가족애와 인간애를 바탕으로 하는 구태의연한 아랍계 이민자들의 연대가 더 큰 힘을 지닐 수 있다는 것을 보여주고 싶어 한다.

이러한 옛날식 연대 혹은 인정은 그의 영화에서 특히 '음식 나누기'를 통해 이루어진다. 음식과 술, 대화와 웃음을 나누면서 인물들은 서로의 존재를 확인하고 현실을 살아갈 위안과 힘을 얻는다. 영화 초반의 긴 가족 식사 시퀀스는 한편으로는 인물의 내면에 잠재된 불안과 혼란을 지시하지만, 다른 한편으로는 음식 나누기를 통해 인물들이 느끼는 순수한 기쁨과 행복을 나타낸다. 이혼해 집을 나간 아버지가 참석하지 않았음에도, 일부에게는 갈등과 미움이 채 풀리지 않았음에도, 식구들은 어머니의 생선 쿠스쿠스를 함께 나눠 먹으며 행복과 기쁨에 빠져든다. 현실은 여전히 답답하고 고단하게 이어지지만, 함께 모여서 맛있는 음식을 나눠 먹는다는 사실 자체가 그들의 마음을 녹이고 편안하게 만들어주는 것이다. 감독의 언급처럼, 몇몇은 입가에 음식이 묻는 것도 모를 만큼 "자신을 잊고", 몇몇은 입 속의 음식이 드러나 보이는 것도 모를 만큼 "자신의 속내를 드러내면서" 먹는 행위의 즐거움을 만끽한다. 그들에게 음식 나누기란 서로 간의 인정을 확인하는 행위이자, 살아 있음의 기쁨을 누리는 시간이다.

영화 마지막 부분에 등장하는 림의 춤도 궁극적으로는 생 혹은 생명에 대한 강한 열망을 나타내는 몸짓이라 할 수 있다. 물론, 일차적으로 그녀의 춤은 식당에 모인 이들 사이의 갈등과 대립을 일순간이나마 녹여주는 화해의 몸짓이다. 두 시간이 넘는 영화의 시간 동안 얽히고설키던 갈등과 고민들이 그녀의 농염한 춤으로 모두 풀어지고 해체되면서 잠시나마 상생의 시간이 열린다. 또한 그녀의 춤은 가난한 이민자들의 힘겨운 삶을 달래주는 위로의 몸짓이기도 하다. 늙은 아랍계 악사들의 구슬픈 음악과 어우러지는 그녀의 애절한 표정과 몸짓은 실패와 좌절을 거듭하는 이민자들의 고달픈

삶을, 더 구체적으로는 같은 시각 길 위에 쓰러져 죽어가는 슬리만을 위로하는 애가哀歌와도 같다.

하지만 요란한 몸짓으로 강조되는 그녀의 풍만한 뱃살은 화해와 위로를 넘어 풍요와 다산 등 원초적인 생의 욕망 또는 생의 의지를 강하게 지시한다. 일견, 그녀의 배는 영화에서 여러 번 둘로 갈리는 숭어의 통통한 배와 오버랩되기도 한다. 그러나 숭어의 배가 그러한 것처럼, 그녀의 배 역시 단지 희생과 죽음만을 의미하는 게 아니라 그것을 통한 삶의 풍요와 새로운 생명의 희망을 지시한다. 그녀의 춤은 단지 만찬의 실패를 만회하기 위해 자신의 몸을 던진 희생양의 몸짓이 아니라, 건강한 육신과 강한 생명력을 바탕으로 좌절을 딛고 일어서려는 의지의 몸짓이자 생의 기쁨과 풍요로움을 즐기려는 당당한 욕망의 몸짓인 것이다.

영화 마지막에 집요하리만큼 긴 교차 편집으로 묘사되는 자전거 추격 장면과 벨리댄스 장면은 따라서 영화의 궁극적인 의미가 '죽음과 삶의 공존' 혹은 '죽음을 끌어안는 삶'에 있음을 강하게 암시한다. 늙은 이민 1세 노동자 슬리만의 달리기는 쇠약과 늙음 그리고 다가오는 죽음을 지시하는 반면, 아랍계 이민 2세 림의 격정적인 춤과 풍만한 육체는 건강과 젊음 그리고 강한 생명력을 상징하기 때문이다. 한쪽에서는 꺼져가는 육신의 필사적인 몸짓이 거대한 익스트림 롱숏 화면 속에서 서서히 축소되어가고, 다른 한쪽에서는 젊고 건강한 육신의 역동적인 몸짓이 클로즈업이나 미디엄숏으로 커다랗게 확대되어 나타난다. 그 숙연한 삶과 죽음의 교차.

영화의 장소가 발레리의 도시 세트인 것 또한 결코 우연이 아니다. 직접 밝힌 것처럼, 케시시는 브라상스와 발레리의 시들을 떠올리며 이 도시를 영화의 배경으로 선택했다.

발레리가 세트의 바닷가를 거닐며 남긴 그 유명한 시구 하나가 어쩌면 영화의 이야기를 잉태한 배아였을 수도 있다.
"바람이 분다…! 살아봐야겠다."

떨리고 살아 있는 영화를 만드는 것,
영화를 보는 동안 관객이
영화를 살고 있다고 느끼게 만드는 것.
그것이 나의 목표다.

압델라티프 케시시

Abdellatif Kechiche, 1960~

공존과 상생의 도시를 꿈꾸는 이야기꾼

압델라티프 케시시는 1960년 튀니지의 수도 튀니스에서 태어났다. 여섯 살에 부모를 따라 프랑스로 건너온 후 니스의 빈민가에서 이민 2세로 자란다. 앙티브의 예술학교에서 연극 수업을 들으며 몇몇 연극에 배우로 출연하고, 1981년에는 〈건축가L'Architecte〉라는 작품을 연출해 아비뇽연극제에 출품한다. 영화에도 틈틈이 출연하면서 배우로서의 경력을 쌓던 중, 누리 부지드Nouri Bouzid의 영화 〈비지니스Bezness〉의 주인공 역으로 1992년 나무르 국제프랑코폰영화제에서 남우주연상을 수상하기도 한다. 같은 해 배우 갈리아 라크루아Ghalya Lacroix를 만나 연인이 되는데, 이후 그녀는 케시시의 모든 영화에 시나리오작가이자 편집기사로 참여한다.

배우에서 연출가로 전향을 결심한 케시시는 라크루아와 공동 집필한 시나리오들을 들고 오랫동안 제작자를 찾아 헤맨다. 2000년 제작자 장프랑수아 르프티를 만나 마침내 첫 번째 장편영화 〈볼테르의 탓이다La Faute à Voltaire〉(2000)를 발표하는데, 튀니지계 불법이민 청년의 눈물겨운 파리 정착기를 담은 영화는 주변부 삶에 대한 사실적인 묘사와 유머와 감동을 적절히 섞은 서사로 많은 이들의 호평을 받으며, 그해 베니스영화제에서 최우수 데뷔작에 수여하는 '데 라우렌티스'상을 수상한다. 3년 뒤, 케시시는 초저예산으로 제작한 두 번째 장편영화 〈게임스 오브 러브 앤 찬스L'Esquive〉(2003)로 더욱 확고한 명성을 얻는다. 18세기 프랑스 극작가 마리보의 희곡 『사랑과 우연의 유희Le Jeu de l'amour et du hasard』로부터 영감을 얻은 줄거리에 프랑스 현실을 가미해 재구성한 이 영화에서 그는 시나리오작가이자 감독으로서의 능력을 한껏 드러내 보인다. 파리 근교의 이민 2세 청소년들이 마리보의 〈사랑과 우연의 유희〉 공연을 준비하면서 겪는 에피소드가 주된 내용인데, 이 평범하기 그지없는 이야기에서 케시시는 청소년들의 사랑과 우정에 대한 섬세한 묘사뿐 아니라 이민 2세들의 모호한 정체성에 대한 예리한 탐구까지 탁월하게 수행해낸다. 어린 무명 배우들을 기용해 만든 이 작은 영화는 프랑스 세자르영화제에서 유력한 후보작들을 제치고 작품상, 감독상, 시나리오상 등 주요 상을 휩쓸며, 그해 최고의 프랑스 영화 중 하나로 격찬받는다.

2007년 케시시는 마그레브 출신의 늙은 이주노동자와 그의 가족 이야기를 다룬 영화 〈생선 쿠스쿠스〉를 발표한다. 북아프리카인들의 상징적 음식과도 같은 쿠스쿠스를 소재로 이민자들의 고달픈 일상과 권위적이고 관료주의적인 프랑스 사회를 세밀하게 묘사한 이 영화는 케시시를 프랑스 대표 시네아스트의 반열에 올려놓는다. 베니스영화제 심사위원 특별상을 비롯해 루이델뤽상, 세자르작품상 등 다수의 상을 수상한 〈생선 쿠스쿠스〉는 비평과 흥행 모두에서 크게 성공을 거둔다. 『카이에 뒤 시네마』의 평론가들은 이 영화를 2000년대에 개봉한 세계 최고의 영화 6위로 선정하기도 한다. 네 번째 장편영화 〈검은 비너스*Vénus noire*〉(2010)는 다소 평이한 서사구조와 표현양식으로 세간의 기대를 충족시키지 못했지만, 실화를 바탕으로 하는 충격적인 스토리와 자연주의에 가까운 냉정하고 사실적인 묘사는 두고두고 화제를 낳았다.

2013년 케시시는 두 젊은 여인의 열정적인 사랑과 이별을 다룬 다섯 번째 장편영화 〈가장 따뜻한 색 블루*La Vie d'Adèle: Chapitres 1 et 2*〉로 그해 가장 뜨거운 관심과 논란의 대상이 된다. 쥘리 마로Julie Maroh의 그래픽 노블 『파란색은 따뜻하다*Le bleu est une couleur chaude*』(2010)를 원작으로 하는 이 영화는 칸영화제에서 심사위원장인 스티븐 스필버그의 전폭적인 지지를 받으며 만장일치로 황금종려상을 수상한다. 그러나 파격적인 정사 신들과 관음증적 시선 등으로 각종 시비에 시달리며, 연이어 쏟아지는 원작자, 제작자, 배우들의 불만으로 심각한 내홍을 겪는다. 케시시는 결국 제작사 MK2에 18만 유로의 배상금을 지불하는 판결까지 받는데, 이 모든 잡음에도 불구하고 영화는 프랑스 안팎에서 커다란 성공을 거둔다. 창작 과정에서의 충돌과 불화가 영화의 진정성을 훼손하지 못한다는 듯, 세계 영화계는 이 작품에 굵직한 상들(영국아카데미 최우수외국어영화상, 골든글로브 최우수외국어영화상 등)을 안기며 그 가치를 높게 인정했다.

톨레랑스가 사라진 나라에서 이민자로 살아가기

케시시는 마그레브 출신의 이민 2세로서 겪은 경험들을 자연스럽게 영화에 담아낸다. 투쟁적이거나 전복적인 성향을 내세우지는 않지만, 프랑스 내 이민자들이 경험하게 되는 다양한 차별과 억압 그리고 열악한 현실 조건 등을 소소한 일상의 에피소드들을 통해 예리하게 들춰내 보인다.

첫 작품 〈볼테르의 탓이다〉*의 주인공 잘렐은 튀니지에서 건너온 불법 이민자다. 젊고 긍정적이고 성실한 그는 불안정한 현실 속에서도 어떻게든 프랑스 사회의 일원이 되려고 노력한다. 경찰의 눈을 피해 지하도와 거리에서 과일을 팔고, 하루 종일 파리의 곳곳을 돌아다니며 꽃을 팔기도 한다. 또 프랑스 국적을 가진 혼혈 여인과 결혼해 프랑스 영주권을 얻어보려 하나 아쉽게 무산된다. 시간이 흘러 사랑하는 여인과 친구들을 얻고 생활도 어느 정도 자리잡혀가던 무렵, 이른 아침에 혼자 꽃을 팔러 나간 그는 경찰에 붙잡혀 곧바로 강제 출국당하고 만다. 비록 불법 체류였지만 누구보다 성실하게, 적극적으로 살아가려던 한 이민 청년의 꿈이 한순간에 무너진 것이다. 〈게임스 오브 러브 앤 찬스〉에서도 영화 내내 이어지던 이민 2세 청소년들의 사랑과 우정이 경찰의 개입에 의해 한순간에 깨져 흩어지고 만다. 이들은 다른 사람의 차에 타서 대화를 나눴다는 이유만으로, 무장 경찰에 의해 강압적으로 검문당하고 폭언과 무력의 세례를 받는다. 그들이 있는 곳이 파리가 아니라 파리 근교의 이민자 밀집 지역이었기에, 그들의 외모가 프랑스 백인이 아니라 아랍계

*

압델라티프 케시시

이주민의 외모였기에 발생한 일이다.

〈생선 쿠스쿠스〉는 케시시가 보고 자란 이민자의 힘겨운 삶을 가장 잘 보여주는 영화다. 그의 아버지 세대에 바치는 이 영화는 프랑스로 건너와 평생 부두노동자로 살아온 한 아랍계 이민자가 새롭게 맞닥뜨리는 비정한 현실을 다루고 있다. 예순이 넘은 슬리만은 오랜 기술자 경력에도 불구하고 석연치 않은 이유로 권고 퇴직당한다. 그의 사위를 비롯한 다른 아랍계 노동자들도 프랑스 경제가 어려워지자 가장 먼저 일자리에서 쫓겨나는 현실에 불만이 높다. 살길이 막막해진 슬리만은 생계를 위해 부둣가에 생선 쿠스쿠스 식당을 열려 하지만 완고한 관료주의와 뿌리 깊은 차별의 벽에 부딪힌다. 은행, 시청, 보건소 등에서 요직을 차지하고 있는 프랑스 백인들은 서로에게 책임을 전가하면서 서류만 잔뜩 요구하고, 식당 홍보 만찬에 초대된 프랑스인 식당 주인들도 그에 대해 노골적으로 배제 의사를 드러낸다. 그들의 눈에 슬리만은 그저 무능하고 비전 없는, 그래서 가난하게 사는 게 당연한 아랍계 이주노동자일 뿐이다.

그의 전작들과 몇 걸음 떨어져 있는 것처럼 보이는 〈검은 비너스〉**도 따지고 보면 프랑스 내 이민자들이 겪는 차별

과 억압의 뿌리를 찾아가는 영화다. 19세기 초 서양인과 다른 외양을 지닌 남아프리카공화국의 한 여성이 영국과 프랑스의 공연계에 소개된다. 악독한 백인 남성들에 의해 일종의 노예계약을 맺은 그녀는 서커스단의 원숭이 같은 존재로 취급당하고 그녀의 까만 피부와 큰 가슴, 큰 엉덩이는 서양 문명인들의 호기심을 자극하는 유희의 대상이 된다. 특히, 그녀에 대한 비인격적 대우가 법적 문제로 제기되었던 영국과 달리, 프랑스에서는 그녀의 인격이나 인권 등이 전혀 문제시되지 않으며 상류층일수록 그녀의 야생성에 더 환호하고 더 퇴폐적인 행위를 자행한다. 그녀의 신체를 신기한 탐구 대상으로만 여기던 프랑스 자연과학자들은 그녀가 죽자마자 그녀의 뇌와 성기를 잘라내 해부하고, 그녀의 몸을 박제해 1974년까지 파리 인류박물관에 전시한다. 문명과 야만에 대한 프랑스인들의 철저한 이분법적 사고가 얼마나 뿌리 깊은지, 문명의 얼굴로 행하는 그들의 야만적 행위가 얼마나 극악한지를 보여주는 것이다.

어쩌면 프랑스가 내세우는 톨레랑스 정신은 모두가 느끼다시피 하나의 환상일지 모른다. 혹은 상승과 퇴보를 거듭하던 프랑스 역사의 어느 언저리에 잠깐 나타났다가 사라진 신기루 같은 것일 수도 있다. 어찌 됐건, 21세기에 들어 톨레랑스는 더 이상 프랑스와 관계없는 단어가 되어버렸다. 프랑스에서 나고 자란 내국인들도, 새롭게 프랑스 사회에 진입하려는 외국인들도 그 말의 유효성을 믿지 않으며 아예 관심조차 없다. 케시시의 영화들은 모두가 겸연쩍어하는 그 단어가 여전히 유령처럼 떠돌아다니고 있는 오늘날 프랑스 사회에 대한 서늘한 코미디라고도 할 수 있다.

잘못은 그들에게도 있다

케시시의 영화들은 그러나 프랑스 백인들을 향한 분노와 비판에만 머무르지는 않는다. 그의 영화들에는 그가 몸소 겪었던 정체성의 혼란이, 즉 프랑스에 대해 분노하면서도 프랑스를 동경하고 프랑스 문화의 귀족주의와 위선을 조롱하면서도 무의식중에 그것을 닮으려고 하는 이민 2세들의 내적 갈등이 솔직하게 그려져 있다.

〈볼테르의 탓이다〉의 잘렐은 일상에서 겪는 온갖 차별과 멸시에도 불구하고 파리를 좋아한다. 그는 꽃을 팔러 돌아다닐 때조차도 스스로 파리를 걷는 여행자가 된 기분을 느끼며, 발전된 문명사회에 하루 빨리 정착하고 싶어 한다. 〈게임스 오브 러브 앤 찬스〉*의 이주민 청소년들 역시 프랑스에 대한 온갖 증오, 조롱, 저항이 섞인 언어들을 내뱉으면서도 은연중에 프랑스 문화를 모방하고 싶어 한다. 가장 프랑스적인 감각의 작가 마리보의 인물들을 별다른 거부감 없이 연기하는 모습이나 가짜 프랑스 귀족 드레스를 입고 좋아하는 모습 등에서 그들의 이중적인 정체성을 엿볼 수 있다. 〈생선 쿠스쿠스〉에서 상류층 프랑스 백인 여성과 불륜을 저지르며 러시아 이민자 아내를 무시하는 이민 2세 마지드의 태도도

*

마찬가지다. 그의 어머니와 누이들도 그녀를 무시하며 그의 불륜을 눈감아주는데, 프랑스인에게는 영원히 미개한 '외국인'인 그들은 또 다른 이민자에게는 '프랑스인'으로 군림하며 차별을 행한다.

아울러 케시시의 영화에서 주인공들의 꿈은 거의 대부분 실패한다. 이민 1세이거나 2세인 그들의 꿈은 결국 이루어지지 않고, 계획했던 것은 모두 수포로 돌아가며, 사랑마저 끝내 이루어지지 않는다. 그런데 이 모두가 프랑스 사회나 프랑스인들 탓만은 아니다. 잘못은 그들에게도 있다. 〈볼테르의 탓이다〉에서 마지막 순간 주인공이 갑작스럽게 추방당하는 것은 어느 정도 그의 실수 때문이다. 법을 어긴 게 문제가 아니라 사랑과 우정에 취해 잠시 부주의했던 게 문제였다. 〈게임스 오브 러브 앤 찬스〉에서도 주인공 크리모가 연기에 전혀 소질이 없음에도 짝사랑하는 여학생과 함께 있기 위해 억지로 배역을 맡은 게 잘못이었다. 〈생선 쿠스쿠스〉의 실패는 더욱 참담하다. 슬리만과 그의 가족들이 온 힘을 다해 준비한 만찬은 바람둥이 아들이 만찬 도중 쿠스쿠스가 실린 차를 타고 어디론가 사라지는 바람에 엉망이 된다. 수십 일 동안 낡은 배를 개조하고 단장한 슬리만의 노력도, 맛있는 쿠스쿠스를 만들고 파티를 꾸민 그의 가족들과 친구들의 노력도 한순간에 물거품이 되어버리는 것이다. 〈가장 따뜻한 색 블루〉의 경우도 크게 다르지 않은데, 엠마를 만나 모든 것을 바쳤던 아델은 잠깐의 외로움을 견디지 못하고 외도하다가 사랑을 송두리째 잃고 만다.

이 같은 인물들의 실패는 영화가 끝날 때까지 결코 회복되지 않으며, 그 흔한 희망조차 주어지지 않는다. 현실은 냉혹하고 사람들은 그보다 더 차갑다. 하지만 그렇다고 해서 실패가 곧 절망이나 포기를 의미하지는 않는다. 케시시의 주인공들은 끝까지 생에 대한 의지의 끈을 놓지 않으며 삶의 기쁨과 행복을 누리려는 욕망 또한 버리지 않는다. 〈생선 쿠스쿠스〉의 마지막 순간, 슬리만은 소진된 채 거리에 쓰러져 죽어가지만 림은 터질 듯한 에너지와 관능적인 매혹을 발산하면서 생에 대한 강한 욕망을 드러낸다. 또 〈가장 따뜻한 색 블루〉*의 주인공 아델은 사랑을 잃고 몇 번이나 그것을 재확인하지만, 사람들에게서 빠져나와 홀로 길을 걸어가는 마지막 장면이 암시하듯 결국은 그 기억으로부터 빠져나와 자신에게 남아 있는 생을 다시 살아갈 것이다. '아델의 삶-1장과 2장'이라는 영화의 원제가 말해주듯, 그토록 황홀했던 사랑과 그토록 고통스러웠던 이별의 시간조차 그녀의 인생 전체에서는 단지 1장과 2장에 불과하기 때문이다.

얼굴, 얼굴들

인간의 영혼이 명백하고 궁극적인 계시의 확고한 현상으로 결정화結晶化되는 곳은 오로지 얼굴이다. 움직임 속에서 정서가 지속적인 특성을 나타내는 표현으로 침전되는 것은

*

오로지 얼굴에서이며, 얼굴만이 유일하게 인간의 내적 인
격을 직관할 수 있는 기하학적 장소가 된다.
— 게오르그 짐멜,「얼굴의 미학적 의미」

작품이 쌓여갈수록 케시시는 거의 강박적으로 '클로즈업'에
매달린다. 여러 인터뷰에서 밝힌 것처럼, 매 장면마다 다른
유형의 숏을 사용해보려 애쓰지만 결국은 클로즈업으로 돌
아가고 만다. 게다가 그의 영화들은 대부분 두 시간을 훌쩍
뛰어넘거나 더러는 세 시간에 육박한다. 관객 입장에서 그
긴 시간 동안 클로즈업으로 점철되는 스크린을 바라보는 것
은 분명 고통에 가까운 일이다. 다행히 그는 적절한 타이밍
에 다른 크기의 숏들(롱숏이나 풀숏 등)을 삽입해 관객의 숨
통을 틔워주고 정확하면서도 유려한 카메라 움직임으로 관
객의 어지럼증을 최소화시킬 줄 안다.
　케시시의 영화에서 클로즈업으로 가장 많이 포착되는 것
은 얼굴이다. "영화에서 얼굴은 그 자체로 클로즈업이고 클
로즈업 또한 그 자체로 얼굴"이라는 들뢰즈의 명제를 마치
작품을 통해 직접 실천하려는 것처럼 보이는데, 영화 내내
이어지는 '얼굴-클로즈업'의 연쇄는 우선 그의 작품들에 내
재된 '비극성'을 지시하는 일종의 시각 기호로 기능한다. 가
령, 〈가장 따뜻한 색 블루〉를 수놓는 그 집요한 얼굴-클로즈
업 연쇄는 두 주인공이 오로지 상대방의 얼굴만 보이는 상
태, 즉 상대방의 눈동자, 표정, 호흡만 시야에 들어오는 상태
에 빠져 있음을 암시한다. 상대방의 얼굴 외에 다른 모든 것
이 흐리게 보이는 지각의 정지 상태, 사유의 정지 상태 말이
다. 또 〈게임스 오브 러브 앤 찬스〉나 〈생선 쿠스쿠스〉에 등
장하는 숱한 얼굴-클로즈업들도 갑작스레 찾아온 사랑 혹

은 절망에 빠져 주변을 돌아볼 여유를 잃은 인물들의 상태를 암시한다. 기괴할 정도로 거대한 클로즈업 이미지들이 보여주듯, 그들은 오로지 자신이 지각하고 있는 세계 혹은 대상에 갇혀 있으며 프레임 바깥의 현실에 대해서는 제대로 된 판단 능력을 상실했다. 그리고 그러한 지각의 불균형은 결국 실패와 비극적 결말로 이어진다. 끊임없이 이어지는 시각적 확대(클로즈업) 상태는 달리 말하면 지극히 제한적이고 주관적인 지각 상태를 뜻하며, 이는 곧 주변 세계로부터의 유리遊離 및 객관적 판단의 불가능성을 의미한다.

그런데 케시시의 영화에서 무수한 얼굴-클로즈업이 드러내고자 하는 더 본질적인 대상은 바로 인물의 내면세계다. 그의 영화에서 얼굴-클로즈업은 무엇보다 집요한 접근과 탐사를 통해 인물의 내면에서 일어나는 다양하고 미묘한 감정의 변화를 찾아내는 데 주력한다. 대사나 행동이 미처 다 전달하지 못하는 그 무엇, 배우조차 정확한 표현수단을 찾지 못해 머뭇거리는 그 무엇을 거대한 얼굴-클로즈업은 스스로 표출해낼 수 있기 때문이다. 아주 가벼운 표정의 변화나 미세한 근육의 떨림만으로도, 관객은 인물의 내면에서 일어나고 있는 다채로운 감정의 파고를 느낄 수 있다. 〈생선 쿠스쿠스〉나 〈가장 따뜻한 색 블루〉에서 볼 수 있듯, 불안하게 흔들리는 눈빛이나 살짝 올라가는 입꼬리 혹은 어색하게 번지는 미소만으로도 인물의 내면에 숨겨진 진심이나 갈등, 욕망을 추측해낼 수 있다.

케시시의 얼굴-클로즈업은 거기서 한 발짝 더 들어간다. 잘 알려져 있다시피 그는 배우가 지쳐 거의 포기할 때까지 엄청난 회수의 테이크(반복 연기)를 실시하는 것으로 유명한데, 이는 단지 배우의 연기 수준을 끌어올리기 위해서가 아니다. 그보다는 배우가 기력이 완전히 소진되어 마침내 자기 자신과 카메라의 존재를 잊는 순간이 오기를, 그리하여 배우의 내면 깊은 곳에 숨어 있는 무언가가 얼굴 밖으로 빠져나오기를 기다리기 위해서다. 배우가 인물에 완전히 녹아들어 단 하나의 존재가 될 때까지, 배우 자신도 모르고 어쩌면 감독마저도 몰랐을 본질적인 무언가가 그 배우-인물의 내면으로부터 새어나와 모습을 드러낼 때까지, 그의 얼굴-클로즈업은 기다리고 또 기다린다. '배우-인물'이라는 그 새로운 인격체가 얼굴을 통해 자신의 영혼을 드러낼 때까지 그의 카메라는 집요하게 탐색하며 기다리는 것이다.

케시시를 여전히 프랑스의 대표적인 디아스포라 감독으로만 바라보는 것은 어리석은 일이다. 그는 이미 이민자 감독으로서의 꼬리표도, 특권도 모두 떼어냈다. 케시시는 과장이나 충격, 억지스러운 설정 없이도 짜임새 있는 구성과 재치 있는 대사들로 끝까지 관객의 주의를 붙들어놓을 수 있는 탁월한 이야기꾼이며, 정교한 시각적 형식들을 이용해 섬세한 감정 묘사와 인간의 본성 탐구를 동시에 수행하는 뛰어난 내면 탐구자이다. 물론 이민자들의 불합리하고 열악한 환경, 프랑스 행정의 철저한 관료주의, 프랑스 백인들의 우월주의와 차별의식 등 동시대 민감한 사회문제들을 평범한 일상의 에피소드에 자연스럽게 새겨넣는 데에는 그를 따라올 감독이 없어 보인다. 결코 굽힐 줄 모르는 거만한 태도와 돌출적인 언행으로 논란의 대상이 되지만, 그의 영화들은 이미 방대한 프랑스 영화사에 어느 누구도 간 적이 없는 독자적인 길을 내고 있다.

난 꿈꾸면서 말하는 것도 가능하다고 생각해.
난 블랙홀로 떨어지고 있어.

수면의 과학

La Science des Rêves(2006)

●

꿈꾸는 소년과 소녀가 만나다

이야기는 여기서, 이렇게 시작된다. 파리의 어느 건물, 낡은 나무 계단 층계참에서, 소년은 모르는 이의 이사를 돕다가 손을 다쳤다. 두 남자가 계단에서 피아노를 옮기는 것을 도와주다가 봉변을 당한 것이다. 피아노는 계단 아래로 굴러 떨어지고, 소란스러운 소리에 놀란 소녀가 복도로 뛰어나온다. 그를 발견하고는 괜찮냐고 물어본다. 프랑스어를 잘 못하는 소년은 대답 대신 어색한 미소를 짓는다.

소년, 소녀를 만나다

이후, 두 사람은 우리가 흔히 겪는 연애의 굴곡들을 거친다. 서로의 감정이 어긋날 때마다 안타까워하고, 감정을 숨긴 채 일부러 거리를 두기도 하며, 과도한 집착에 고통스러워하기도 한다. 우여곡절 끝에 어렵게 서로의 감정을 확인한 두 사람. 이제 막 시작되려던 그들의 관계는 소년의 엉뚱한 상상에 또다시 주저앉고 만다. 여전히 현실에 적응하지 못하는 소년이 또 한 번 과도한 공상의 노예가 되어 스스로 일을 그르치고 만 것이다. 영화의 마지막 순간, 소녀는 투정 끝에 잠든 그를 바라보면서 어찌해야 할지 고민한다.

영화의 두 주인공 스테판과 스테파니는 물론 스물을 훌쩍 넘긴 (아마도 서른에 가까운) 청년들이다. 그러나 둘의 자리에 이처럼 '소년'과 '소녀'라는 항목을 대입해야 영화의 풀이가 가능하다. 몸은 성인이지만 정신은 유년기에 머물러 있는 두 남녀가 서로를 알아보고 서로에게 끌리는 이야기가 영화의 주된 내용이기 때문이다.

흔히 '피터 팬 증후군'이라 불리는 이 증세는 스테판에게서 훨씬 심하게 나타난다. 그는 정말로 유년의 세계에 온전히 머물러 있는 듯하다. 성년이 되어 돌아온 파리의 엄마 집에는 그의 방이 어릴 적 상태 그대로 남아 있는데, 그는 별다른 거부감 없이 그것을 받아들인다. 아동용 침구를 갖춘 작은 침대와 각종 장난감들, 인형들, 만들기 도구들, 엉뚱한 발명품들. 이 유년의 방, 유년의 침대에서 그는 매일 잠들고 꿈을 꾼다.

그가 꾸는 꿈의 세계 역시 지극히 유아적이다. 어린 시절 우리가 꿈꾸던 모습 그대로, 종이로 만들어진 집과 건물들에 장난감 자동차와 봉제 인형들이 도시를 돌아다닌다. 전화기, 타자기, 동물 등도 모두 헝겊이나 종이로 만들어져 있다. 영화 중간중간 마치 꿈의 세계와 현실 세계를 이어주는 전이 공간처럼 등장하는 '스테판 TV 스튜디오'도 어설프고 유아적이긴 마찬가지. 계란 판을 대충 이어붙여 만든 방음벽, 종이 상자로 만든 카메라와 모니터, 샤워용 방수 비닐 커튼은 유년기의 놀이 공간을 떠올리게 한다. 요컨대, 꿈에서나 현실에서 모두 유년의 세계에 머물러 있는 스테판은 현실세계, 즉 성인들의 세계에 쉽게 적응하지 못한다. 먹고살기 위해 원하지 않는 일을 해야 한다는 사실을 받아들이지 못하며, 근무 시간 준수에 대한 인식이 부족하고, 철부지 남자아이들처럼 짓궂은 성적 농담을 아무 때나 내뱉는다. 몸은 성인이고 이미 사회에 나와 있지만, 정신은 성년이길 거부하면서 여전히 미성년 단계에 머물러 있는 것이다.

그에 비해, 스테파니는 훨씬 더 성숙해 보인다. 하지만 그녀 역시 아이처럼 순수하고 천진난만한 모습을 자주 드러내는데, 어린 여자아이처럼 종이와 천을 오려 무언가를 만드는 것을 좋아하고 그렇게 만든 오브제들에 이름을 붙여 자신만의 공상 세계를 만드는 것을 즐긴다(스테판은 말한다. "내가 그녀를 사랑하는 건 손으로 뭘 만들기 때문이에요."). 처음 스테판과 단둘이 있게 되었을 때도 그녀는 곧바로 그와 의기투합하여 즉흥적으로 상상의 나래를 펼친다. 헝겊으로 만든 배가 머무를 숲을 꾸며야 한다는 그녀의 말에 스테판은 배 안에 숲을 만들자고 응수하고, 곧이어 엄마 찾는 배 이야기를 만들자는 아이디어를 함께 모의하기도 한다. 또 셀로판으로 바다를 만들고 솜으로 구름을 만들어 띄우는 일에도 아무런 거리낌 없이 몰입하며 스테판과 함께 신이 나 집 안을 뛰어다닌다. 스테판처럼, 그녀 역시 정신의 일부는 여전히 유년의 세계 어딘가에 머물러 있다.

소년과 소녀는 첫눈에 서로를 알아보았다. 그들은 서로 친구가 될 수 있음을 금세 알아차렸고, 각자의 꿈과 상상을 펼쳐 보이면서 서로가 서로를 이해한다는 사실에 아이들처럼 흥분하며 기뻐했다. 복잡하고 어렵기만 한 현실에서 서로의 꿈과 공상을 나눌 수 있는 특별한 '소년'과 '소녀'가 만난 것이다. 영화가 끝날 무렵, 풀리지 않는 매듭처럼 답답하기만 한 그들의 관계에 지친 그녀가 그에게 소리쳐 묻는다.

"왜 나야?"

그는 그녀를 쳐다보지 않고 침대에 얼굴을 묻은 채 대답한다.

"너 말곤 다 따분해. 근데 넌 다르니까."

희미한 엄마의 그림자

소년은 소녀를 만났지만, 그와 별개로 그의 하루하루는 어딘지 쓸쓸해 보인다. 아무도 없는 아파트에서 혼자 지내고 혼자 잠들며 혼자 직장에 나가 사람들을 만나고 돌아오는 모습이 왠지 허전해 보이기만 하다. 아마도 현실에 던져진 아이의 쓸쓸함, 성인들 틈에 끼어 부대껴야 하는 소년의 막막함이 그의 어깨를 무겁게 짓누르는 탓일 것이다. 그런데 어른이 되지 못한 그의 삶에는 그보다 더 중요한 무언가가 빠져 있다. 바로, 엄마다. 그가 어릴 적 아빠와 이혼해 떨어져 살았던 엄마는 오랜만에 그를 파리로 불러놓고도 정작 그 앞에 모습을 드러내지 않는다. 그가 멕시코에서 도착한 날에도 빈집의 자동응답기에 목소리를 남겨놓았을 뿐, 며칠이 지나도록 그의 눈앞에 나타나지 않는다. 새로 만난 마술사 애인의 집에 머물러 있기 때문이다. 수화기 너머 어딘가에서 목소리로만 존재하는 엄마, 정작 그의 곁에는 언제나처럼 부재하는 엄마.

사실, 그에게 엄마는 늘 그런 존재였다. 그가 떠올리는 어린 시절 기억에 엄마의 모습은 거의 보이지 않고, 낡은 동영상에는 아빠와의 즐거운 한때만이 오래된 기억처럼 기록되어 있다. 그와 나란히 앉아 발명품을 만들고 침대에서 함께 발구르기를 하며 노는 이는 항상 아빠다. 영화의 처음도 아빠를 기억하는 꿈으로 시작된다. 꿈속에서 그는 아빠에게 얘기한다. "우린 콘서트에 와 있어요. 듀크 엘링턴 콘서트.

[…] 이건 꿈이에요. 죄송하지만 아빠는 죽었어요. 암 투병하시다가 돌아가셨죠. 전 아주 많이 울었어요. 눈물이 너무 많이 흘러서 강물처럼 흘러내렸어요." 심지어 그는 스테파니와의 사랑 문제로 실의에 빠져 있을 때도 동료와 대화를 나누다가 엄마 대신 아빠를 찾는다. "아빠랑 얘기하고 싶어. 슬플 때 엄만 위로가 안 돼요." 현실에서나 꿈에서나 그리고 기억에서나, 스테판과 항상 함께 있는 이는 엄마가 아니라 아빠다. 아빠는 그의 가장 친한 친구였고 언제나 그의 등 뒤를 지켜주는 든든한 보호자였다. 그리고 엄마는 그런 모습을 지켜보면서 더 이상 다가오지 않는, 따로 떨어져 자신의 인생을 살아가는 독립된 존재였다.

실제로 공드리 영화에서 엄마의 부재는 그리 낯선 풍경이 아니다. 그의 자전적 영화 〈마이크롭 앤 가솔린〉에서 소년의 엄마는 아들에게서 한 걸음 떨어져 자신만의 세계에 빠져 있는 여성으로 묘사된다. 어린 아들을 걱정하고 일상을 돌봐주지만, 아들의 고민이나 마음을 이해하는 일보다는 비교秘 敎 모임에 참석하는 일 등에 더 몰두해 있다. 그의 다른 영화들에서도 엄마는 대개 부재하거나 단지 희미한 그림자 같은 존재로만 등장한다. 물론, 부재하는 엄마에 대한 원망과 그리움은 어느 시점부터 프랑스 영화에 자주 등장하는 테마이기도 하다. 프랑수아 트뤼포의 〈400번의 구타Les 400 Coups〉 (1959) 이후, 자식을 포기하고 개인의 독자적인 삶을 선택하는 여성의 모습이 다양한 현실을 배경으로 묘사되어왔다. 또 그런 엄마를 원망하거나 증오하면서 자신만의 독립적인 삶을 꾸려가려는 어린(혹은 젊은) 주인공의 모습도 심심치 않게 눈에 띄었다. 이 같은 현상에는 현대 사회의 다양한 변화들이 그 이유가 되겠지만, 진정한 자아 성장을 위해서는 부친살해의 과정 뿐 아니라 모친살해의 과정도 거쳐야 한다는 주장이 시대의 담론으로 떠오른 탓도 있을 것이다. 의식, 질서, 명령을 상징하는 아버지뿐 아니라 무의식, 본능, 욕구를 상징하는 어머니로부터도 벗어나야 진정한 성인으로 성장할 수 있다는 주장이 새롭게 힘을 얻어왔기 때문이다.

하지만 〈수면의 과학〉의 주인공 스테판은 엄마와의 단절을 강하게 욕망하지 않는다. 그는 성인이 되고 싶어 하기보다는 유년기에 머물고 싶어 하며, 따라서 엄마에게서 벗어나고 싶은 욕망보다 엄마 안에 안주하고 싶은 욕망을 아직은 더 강하게 느끼고 있다. 게다가 친구이자 동시에 보호자였던, 즉 상상계의 동반자이자 상징계의 인도자였던 아빠마저 죽고 없다. 아빠의 부재 속에서, 아직 성인이 되지 못한 스테판이 의지할 곳은 엄마뿐이다. 엄마와의 분리 불안은 사실상 그가 겪고 있는 가장 큰 불안이며, 그의 바람에도 불구하고 엄마가 그 자리에 없을 뿐이다.

그런데 어느 날 우연히 나타난 스테파니가 그 빈자리를 채워준다. 그녀는 그의 꿈과 상상을 이해해주는 유일한 유년기 친구이지만, 다른 한편으로는 그의 곁에 부재하는 엄마의 역할도 맡는다. 그녀는 그의 놀이에 기꺼이 동참하고 그의 장난을 받아줄 뿐 아니라, 그의 고민과 외로움을 이해해주고 엄마처럼 항상 따뜻하게 그를 감싸준다. 그는 엄마로부터 받아야 할 위로와 보살핌을 그녀로부터 얻으며, 아빠에게서 느꼈던 보호자이자 친구로서의 모습도 그녀에게서 발견한다. 영화 중간, 그가 동료에게 "그녀는 진짜 아빠 같아"라고 말하는 것도 그런 맥락에서이다. 영화의 마지막 장면에서 잠든 스테판을 바라보며 그의 머리를 쓰다듬어주는 스테파니의 모습을 다시 떠올려보라. 그녀는 이미 그의 엄마가 되어 그의 슬픔과 외로움을 다독여주고 있고, 그의 유년기 친구가 되어 함께 꿈속 세계를 돌아다니고 있다. 그가 눕자마자 잠들어버린 그녀의 침대는 엄마의 자궁처럼 따뜻하고 포근하며, 꿈속에서 그들은 '엄마 찾는 배'를 타고 자궁 같은 바다 위를 떠다닌다.

하지만 공드리의 다른 영화들에서 그렇듯이, 이 영화에서도 두 사람의 사랑이 성공으로 이어질지는 미지수다. 그녀는 그에게 사랑하는 연인이자 동시에 재미있는 친구여야 하고, 나아가 따뜻한 엄마여야 하기 때문이다. 그들은 서로에게 딱 맞는 짝을 찾았지만, 그들이 만들어갈 사랑은 유소년 혹은 청소년들의 사랑처럼 왠지 불안하고 위태로워 보인다. 스테판의 일상에 상상과 환상이 너무 자주 끼어들기 때문이기도 하고, 또 스테파니를 향한 그의 사랑에 엄마에 대한 갈망이 너무 많이 스며들어 있기 때문이기도 하다. 그의 복잡한 감정 상태는 시간이 지날수록 그녀를 더 힘들게, 그리고 더 외롭게 할 것이다. 스테판이 그녀에게 70살이 되면 결혼하자고 제안한 것도, 알고 보면 가슴 아픈 이유에서다. 로맨스는 현실이다. 누구나 알고 있는 그 사실을 스테판 역시 알고 있다. 꿈이나 상상, 뒤틀린 욕망은 사랑의 초기 단계까지만 용인되며, 그 단계가 지나면 사랑의 감정을 변질시키고 사랑 자체를 위태롭게 만든다. 성인이지만 소년인 스테판은 그래서 사랑을 앞에 두고 주저할 수밖에 없다. 언제인지 모르지만 진정한 성인이 될 때, 아마도 70살쯤에 사랑을 감당할 수 있을 거라는 우울한 전망을 하면서 말이다.

영화, 매혹적인 꿈의 연금술

종종 나는 생각한다. 내 꿈들을 서로서로 연결할 수 있다면, 그렇게 함으로써 영원히 이어지는 삶을 창조해낸다면, 탁자에 둘러앉은 상상의 벗들, 가공의 인간들로 이루어진 삶을 만들어낼 수 있다면 얼마나 황홀할까. 그렇다면 나는 지금의 이 거짓된 삶을 살아갈 것이다.

— 페르난두 페소아, 『불안의 서』

〈수면의 과학〉은 제목이 암시하는 것처럼 꿈과 현실이 거의 절반씩 섞여 있는 영화다. 현실의 이미지들만큼이나 많은 꿈의 이미지들이 영화의 공간을 가득 채우고 있고, 현실의 시간만큼이나 많은 꿈의 시간이 주인공 스테판의 삶을 점유하고 있다. 잠을 잘 때든 자지 않을 때든, 그는 수시로 꿈의 세계에 들어가고 꿈과 현실 사이를 빈번히 오가며 감정이 격해지는 순간엔 꿈과 현실에 동시에 발을 걸치기도 한다. 영화 말미 스테파니를 만나러 가면서 꿈의 사건과 현실의 사건을 동시에 겪는 그를 떠올려보라. 심지어 그는 꿈속에 있으면서 현실에 있는 다른 이(스테파니)와 전화로 대화를 나누기도 한다.

그러므로 스테판에게 꿈은 그 자체로 '또 하나의 현실'이자 '또 하나의 일상'이다. 물론 그가 꾸는 꿈의 세계는 얼핏 초현실주의적인 이미지들로 가득해 보인다. 초현실주의 미술의 '데페이즈망' 기법을 연상시키듯, 사람의 손이 바위만큼 커지고 목욕 중인 욕조가 사무실 책상으로 둔갑하며 수도꼭지에서는 셀로판이 물처럼 쏟아져 내린다. 또 초현실주의의 주요 특징인 '아동성'과 '성애'가 꿈의 세계 곳곳에 흘

뿌려져 있기도 하다.

하지만 초현실주의에서와 달리 이 영화에서 꿈은 신화와 상징 같은 무거운 기호들로 가득 찬 세계가 아니다. 스테판의 꿈에 나타나는 다양한 이미지들은 어떤 특별한 의미를 내포하고 있는 기호들이 아니라, 무수한 기억의 조각들이 서로 결합되고 재구성되어 생성된 이미지 그 자체들이다. 물론 거기에는 그의 억눌린 욕망이 표출되어 있기도 하고 현실에서 이루지 못한 것에 대한 갈망이 새겨져 있기도 한다. 그러나 영화가 보여주는 꿈의 이미지들은 보편적, 논리적 해석을 필요로 하는 원형의 이미지들이라기보다는, 단지 스테판이라는 개인의 기억 세계를 시각적으로 형상화한 이미지들이라고 할 수 있다. 그가 과거에 경험했던 실재의 조각들과 과거에 떠올렸던 상상의 조각들이 뒤섞이고 결합되어 그 누구의 것과도 같지 않은 그만의 기억 세계가 만들어진 것이다. 특히 의식과 무의식 모두가 유년기적 세계에 고착되어 있는 스테판의 경우, 꿈에 나타나는 기억-이미지들은 대부분 유년기의 기억-이미지를 바탕으로 형성되어 있다. 그가 매 순간 겪는 '현재'와 그것에 덧붙여지는 무수한 과거의 '기억'들, 그리고 그 모든 순간에 발생되는 '감정'들이 서로 뒤섞이고 융합되어 꿈이라는 또 하나의 세계가 구축되는 것이다.

결국, 스테판에게 꿈은 실재에 대한 기억-이미지들과 상상에 대한 기억-이미지들이 자유롭게 뒤섞이면서 융합되는 마법의 세계와도 같다. 긴 시간 동안 그의 정신 속에 축적된 수많은 기억-이미지들이 연금술적인 변형 작업을 거쳐 유년기의 아름답고 천진난만한 이미지들로 재탄생하는 것이다. 뿐만 아니라, 그 새로운 꿈-기억의 세계에서 일상의 다양한 오브제들은 각자만의 고유한 생명력을 얻어 독자적인

233

생명체처럼 살아 움직인다. 꿈은 모든 기억의 재료들이 혼합되고 변성變性되어 새로운 이미지들로 재탄생되는 거대한 '연금술'의 세계와도 같은 것이다. 영화 초반 인트로처럼 등장하는 스테판 TV 스튜디오 장면에서, 그는 커다란 포트에 갖은 재료들과 양념, 소스를 넣으며 다음과 같이 얘기한다.

> 많은 사람은 꿈의 제조 과정이 간단하다고 생각하지만 사실 생각만큼 간단한 일은 아니죠. 보시다시피, 복잡한 요인들의 조화가 중요합니다. 먼저 잡다한 생각들을 집어넣고, 다음엔 과거의 추억을 넣고, 그리고 그것에 뒤얽힌 오늘의 기억을 추가합니다. 사랑, 우정 같은 온갖 관계와 감정들이 오늘 들었던 노래나 오늘 본 것들과 혼합되고요.

초기 영화인들에게 그랬던 것처럼, 공드리에게도 '영화'는 황홀한 연금술의 세계이자 마법의 세계다. 그의 영화에서는 시간과 공간뿐 아니라 과거의 모든 기억들과 일상의 오브제들이 화려한 연금술적 변형의 재료가 된다. 마치 화학적 변성 과정과도 같은 융합의 과정을 거쳐, 그 모든 것들은 화려하고 독창적인 영화 이미지들로 재탄생한다.

그러므로 공드리에게 영화는 곧 꿈이다. 둘 모두, 아련한 유년기의 기억들과 소소한 일상의 조각들을 버무려 아름답고 독특한 이미지들로 재탄생시키는 연금술의 세계인 것이다. 영화 〈수면의 과학〉은, '변형된 실재들로 이루어진 마법의 세계'이자 '살아 있는 오브제들'의 세계인 영화의 본성이 바로 꿈에서부터 비롯된다는 사실을 재기 넘치는 이미지들과 애틋한 감정의 곡선을 통해 잘 보여준다. 공드리의 자전적 요소를 가득 담은 영화일 뿐 아니라, 그의 영화적 비전의 원천을 가장 잘 드러내주는 영화이다. 꿈으로서의 영화, 그리고 영화라는 꿈. 영화사 초기부터 모든 영화인들을 사로잡았던 그 '영화적 매혹cinematic attraction'의 원천을 공드리는 이 매력적인 영화를 통해 다시 구현해냈다.

나의 모든 예술적 실천의 원천은 '꿈'이며,
영화는 그것을 구현해낼 수 있는
가장 좋은 도구이자 가장 좋은 매개다.

미셸 공드리

Michel Gondry, 1963~

●

꿈과 기억을 빚는 연금술사

미셸 공드리는 1963년 파리 근교의 베르사유에서 태어났다. 할아버지는 최초의 신시사이저 중 하나인 클라비올린의 발명가였고, 아버지는 전자기술자이자 재즈 애호가였으며 아마추어 피아니스트였다. 어머니 역시 한때 피아니스트로 활동했고, 형 프랑수아 공드리는 유명 펑크록 그룹 루드비히 폰88의 베이스 연주자였다. 이처럼 풍요로운 예술적 환경에서 자란 공드리는 어린 시절부터 화가 또는 발명가를 꿈꾼다. 그리고 데생가의 꿈을 안고 파리의 실용예술학교에 입학한다. 거기서 그는 몇몇 친구들과 팝그룹 위위를 결성하고 드럼 파트를 맡는데, 직접 제작한 그룹의 뮤직비디오들이 예상보다 좋은 반응을 얻으면서 에티엔 다오, 장프랑수아 코앵 등 다른 유명 가수들의 뮤직비디오 제작을 맡게 된다. 특히, 그의 작품 〈도시*La Ville*〉(1992)에 매혹된 아이슬란드 가수 비요크와 함께 새로운 영상 작업을 시도하면서 독창적 감각의 뮤직비디오 감독으로 급성장한다.

이후, 공드리는 롤링스톤스, IAM, 카일리 미노그 등 세계적인 뮤지션들의 뮤직비디오를 연출하면서 국제적 명성의 뮤직비디오 감독으로 활동한다. 또 리바이스의 '드럭 스토어', 스미노프의 '스마리언버그', 다이어트 코크의 '바운스' 캠페인 등 히트작들을 연이어 발표하면서 광고계를 대표하는 광고영상감독으로도 이름을 떨친다. 몇몇 단편영화 연출을 통해 영화계에도 발을 들여놓는데, 2001년 시나리오작가 찰리 카우프만Charlie Kaufman의 각본을 바탕으로 마침내 첫 번째 장편영화 〈휴먼 네이처Human nature〉를 발표한다. 이 영화는 문명과 야생의 의미에 대한 성찰을 기발한 유머와 독창적인 이야기로 풀어낸 작품으로, 비록 흥행에는 실패했지만 독특한 상상력과 깔끔한 연출로 호평을 받는다. 자신의 연출력에 스스로 아쉬움을 표명했던 공드리는 2004년 다시 카우프만과 손잡고 두 번째 장편영화 〈이터널 선샤인Eternal Sunshine of the Spotless Mind〉*을 발표한다. 이 영화는 비평과 흥행 모두에서 크게 성공을 거두며 그에게 세계적인 명성을 가져다준다. 당시까지 코미디 전문 배우로만 인식되던 짐 캐리와 연기력에 비해 다소 과소평가되던 케이트 윈슬렛은 이 영화를 통해 연기파 배우로 거듭나고, 작가 카우프만은 아카데미영화제를 비롯한 세계 유수의 영화제에서 각본상을 수상한다. 또, 감각적이면서도 실험성과 독창성이 넘치는 공드

*

리의 연출은 세계 영화팬들의 열렬한 지지를 얻어낸다.

〈이터널 선샤인〉이 예상을 뛰어넘는 대성공을 거두자, 다소 부담을 느낀 공드리는 시나리오작가 카우프만과 결별하고 미국과 프랑스를 오가며 자신만의 고유한 영화 세계를 만들어간다. 2006년 프랑스에서 자신이 직접 시나리오를 쓰고 프랑스 배우들 위주로 캐스팅한 영화 〈수면의 과학〉을 발표하는데, 현실과 꿈을 제대로 구분하지 못하는 주인공의 파리 적응기에 가슴 아픈 사랑 이야기를 담은 이 영화는 더욱 대담해진 상상력과 독특한 영화적 표현으로 많은 사랑을 받는다. 2007년 미국에서 만든 〈비카인드 리와인드Be kind Rewind〉 역시 기상천외한 상상력과 기발한 아이디어에 바탕을 둔 작품으로, 영화와 음악에 대한 그의 무한한 애정을 따뜻한 감수성과 독특한 유머로 표현해내 호평을 받는다. 2008년 공드리는 봉준호, 레오스 카락스와 함께 옴니버스 영화 〈도쿄!Tokyo!〉의 제작에 참여하며, 그가 만든 단편 〈인테리어 디자인Interior Design〉은 평범한 한 여자가 의자로 변신하는 초현실적인 이야기를 감각적이면서도 절제된 영상으로 담아냈다.

그 후, 공드리는 대규모 자본이 투입된 상업영화와 중저예산 규모의 개인 영화 사이를 오가며 다소 지그재그의 행보를 이어오고 있다. 미국 자본을 기반으로 블록버스터 영화 〈그린 호넷The Green Hornet〉(2011)을 연출하기도 하고, 프랑스 스태프 및 배우들과 함께 보리스 비앙의 소설을 각색한 영화 〈무드 인디고L'Écume des jours〉(2013)나 자신의 유년기를 회고하는 영화 〈마이크롭 앤 가솔린Microbe et Gasoil〉(2015)을 만들기도 한다. 대형 상업영화들은 대부분 별다른 호응을 얻지 못했지만, 〈무드 인디고〉나 〈마이크롭 앤 가솔린〉 같은 영화들은 공드리만의 상상력과 감수성을 자유롭게 펼쳐 보이면서 그의 영화 세계를 더욱 다채롭고 풍요롭게 만들어주고 있다.

영화, 혹은 유년기의 기억

공드리의 영화에는 유소년 시절 행복했던 순간들에 대한 향수가 곳곳에 배어 있다. 실제로 그는 파리 근교의 부촌인 베르사유에서 유년기와 청소년기를 보냈고 예술을 사랑하면서도 새로운 기계와 기술에 호기심이 많았던 식구들 사이에서 자랐다. 범죄나 폭력과는 마주칠 일이 거의 없는 평온한 동네, 그리고 사랑과 관용이 넘치는 가족들. 영화 〈마이크롭 앤 가솔린〉*이 보여주는 그대로의 환경 속에서, 공드리는 예술(그림)과 기계(발명)에 대한 꿈을 마음껏 키워나갈 수 있었고 자신의 창의성을 무한대로 발전시킬 수 있었다.

그의 거의 모든 영화들에 등장하는 '유소년적 놀이'(자르기, 붙이기, 만들기 등)에 대한 애착은 그러므로 행복했던 어린 시절에 대한 기억의 유산이다. 공드리와 그의 영화 속 인물들은 그 기억 세계에서, 아마도 실재에 대한 기억과 공상(상상 또는 꿈)에 대한 기억이 뒤섞여 있을 그 세계에서 벗어날

*

미셸 공드리

생각이 전혀 없어 보인다. 간혹 〈수면의 과학〉에서처럼 기억에 대한 집착이 현실 적응에 방해가 된다 해도, 그 기억 세계에 머물면서 자신만의 또 다른 삶을 가꾸어가고자 하는 것이다. 유소년 시절의 기억에 대한 공드리의 애착은 프랑스 사진작가 베르나르 포콩Bernard Faucon의 사진 세계를 상기시키는데, 실제로 공드리는 그의 영화들에서 유년시절 장면의 미장센을 위해 종종 포콩의 사진을 차용하기도 한다. 가령, 〈마이크롭 앤 가솔린〉 초반에 등장하는 '마이크롭의 방 안' 장면은 명백하게 포콩의 '여름방학Grandes Vacances' 시리즈 사진들로부터 모티브를 얻어 꾸민 것이다.

그런데 유소년 시절에 대한 공드리의 특별한 애착은 단지 행복했던 순간들에 대한 기억 때문만은 아니다. 영화 속에서 공드리의 시선은 거의 항상 '사회 부적응자'나 '소외된 이'에게로 향해 있다. 그의 영화의 주인공은 〈수면의 과학〉의 스테판이나 〈무드 인디고〉의 콜랭처럼 너무 여리거나 순진해서 현실에 적응하지 못하거나, 〈비카인드 리와인드〉의 마이크나 〈도쿄〉의 히로코처럼 남들보다 뛰어난 것이 없어 자꾸만 주변으로 밀려나는 이들이다. 이들은 속물적이고 위선적인 현실에 맞춰 살아가기에는 너무 순수하며, 폭력적이고 경쟁적인 현실에 맞서 살아남기에는 너무 유약하다. 현실로 나아가기가 두려운 이들은 따라서 성인이 아닌 유소년 세계를 그들의 안식처로 택한다. 상대적으로 덜 폭력적이고 덜 위악적이며, 더 순수하고 더 단순하기 때문이다. 물론 유소년 세계는 이미 지나가버린 과거이지만, 그들은 기억을 통해 혹은 꿈과 공상을 통해 끊임없이 그 세계로 돌아가려 한다. 아무것도 해내지 못하더라도 부모의 보호 아래서 하루하루 놀이를 즐길 수 있었던, 그 평온한 세계를 꿈꾸는 것이다.

때문에, 공드리의 인물들에게 사랑은 아직은 먼 이야기 혹은 너무나 복잡한 이야기에 가깝다. 실현하기에는 너무 벅찬 계획, 풀어내기에는 너무 복잡한 수학공식 같다. 사실, 사랑은 한 꺼풀만 벗기면 드러나듯이 지극히 현실적인 것이고, 타협과 양보와 인내가 적절히 이루어져야만 유지될 수 있는 어른들의 이야기다. 공드리의 인물들에게 사랑은 항상 아직 시작되지 않은 상태이거나 유보 상태이며(〈마이크롭 앤 가솔린〉의 다니엘과 로라의 사랑, 〈수면의 과학〉의 스테판과 스테파니의 사랑, 〈비카인드 리와인드〉의 마이크와 엘마의 사랑), 결국은 오래가지 못하고 실패하고 만다(〈도쿄!〉의 아키라와 히로코의 사랑, 〈무드 인디고〉의 콜랭과 클로에의 사랑). 사랑은 아직 그들의 몫이 아닌 것이다.

이처럼 유소년 시절로 회귀하거나 유소년적 세계관에 머물고 싶어 하는 공드리의 인물들은 누벨바그 이후 프랑스 영화에 단골로 등장하는 전형적인 한 인물 유형에 속한다. 트뤼포, 외스타슈의 영화 등이 파생시킨 이 같은 유형은 68혁명의 실패 후 사회 전반에 대한 절망 및 염증과 맞물리면서 더욱더 자주 호출된다. 이 유형의 인물들은 성년이 되어 어쩔 수 없이 현실에 발을 들여놓았지만, 정신은 이전의 순수했던 유소년 시절로 향해 있다. 몸은 성인이지만 정신만큼은 성년이 되길 거부하면서 유소년 세계에 언제까지나 자신을 가두려는 것이다. 특히 공드리의 영화는 그 자체로 영원한 '미성년의 세계'라 할 수 있다. 영화를 만드는 방식도, 영화 속에서 전개되는 이야기나 구축되는 이미지도 모두 유소년 시절에 대한 강한 향수와 암시를 담고 있기 때문이다. 그에게 영화란 유소년적 시간을 다시 불러내고 그 시간을 다시 살게 해주는 일종의 마법과도 같은 장치라 할 수 있다.

미셸 공드리

예술과 기술 그리고 놀이로서의 영화

공드리는 예술과 기계 모두를 사랑하고 창의성을 그 무엇보다 높이 평가하는 가정환경에서 자랐다. 덕분에, 미술과 음악 등 예술 분야에서 일찍부터 뛰어난 감각을 드러냈고 '기술적인 것'에 대한 탐구에서도 남다른 재능을 보였다. 특히, 뮤직비디오와 광고영상 분야에 뛰어들면서 예술적 감각과 기술적 실험정신을 두루 갖춘 그의 재능은 빠르게 두각을 나타낸다. 일례로, 당시 뮤직비디오와 비디오아트 분야에서 '몰핑morphing' 기법이 막 유행하기 시작했는데, 그는 곧바로 그것을 변형해 그만의 독창적인 몰핑 기법을 만들어냈다. 일반적인 몰핑이 컴퓨터 그래픽을 이용해 하나의 인물을 다른 인물로(혹은 하나의 동물을 다른 동물로) 전환시키는 것이었다면, 공드리의 몰핑은 고정된 사진들로부터 움직임을 만들어내거나, 카메라 이동을 변경하거나, 일상의 사물을 추상적 오브제로 변형시키는 등 다양한 양식으로 구현되었다. 또 스미노프 보드카 광고 영상에서는 이후 영화 〈매트릭스〉(1999)를 통해 유명해지는 '불렛 타임Bullet Time' 기법을 앞서서 선보이기도 한다. 이 기법은 한 대상의 순간적인 움직임을 여러 대의 카메라로 동시에 촬영한 후 몰핑 기술로 이어붙이는 것으로, 아주 짧은 시간 동안 일어나는 일을 서로 다른 시점에서 동시에 바라보는 듯한 효과를 만들어낸다. 공드리가 만들어낸 새로운 영상 기법들은 이후 엠마뉘엘 카를리에Emmanuel Carlier 같은 미디어 아티스트나 수많은 광고영상 제작자들에 의해 차용된다.

그런데 새로운 기술이나 표현기법에 대한 무한한 호기심과 남다른 창의성에도 불구하고, 공드리는 실제로 최신 기술만 좇는 첨단기술 애호가가 아니다. 오히려, 그는 최소한의 특수효과와 최소한의 컴퓨터그래픽만을 사용하는 '로우 테크Low Tech' 효과를 선호하는 것으로 더 유명하다. 온갖 기상천외한 이미지들과 깜찍하면서도 독특한 미장센으로 꾸며진 그의 영화들을 떠올리면 다소 의아해할 수도 있는데, 공드리는 그의 모든 영화들에서 가급적이면 수작업의 느낌이 묻어나는 '아날로그적 특수효과'를 선호해왔다. 〈이터널 선샤인〉에서 자동차가 거리의 서로 다른 지점에서 동시에 나타나는 장면은 컴퓨터그래픽이 아니라 여러 개의 거울을 이용해 표현해낸 것이고, 〈수면의 과학〉에서 마분지 오브제나 봉제인형이 움직이는 장면들은 초기 애니메이션에서부터 활용되어온 스톱모션 촬영을 통해 만들어냈다. 또 〈무드 인디고〉*에서 주인공들이 구름 모양의 자동차를 타고 파리를 날아다니는 장면은 현장에 직접 기구를 설치해 별다른 특수효과 없이 촬영해냈다. 요컨대, 공드리 영화 속의 판타지 장면들(상상 장면이나 꿈 장면)은 최첨단 특수효과와 컴퓨터그래픽 기법으로 마무리되는 여타 영화들의 판타지 장면들과 거리가 멀다. 일상의 소소한 사물들이나 인형, 장난감 등이 주로 등장하는 판타지 장면들은 한편으로는 아이들의 순진한 공상을 그대로 화면에 옮겨놓은 듯한 느낌을 만들어내

*

미셸 공드리

고, 다른 한편으로는 지금보다 덜 기계화되고 덜 자동화되었던 시대의 감수성을 영상으로 재현한 듯한 효과를 만들어낸다. 비요크의 눈길을 끌었던 공드리의 초기 뮤직비디오들도 1960년대 유행했던 펑키 스타일 디자인에 공드리만의 독특한 상상력을 접목시킨 것이었다. 그리고 공드리가 만든 비요크의 뮤직비디오 〈휴먼 비헤이비어*Human Behaviour*〉 역시 봉제인형과 장난감 등 유아적 오브제들이 우주 공간을 날아다니는, 어딘지 아날로그적인 특수효과들을 내세우는 작품이었다.

공드리에게 영화란 따라서 유소년 시절 '놀이'의 연장이라고 할 수 있다. 혼자서 혹은 친구들과 행했던 수많은 놀이를 새롭게 융합하고 발전시킨 것이 바로 영화인 셈이다. 〈수면의 과학〉과 〈비카인드 리와인드〉 등 그의 영화들에 등장하는 무수한 소품들, 봉제인형들, 기구들은 공드리가 추구하는 '놀이로서의 영화'의 속성을 잘 설명해준다. 이 오브제들은 마분지, 헝겊, 나무 등 주변에서 흔히 구할 수 있는 재료들을 '자르고 붙여서' 만든 것인데, 앙투안 콩파뇽Antoine Compagnon의 언급처럼 '자르기'와 '붙이기'는 인간이 경험하는 놀이의 가장 원초적인 형태이다. 유아 시절, 처음으로 경험하는 자르기와 붙이기 놀이의 그 황홀한 즐거움! 공드리의 경우 그 즐거움은 유소년 시절에 충만하게 충족되었고, 운 좋게 성인이 되어서도 영화를 통해 다채롭게 경험된다. 공드리의 영화 속 인물들 역시 모두 자르기와 붙이기에 특별한 애정을 갖고 있는데, 〈이터널 선샤인〉의 조엘은 어느 모델의 사진에 여자친구의 얼굴을 오려 붙인 사진을 소중한 추억의 물건으로 간직하고 있고, 〈도쿄〉의 히로코는 잡지에서 마음에 드는 이미지들을 오려 모으는 것이 유일한 취미

다. 또 〈수면의 과학〉의 스테판과 스테파니는 둘 다 자르기와 붙이기에 남다른 열정을 갖고 있으며, 함께 천으로 만든 배에 나뭇가지를 잘라 붙이고 종이를 오려 붙여 그들만의 소품인 "숲을 품은 배"를 만들어낸다.

따지고 보면, 사실 영화야말로 무엇보다 자르기와 붙이기의 예술이다. 영화의 가장 중요한 작업인 편집이 바로 필름을 자르고 붙이는 작업에서부터 출발하기 때문이다. 때문에, 공드리에게 영화 만들기는 그 자체로 놀이, 즐거웠던 어린 시절로 잠시나마 돌아가게 해주는 행복한 놀이다. 놀이로서의 영화라는 인식은 특히 〈비카인드 리와인드〉*에 잘 나타난다. 영화 속에서 소박하고 엉뚱한 '영화 만들기'는 동네 주민들 모두가 참여하는 즐거운 놀이가 되는데, 이들은 마분지를 자르고 붙여 자동차를 만들고, 고철들을 이어붙여 로보캅 슈트를 만들며, 온갖 일상의 소품들을 자르고 붙이고 색칠해서 영화 소품들로 변모시킨다. 우리 모두의 내면에는 자르기와 붙이기에 대한 향수가 자리하고 있고, 영화야말로 그 유년기 놀이에 대한 우리의 욕망을 만족시켜줄 수 있는 가장 훌륭한 매체라는 메시지를 전하고 있는 것이다.

*

미셸 공드리

꿈 혹은 마법으로서의 영화

공드리는 여러 인터뷰에서 자신이 꿈을 많이 꾸며 그 꿈의 내용을 종종 영화 창작에 활용한다고 밝힌 바 있다. 또한 꿈의 경험은 실재의 경험과 마찬가지로 기억 속에 생생하게 남아 있어서 언제든 그것을 되살려낼 수 있다고 말하기도 한다. 따라서 우리가 그의 영화들에서 만나는 기상천외한 장면들, 가령 〈수면의 과학〉에서 주인공들이 봉제 말 인형을 타고 다니는 장면이나 종이로 된 강을 건너는 장면 혹은 사람의 손이 몸만큼 커지는 장면 등은 모두 그가 꿈에서 보았던 장면들일 수 있다. 또 〈이터널 션샤인〉에서 거리의 모습이 몇 개의 조각들로 나뉘는 장면이나 〈무드 인디고〉에서 생쥐가 유리 회로를 타고 식재료를 옮기는 장면 등도 그가 꿈에서 경험했던 것을 영상으로 옮겼는지 모른다. 공드리가 그의 영화를 통해 복원하는 꿈의 세계는 어둡거나 적막하거나 공포스럽기보다는 대부분 밝고 따뜻하고 즐거우며, 아이들 그림책에서 볼 수 있을 법한 천진난만하고 사랑스러운 이미지들로 가득 차 있다. 그리고 그처럼 따뜻하고 사랑스럽기에, 꿈은 영화 속 인물들에게 언제든 돌아가 머무르고 싶은 장소가 된다.

나아가 공드리에게 영화는 그 자체로 꿈의 예술이기도 하다. 그에 따르면, 영화는 꿈을 구현하기에 가장 적합한 매체이며 "영화 세계는 꿈의 세계를 있는 그대로 복원해낼 수 있다." 꿈의 예술로서의 영화 혹은 꿈으로서의 영화라는 공드리의 인식은 실제로 초기 영화인들의 인식과 상당히 유사하다. 미셸 다르, 테오 바를레, 모리스 앙리 등 초기 영화인들은 영화를 무엇보다 '꿈을 구현하는 예술'로 간주했다. 이들은 당시 신선한 충격을 던져주었던 프로이트의 『꿈의 해석』

을 적극적으로 받아들였는데, 프로이트의 관점을 따라 꿈을 현실과 맞물려 있는 '또 하나의 현실'로 인식했고 영화는 꿈이라는 또 다른 현실을 우리 눈앞에 생생하게 제시해줄 수 있는 유일한 매체라고 보았다. 영화는 "뼈와 살이 있는 인물들을 보여줄 뿐만 아니라, 그 인물들의 꿈에도 뼈와 살을 붙여 보여주는" 특별한 예술이라고 간주한 것이다.

아울러, 초기 영화인들은 영화가 꿈의 세계뿐 아니라 초현실적 세계나 마법의 세계도 구축할 수 있다고 믿었다. 무엇보다 영화는 시간과 공간에 대한 연금술적 변형 작업, 즉 다양한 촬영 기술과 편집 작업을 통해 변형된 시간과 공간들의 세계를 만들어낼 수 있다. 뿐만 아니라, 영화에서는 수많은 오브제들도 연금술적 변형의 과정을 거쳐 고유한 생명력을 부여받는다. 즉, 영화란 여러 상황들과 사건들을 이어붙인 단순한 활동사진이 아니라 "변형된 실재들로 이루어진 마법적 세계", 그 나름의 고유한 시공간적 특성을 지니는 '살아 있는 오브제들'의 세계인 것이다.

마찬가지로 공드리에게도 영화는 꿈의 세계이자 동시에 마법의 세계이다. 그의 영화에서도 시간과 공간은 마법적 변형의 작업을 거치며, 인간과 사물을 포함한 삶의 모든 오브제들이 연금술적인 변형의 재료가 된다. 가령, 주인공은 마분지 집들과 자동차들로 가득 찬 도시 위를 날아다니고, 장난감 같은 타임머신에 의해 시간이 1초씩 미래와 과거로 이동하며(〈수면의 과학〉), 아름답고 아늑한 침실은 여주인공이 중병에 걸리자 황량하고 낡은 공간으로 빠르게 바뀌어간다(〈무드 인디고〉). 또 탁상시계가 벌레처럼 온 방 안을 기어 다니고 인물의 다리가 길게 늘어나 고무처럼 휘어지며(〈무드 인디고〉), 평범한 젊은 여자가 어느 날 갑자기 나무 의자로 변하기도 한다(《도쿄》). 요컨대 초기 영화인들에게처럼 공드리에게도, 영화는 현실을 재현하거나 스토리에 맞게 장면들을 이어붙인 단순한 구성물이 아니라 그 나름의 고유한 시간과 공간을 바탕으로 모든 오브제들이 자신만의 잠재적 생명력을 지니고 있는 세계가 된다. 영화는 단순한 상상의 세계를 넘어, 모든 오브제들이 생명을 얻고 움직이고 말하고 행동하는 세계, 즉 마법적이고 초현실적인 세계인 것이다.

초기 영화에 새겨져 있던 '영화적 매혹'을 공드리만큼 창의적으로 재현해낼 수 있는 감독은 전 세계 어디에서도 찾아보기 힘들다. 시네아스트 이전에 그는 뮤직비디오, 광고영상, 설치미술, 비디오아트 등 다양한 예술의 영역을 자유롭게 넘나드는 '아티스트'이며, 최첨단 몰핑 기법에서부터 수작업에 가까운 로우테크 기법까지 다양한 영화 기술을 자유자재로 활용할 수 있는 전천후 '테크니션'이다. 더불어, 그의 영화는 꿈과 실재, 상상과 현실 사이의 경계가 지워져 있는 초-현실의 세계일 뿐 아니라, 지각과 기억과 상상 사이를 부단히 오가는 정신적 이미지의 세계이기도 하다. 자유롭고 창의적인 그의 영화가 이후로 얼마나 더 새로운 세계를 보여줄지, 얼마나 더 독창적인 상상과 기발한 영상들을 보여줄지는 아무도 예측할 수 없을 것이다.

당신이 사랑하던 사람 중 한 명이 살해당했는데,
그게 아무렇지도 않은가요?
그 미지인이 죽고 나서 3일간
자동차랑 소지품이 다 그대로 있었는데
아무도, 심지어 애인조차 죽은 사실을 몰랐어요.
[…]
죽어가던 사람이 느꼈을 고독에 대해 상상해보았나요?

호수의 이방인

L'inconnu du Lac(2013)

●

죽음을 위한 섹스

이 영화는 불편하다. 혹시라도 어쩔 수 없이 극장용 영화와 비극장용 영화를 구분해야 한다면, 대부분 이 영화를 비극장용 영화로 분류할 것이다. 일차적으로는 지나치게 과감한 섹스신들 때문이다. 남성의 성기 노출은 기본이고 오럴섹스와 남성 사정을 포함한 다양한 성행위 장면이 여과 없이 그대로 스크린 위에 펼쳐진다. 준-포르노 내지는 에로물 등급 판정을 받아도 (그런 판정을 조롱하려는 의도였겠지만) 무방해 보인다.

하지만 진짜 불편한 이유는 따로 있다. 사실적인 혹은 과감한 섹스신 연출은 하나의 미끼일 뿐이다. 어두운 객석에 던져진 그 미끼를 물고 스크린 속으로 따라 들어가면, 어느새 욕망과 고독의 낭떠러지까지 다다라 존재의 가장 깊은 밑바닥으로 떨어지게 된다. 산다는 것은 얼마나 힘겨운 일인가? 욕망한다는 것은 얼마나 외로운 일인가? 욕망하며 살 수밖에 없는 인간은 그러므로 얼마나 쓸쓸한 존재인가? 욕망의 끝에는 결국 죽음만이 도사리고 있다는 잔인한 진실을 냉정하게 도려내 보여주는 이 영화는 우리를 정말 불편하게 만든다. 욕망과 고독 그리고 죽음이라는 삶의 본질을 뿌리까지 후벼파서 우리에게 던져주고 있는 것이다.

호수, 바깥의 내부

영화 〈호수의 이방인〉에는 정말로 호수라는 단 하나의 장소만 등장한다. 호수 인근 주차장으로 자동차가 들어오는 장면에서 시작해 호수와 호숫가, 작은 숲을 배경으로 사건들이 전개되고, 마지막 장면 역시 어두운 숲속에 혼자 남은 주인공의 모습을 비추며 끝난다. 호수라는 장소는 크게 네 영역으로 구분된다. 하루 종일 잔잔한 물결이 이는 호수와 자갈과 모래로 이루어진 호숫가, 호수를 둘러싸고 있는 작은 숲, 그리고 주차장.

영화에서 평화로워 보이기만 하는 '호수'는 실은 불안과 공포의 장소다. 막상 호수로 들어가 수영을 즐기는 이는 거의 없다. 주인공 프랑크가 물속에서 수영할 때도 물을 가르며 헤엄치는 소리만 들릴 뿐, 무음에 가까운 정적이 항상 호수를 감싼다. 영화는 틈틈이 적막한 호수 한가운데서 주변을 두리번거리는 주인공의 불안한 시선을 보여주면서, 실체를 알 수 없는 대상에 대한 막연한 공포를 강조한다. 호수를 찾는 이들 중 다수는 5미터에 달하는 거대한 메기에 대한 소문을 알고 있으며 그 메기가 사람을 해칠 수 있다고 믿고 있다. 오로지 물결 일렁이는 소리만 들리는 철저한 고립감, 언제든 죽음으로 빨려들 수 있다는 두려움. 영화 내내 호수는 그런 이미지로 실재한다.

호숫가와 주차장은 일종의 전이 공간이다. '호숫가'는 공포의 영역인 호수와 쾌락의 영역인 숲을 연결해주는 공간이고, 파트너를 찾는 이들이 서로를 관찰하거나 말을 건네며 교류를 준비하는 공간이다. '주차장'은 호수와 세상을 연결해준다. 자동차를 타고 주차장으로 진입하는 순간, 인물들은 현실의 영역에서 벗어나 호수라는 새로운 영역으로 진입하게 된다. 차를 세우고 숲에 난 오솔길을 걸으면서, 세상하고 유리된 그러나 세상 한가운데 존재하는 또 다른 세계로 들어오는 것이다. '숲'은 적극적인 구애의 몸짓과 모든 성적 행위들이 펼쳐지는 욕망과 성애의 공간이다. 전라 혹은 반라의 남성들은 서로 스치거나 만지면서 욕망을 나눌 대상을 찾고, 수풀 사이로 들어가 서로의 육체를 탐닉한다. 전작인 〈도주왕〉에서 거의 모든 정사가 숲속에서 이루어진 것처럼, 이 영화에서도 감독은 성애의 공간으로 숲을 택한다. 성애, 즉 쾌락의 추구가 문명 이전부터 존재해온 우리의 근본적 욕망이라는 점을 강조하려는 이유에서다.

그런데 호수와 호숫가, 주차장, 숲을 아우르는 이 공간 전체에 대해 좀 더 살펴볼 필요가 있다. 편의상 '호수'라고 통칭할 수 있는 이 영역은 그 내부에 모순적 요소들이 뒤섞여 있는 '이중적 공간'이다. 현실의 관습이나 질서와는 무관하게 그들만의 규칙에 따라 돌아가는 비현실적인 공간이지만, 현실에서와 똑같은 욕망, 시기, 증오, 고독이 펼쳐지는 지극히 현실적인 공간이기도 하다. 또 욕망과 성애가 자유롭게 표출되는 곳이지만 그와 동시에 개인들 사이의 깊은 단절이 심연 같은 고독을 만들어내는 곳이며, 아무 거리낌 없이 나체로 돌아다닐 수 있는 해방의 공간이면서도 그들만의 보이지 않는 규칙들이 세부적인 행동까지 통제하고 있는 구속의 공간이다. 그리고 무한한 휴식을 즐기고 마음껏 육체적 희열을 탐닉할 수 있는 생의 공간이자, 폭력과 살해의 위험에 항상 노출되어 있는 죽음의 공간이다.

나아가, 호수는 '시원始原'의 공간이자 '동시대'의 공간이
라는 점에서도 이중적이다. 일단 호수는 화면에 펼쳐지는 그
대로 일종의 원시적 공간이다. 마치 마티스의 〈생의 기쁨〉
을 연상시키는 듯한 다수의 장면들은 인간에게 내재된 원초
적 욕망이 아무런 속박 없이 솔직하게 표출되고 있는 특별
한 장소를 보여준다. 이 장소는 또한 남성과 여성, 정상과 비
정상, 중심과 주변을 나누는 사고로부터 자유로운 탈-이분
법적 공간이며, 문명 이전 혹은 문명 바깥의 세계를 지향하
는 비-문명적 공간이다. 하지만 그와 동시에 호수는 지극히
현대적인 공간이기도 하다. 그것은 나름의 세세한 규칙들 때
문도 아니고, 언제든 경찰과 헬기 같은 문명의 수단들이 개
입할 수 있는 공간적 인접성 때문도 아니다. 호수는 철저하
게 유리된 개별자들이 수시로 모여들었다가 흩어지는 임의
의 집산지集散地라는 점에서 동시대적이다. 자유로운 욕망의
추구 너머로 극도의 단절감과 고독이 지배하고 있는, 바로
이 시대의 공간인 것이다. 이에 대해 좀 더 이야기해볼 필요
가 있다.

동시대의 미지인들

잠깐 영화의 우리말 제목에 대해 짚고 넘어가자. 〈호수의 이
방인〉이라는 우리말 제목은 본래 프랑스어 제목과 작지만
중요한 차이를 갖는다. 프랑스어 제목 'L'inconnu du lac'은
정확히 번역하면 '호수의 미지인'에 해당한다. '이방인'을 가
리키는 프랑스어는 'inconnu'가 아니라 'étranger'다. 이 같
은 오류는 영화의 영어 제목인 'Stranger by the Lake'를 그
대로 우리말로 옮기는 과정에서 발생했을 수도 있고, 아니
면 '이방인'과 '미지인'의 차이가 대수롭지 않다고 여긴 판단

에서 비롯되었을 수도 있다. 어찌 됐건, 영화의 내용과 주제에 비추어볼 때 '미지인inconnu/unknown'에서 '이방인étranger/stranger'으로의 변환은 생각보다 더 큰 문제를 낳는다(실제로 이 영화를 본 국내 관객 중 상당수가 주요 인물 중 누가 '이방인'일까 하는 질문에 집착했다는 사실이 이를 입증한다). 영화의 핵심은 어디까지나 그들 '모두가 미지인'이라는 사실에 대한 자각에 있기 때문이다. 호수를 찾는 모든 이들이 서로에게 단지 미지인이라는 사실, 친밀한 대화를 주고받고 격정적인 섹스를 나눠도 끝까지 서로에게 '모르는 사람'일 뿐이라는 사실에 대한 뼈아픈 자각 말이다.

영화에서 호숫가와 숲에 흩어져 있는 많은 남성들은 서로로부터 철저하게 유리된 단독자單獨者들이다. 대부분 전라로 호숫가에 누워 느긋하게 휴식을 취하거나 한가로이 수풀 사이를 걷고 있지만, 그들의 시선은 끊임없이 움직이면서 욕망을 나눌 상대를 찾는다. 그러다 눈빛이 교환되면 수풀 너머나 나무 밑에서 정사를 나누고 다시 제자리로 돌아온다. 이름도 모르고 정체도 모른 채, 그렇게 욕망과 육체를 교환한 후 아무 일 없었던 것처럼 헤어지는 것이다.

호수를 지배하는 이 보이지 않는 룰에 적응하지 못하는 앙리는 그래서 호수의 무리들로부터 따로 떨어져 혼자만의 시간을 보낸다. 왜 사람들에게 다가가 함께 섞이지 않느냐는 프랑크의 질문에 "미지인들inconnus과는 어울리고 싶지 않기 때문"이라고 대답한다. 또 미셸에게 살해당한 남자에 대해서도 호숫가 사람들은 하나같이 그를 '모르는 사람inconnu'이라고 얘기한다. 호수라는 장소를 매개로 다수가 그와 섹스를 나누거나 친교를 맺었지만, 그 누구도 그에 대해 알지 못하는 것이다. 희생자의 종적에 대해 조사하던 수사관은 마침내 분노를 터뜨린다. 함께 사랑을 나누던 사람 중 한 사람이 살해당했는데 어떻게 다들 그렇게 아무렇지도 않느냐고. 그의 소지품이 해변에 며칠씩 남아 있는데 누구도 그의 행방에 대해 알려 하지 않느냐고. 그의 분노는 거짓된 변명을 거듭하는 프랑크와의 대화 중 나왔지만, 실상은 호수의 모든 이들을 향하는 것이다.

수사관의 말처럼, 호수는 모두가 서로를 잘 알 수밖에 없는 아주 작은 세계다. 하지만 아무도 서로에 대해 알지 못한다. 영화에서 여러 인물의 입을 통해 되풀이되는 것처럼, 그들은 서로 '모르는 사람들'일 뿐이다. 완벽한 단절이 지배하는 세계. 절대 고독의 세계. 호수는 바로 동시대의 이 세계 자체다. 서로 무수히 접촉하고 교류하면서도 결국은 각자 혼자만의 인생을 살아가는 '지금 이곳'에 다름 아닌 것이다.

호수가 세상으로부터 유리된 비현실적 공간으로 보이지만 동시에 세상의 가장 본질적인 모습을 보여주는 지극히 현실적인 공간인 이유가 여기에 있다. 결국 호수에 모인 이들은 고독을 잊기 위해 섹스에 탐닉한다. 고독은 그들의 삶에 주어진 절대적 조건이며, 섹스는 일시적으로나마 그것을 잊게 해주는 수단이다. 동성애인가 이성애인가는 중요치 않다. 그들은 여러 수단 중에서 하나를 찾아 그것에 길들여져 있을 뿐이다. 찰나의 희열을 통해 지긋지긋한 고독을 위로받는 그들, 더 큰 고독을 확인하며 또 다시 누군가를 찾는 단독자들. 그들은 동시대를 살아가는 우리 자신의 모습이다. 본인조차 자신의 정체에 대해 알지 못하는 우리, 미지인들의 모습인 것이다.

에로스의 눈물

우리가 극단적 차원의 에로티즘, 필사적 차원의 에로티즘
을 인식하는 것은 우리가 인간이기 때문이며, 우리가 죽음
의 암울한 전망 속에서 살고 있기 때문이다.
— 조르주 바타이유, 『에로스의 눈물』

이 영화는 감독이 자신의 성적 정체성을 탐구하는 영화가
아니다. 기로디의 필모그래피를 고려해볼 때 그 단계는 진즉
에 넘어섰다. 이 영화는 인간의 욕망 그 자체에 대한 탐구이
며, 더 정확히는 에로티즘과 죽음에 관한 질문이다. 영화는
우선 세 명의 주인공을 전면에 내세우면서 욕망에 대한 세
가지 상이한 태도를 뚜렷하게 부각시킨다.

프랑크는 욕망을 추구하지만 그것에 들러붙어 있는 고독
을 견디지 못한다. 그는 미셸의 육체를 갈망하는 동시에 그
와 일상을 함께하길 원한다. 욕망이 곧 고독이라는 사실을
받아들이지 못하고 사랑이라는 환상을 만들어 욕망하기의
고독을 덮으려 하는 것이다. 앙리는 고독을 받아들이면서 욕
망 자체로부터 자유로워지려 한다. 그는 호숫가 저편(이성애
자들과 가족)에도, 이편(동성애자들)에도 속하지 않은 채 매일
똑같은 장소에 앉아 혼자만의 시간을 즐긴다. 하지만 그 역
시 결코 욕망에서 자유롭지 못하다. 일견 세상의 모든 욕망
으로부터 벗어난 것처럼 보이지만, 프랑크에게 정신적 사랑
을 느끼면서 매일 그가 곁에 오길 갈망하기 때문이다. 그는
욕망의 끝에 죽음이 도사리고 있다는 사실 또한 알고 있으
며, 결국 용기를 내어 스스로 죽음에 다가간다. 그가 죽어가
면서 프랑크에게 "마침내 찾던 것을 얻었다. 그것은 고통이

다"라고 말한 것은 욕망의 끝이자 고통의 끝인 죽음에 이르렀다는 것을 의미한다.

반면, 미셸은 욕망에 전적으로 충실하면서 그에 따른 고독도 기꺼이 받아들이는 듯 보인다(물론, 진실은 알 수 없다. 호수 바깥에 따로 애인이 있을 수도 있고 심지어 한 가정의 가장일 수도 있다). 성적 매력이 넘치는 외모를 무기로 호수의 남성들과 원하는 대로 욕망을 충족하지만, 개인적 삶의 영역은 철저히 지키려 한다. 누구의 접근도 허용하지 않으며, 누군가 자신의 영역을 침범하면 폭력도 마다하지 않는다. 적어도 호수라는 공간 안에서는 욕망을 추구하는 동시에 고독도 완벽히 통제하는 것이다. 하지만 그는 너무 깊이 들어갔다. 욕망의 핵심인 에로티즘의 희열과 죽음을 부르는 폭력의 희열이 원초적인 동질성을 지닌다는 것을 체험으로 알아차렸기 때문이다.

결국 〈호수의 이방인〉은 욕망과 고독에 관한 영화일 뿐 아니라, 더 근본적으로는 '에로티즘'(성애)과 '죽음'에 관한 영화다. 잠시 바타이유의 얘기를 상기해보자. 그에 의하면, 인간은 이미 선사시대부터 에로티즘에 눈을 떴다. 동물의 교미 행위와 달리 인간의 성행위는 번식이라는 무의식적 목적 외에도 '쾌락'이라는 의식적 목적을 갖는다. 인간은 쾌락이라는 궁극의 목적을 추구하기에 발정기가 아닐 때에도 수시로 섹스를 시도한다. 에로티즘이란 바로 수단이 아닌 목적으로서의 성적 욕망, 혹은 쾌락이라는 단 하나의 목적을 위해 성에 탐닉하는 행위를 가리킨다.

그런데 바타이유는 선사시대의 라스코 동굴 벽화를 예로 들면서 에로티즘과 죽음이 깊은 연관을 지닌다고 강조한다. 벽화 중 하나에 들소가 배 밖으로 창자를 드러낸 채 죽어가고 그 옆에 한 남성이 발기된 성기를 하고 누워 있는데, 이는 무엇보다 '에로티즘'과 '죽음'이라는 두 금기, 즉 초기 노동 사회가 노동생활의 장애물로 설정했던 대표적인 두 금기를 상징적으로 표현한 것이라 할 수 있다. 또 거기에는 에로티즘의 추구와 죽음의 추구(폭력, 살해)가 금기에 대한 '위반'과 그 위반에 따르는 '희열'을 원초적 동질성으로 내포하고 있다는 사실도 드러나 있다. 더 나아가, 벽화는 에로티즘이 주체의 일시적인 자아 상실과 의식의 소멸 같은 내적 체험을 동반한다는 사실, 그래서 그 안에 소위 '작은 죽음petite mort'의 경험을 내포하고 있다는 사실도 암시하고 있다. 자아 상실이나 의식의 소멸의 절정은 결국 죽음이기 때문이다. 이러한 주장은 프로이트가 말한 '에로스Eros/타나토스Thanatos 본능'이라는 주장과도 겹치는데, 프로이트에 따르면 인간을 포함한 모든 생명체(유기체)는 무기질 상태로 되돌아가고자 하는 죽음 본능을 세포 하나하나에 새기고 있다. 즉, 죽음 본능(타나토스 본능)에는 모든 긴장이 소멸될 때 느낄 수 있는 절대적 쾌락이 무의식 상태로 내재되어 있으며, 그 쾌락이야 말로 에로스 본능이 추구하는 '소멸'의 쾌락의 궁극적 형태인 것이다.

〈호수의 이방인〉의 마지막 부분에서 주요 인물들의 행동은 이런 맥락에서 이해 가능하다. 먼저, 프랑크는 모든 살인의 목격자인 자신을 죽일지도 모르는 (아니 죽일 것이 거의 확실한) 미셸을 향해 스스로 나아간다. 처음엔 자신을 쫓는 미셸을 피해 어둠 속에 숨어 있었지만, 그의 목소리가 들리지 않자 스스로 그의 이름을 부르며 찾아나서는 것이다. 이 같은 프랑크의 행동은 단지 욕망에 따라붙는 고독을 견디지 못해서라고 보기 어렵다. 그는 이미 죽음의 매혹에 유혹당했고, 압도당했다. 고통과 소멸에 대한 두려움에서 벗어나 에로티즘의 또 다른 국면인 죽음, 완전한 소멸이자 무기질로의 회귀인 죽음에 스스로 끌려들어가는 것이다. 이 부분은 명백하게 아피찻퐁 위라세타쿤Apichatpong Weerasethakul의 〈열대병Tropical Malady〉(2003)의 마지막 시퀀스를 떠올리게 한다. 원시의 숲을 배경으로 펼쳐지는 긴 논버벌 퍼포먼스 끝에 결국 인간이 무릎을 꿇고 네 발로 기어가 호랑이 유령에게 자신의 피와 심장을 바치겠노라고 선언하는 그 장면 말이다("유령, 너에게 줄게. 내 영혼, 내 육체… 그리고 내 기억과 내 피 모두를"). 에로티즘의 매혹과 죽음의 매혹이 일치하는 순간. 죽음의 공포가 죽음의 매혹으로 전환되는 그 전율의 순간!

또 다른 주인공인 앙리의 행동도 같은 맥락에서 이해 가능하다. 그는 스스로 에로티즘의 유혹에서 벗어났다 생각했지만 사실 그것의 극단을 쫓고 있었다. 영화 말미에서 그는 죽음을 통해 단번에 그것을 체험한다. 스스로 유도한 살해를 통해, 극한의 신체적 고통과 완전한 자아 소멸의 희열을 동시에 경험하는 것이다.

한편 미셸은 에로티즘에 전적으로 몰두하는 인물이자 그것의 가장 적극적인 수행자다. 그는 에로티즘의 희열과 죽음의 희열이 근본적인 동질성을 지닌다는 것을 알고 있으며, 그 희열을 위해 폭력과 살해 행위도 서슴지 않는다. 그가 행하는 연쇄 살인은 단지 자신의 삶의 영역을 지키기 위해서가 아니라 폭력(살해)이 가져다주는 극단의 쾌락, 즉 가장 엄격한 금기의 위반이 불러일으키는 궁극의 쾌락을 맛보기 위해서이다. 특히, 영화 초반 호수에서 유희를 즐기다 갑자기 자신의 애인을 살해하는 첫 번째 살인에는 금기에 대한 위반으로서의 쾌락이 상당 부분 개입되어 있다. 나머지 두 살인이 자신을 지키기 위한 행위라 볼 수 있는 것에 반해, 이 첫 번째 살인에는 뚜렷한 이유나 목적보다 극단적인 위반의 쾌락을 맛보려는 충동이 더 강하게 새겨져 있다.

어찌 됐든, 이 모든 인간 군상을 바라보는 기로디의 시선은 담담함을 넘어 처연하다. 인간은 욕망의 노예일 뿐 아니라 성애의 노예라는 사실, 누구는 거리를 두고 누구는 환상을 씌우고 누구는 극단으로 파고들지만 어느 누구도 욕망과 성애로부터 자유롭지 못하다는 사실에 대한 씁쓸한 자각이 영화 전체를 맴돈다. 삶은 잠깐의 희열을 위해 견뎌야 하는 길고 긴 권태일 뿐이라는 것, 잠깐의 상실과 소멸 후 돌아오는 것은 또 다시 고독과 공허뿐이라는 것을 기로디는 비정할 만큼 차가운 어투로 들려준다. 영화에는 온통 관능과 성애가 넘쳐흐르지만, 그 이면에서는 비할 데 없는 존재의 고독이 동시대 미지인들 한 사람 한 사람을 에워싸고 있다.

알랭 기로디

Alain Guiraudie, 1964~

●

소수집단의 영화를 위하여

알랭 기로디는 1964년 프랑스 남서부 아베롱 주州의 소도시 빌프랑슈-드-루에르그에서 농부의 아들로 태어났다. 아베롱은 사방이 육지로 둘러싸인 내륙 지방으로, 프랑스의 전통적 생활양식이 거의 그대로 보존되어 있는 지역이다. 한적하고 정체된 분위기의 이 전형적인 프랑스 지방에서 기로디는 만화, TV드라마, 장르영화 등 대중문화에 푹 빠진 채 청소년기를 지낸다. 몽펠리에 대학에 입학한 후로는 급진적 사회주의에 경도되어 사회변혁 운동에도 적극적으로 참여한다.

정규 영화 교육을 전혀 받지 않고 독학으로 영화를 공부한 그는 1990년부터 단편영화를 만들기 시작하지만 이렇다 할 성과를 거두지 못한다. 2001년 수정주의 서부극 형식에 철학적 우화를 담은 단편영화 〈가난뱅이를 위한 태양*Du Soleil pour les gueux*〉이 평단의 호평을 받고, 노동자들의 현실을 독창적 형식으로 풀어낸 중편영화 〈오래된 꿈*Ce vieux rêve qui bouge*〉*이 칸영화제에 출품되면서 프랑스 영화계의 기대주로 떠오른다. 특히 〈오래된 꿈〉은 신인 감독들의 영예인 장비고 상을 수상할 뿐 아니라, 고다르로부터 그해 "칸영화제 출품

욕망과 사랑과 섹스와 죽음에 대해 말할 때마다,
나는 항상 사물들의 실제 상태에 근거하려 애썼다.
아주 기이한 어떤 것을 보여주려 할 때조차도.

작 중 최고작"이라는 찬사를 받기도 한다.

2003년 기로디는 오랜 구상과 준비 끝에 내놓은 장편 데뷔작 〈용감한 자에게 휴식은 없다*Pas de repos pour les braves*〉로 프랑스 영화계에 일대 센세이션을 일으킨다. 그의 고향인 프랑스 남서부 지역을 배경으로 평범한 세 청년의 일상과 모험을 그린 이 영화는 꿈과 현실, 삶과 죽음, 실재와 환상 등의 경계를 자유롭게 넘나들고 온갖 장르의 공식들을 비틀고 뒤섞으면서 여태껏 볼 수 없던 전혀 새로운 영화 유형을 제시한다. 이후, 그는 다소 평이했던 영화 〈때가 되었다*Voici venu le temps*〉(2005)를 거쳐 세 번째 장편영화 〈도주왕*Le Roi de l'évasion*〉(2009)을 발표하는데, 이 영화 역시 파격적인 내용과 기발한 형식으로 커다란 화제를 낳는다. 마이너리티 정서를 전면에 내세우면서 동성애를 포함한 모든 비주류적, 주변부적 삶의 모습들을 하나의 보편적인 삶의 양태로 구현해냈고, 욕망과 관계에 대한 심오한 탐구를 유머러스하면서도 진지하게 풀어냈다.

2013년 기로디는 네 번째 장편영화 〈호수의 이방인〉으로 그해 가장 뜨거운 프랑스 영화감독이 된다. 두 남성의 키스 장면을 그림으로 표현한 영화 포스터는 프랑스 여러 지역에서 배포 금지되었고, 칸영화제에서도 격렬한 찬반 논쟁을 불러일으켰다. 호숫가라는 한정된 공간을 배경으로 남성들의 욕망과 고독을 집요하게 파고든 이 영화는 여과 없이 표현되는 과감한 정사신들로 큰 논란을 낳았지만, 욕망과 죽음의 매혹에 지배당할 수밖에 없는 인간의 본질적 성정性情을 고밀한 긴장감 속에서 탁월하게 묘사해냈다는 평가를 받았다. 『카이에 뒤 시네마』는 '2013년 세계 영화 TOP 10'에서 이 영화를 1위로 선정해 다시 한 번 그 가치를 부각시켰다. 이후 기로디는 〈스테잉 버티컬*Rester vertical*〉로 칸영화제 본선에 오르며 또 다시 주목받는데, 전작들에 비해 참신함은 다소 떨어지지만 싱글파파(싱글맘), 동성애, 집단폭력, 지방 소외 등 동시대의 다양한 사회현상들을 꿈과 현실의 독특한 결합으로 풀어내 호평을 받는다.

기로디는 현재 자타가 공인하는 프랑스 비주류 영화의 대표 감독이다. 날로 높아져가는 명성 덕에 일정 부분 주류 영화계의 지원을 받고 있지만, 모든 영화에서 그는 기존의 영화 문법을 뒤엎고 평범과 상식을 거부하는 시도를 주저하지 않는다. 또 소외되고 단조로운 프랑스 지방 문화를 독특한 유머와 기발한 상상력이 넘치는 창조의 터전으로 바꾸어놓고 있으며, 노동자, 이민자, 서민층 등 사회 변방으로 내몰린 이들에게도 따뜻하고 애정 어린 시선을 잃지 않는다. 특히, 모든 예외적이고 주변부적인 삶의 양식으로부터 인간 존재의 본질-욕망, 고독, 죽음 등-에 대한 심오한 사유를 이끌어내는 그의 비범한 능력은 현대 프랑스 영화의 지평을 한 차원 넓혀놓았다는 평가를 받기에 충분하다.

*

알랭 기로디

리셋을 기도하다

언젠가부터 기로디에게는 '세계적 명성의 마이너리티 영화인'이라는 다소 모순적인 명칭이 꼬리표처럼 붙어 다닌다. 비주류적 감성과 주변부 문화에 대한 취향을 끝까지 밀어붙이면서도, 독창적인 상상력과 깊은 사유로 프랑스를 넘어 전 세계에 두터운 마니아층을 형성하고 있기 때문이다.

기로디의 영화는 모든 면에서 비주류 영화의 정의에 충실할 뿐 아니라 마이너리티 문화, 즉 소수집단 문화의 특성을 집약해놓은 역동적인 창작물이라 할 수 있다. 들뢰즈가 『카프카, 혹은 소수문학을 위하여』에서 강조한 것처럼, 비주류 문화 혹은 소수집단의 문화는 비주류적인 내용뿐 아니라 비주류적인 형식의 탐구에도 힘써야 한다. 아니, 정확히 말하면 형식의 파괴가 내용의 파괴를 앞서야 한다. 주류 문화는 항상 형식의 고착과 사유의 기화氣化를 모의하면서 전체를 지배하려는 경향을 띠기 때문이다. 형식의 파괴가 선행되어야 내용의 파괴가 뒤따를 수 있고, 그로부터 주류 문화의 통제에 막힌 자유로운 소통과 사유 전개가 가능해질 수 있다. 비주류 문화, 즉 소수집단의 문화는 끊임없이 기존의 형식을 파괴하면서 현재의 지배 틀을 와해시켜야 하고 흩어진 파편들을 모아 각자 고유한 방식으로 재구성해야 한다.

기로디는 형식의 파괴를 통한 지배 문화의 전복에 누구보다 적극적인 태도를 취한다. 〈용감한 자에게 휴식은 없다〉**는 그와 같은 기로디의 의지를 가장 잘 보여주는 작품이라 할 수 있다. 영화의 공간 자체가 프랑스의 중심으로부터 한참 떨어진 변방이며, 즐거움이나 역동성이라고는 눈을 씻고 봐도 찾을 수 없는 소외되고 권태로운 시골 마을들이 사건의 무대로 등장한다. 영화의 세 주인공은 이렇다 할 목표나 희망 없이 하루하루를 흘려보내는 백수에 가까운 지방 청년들이고, 기이한 망상에 사로잡혀 있거나 늙은 남자와의 사랑에 빠져 있다. 그러나 기로디는 이 무기력하고 불모에 가까운 주변부 세계를 풍요롭고 흥미진진한 상상의 공간으로 바꾸어놓는다. 미국식 장르영화와 프랑스 지방영화의 특성들을 적당히 뒤섞고, 갱스터 무비, 범죄영화, 판타지 장르를 빈번히 오가며, 꿈과 현실의 경계 또한 자유로이 넘나든다. 또 부조리극과 일상적 리얼리즘의 경향을 동시에 드러내는 재기발랄한 대사들로 소소한 재미를 만들어낸다. 나아가, 꿈속에서 만난 정체불명의 존재를 찾아나서는 바질의 이야기와 바질을 추적하는 이고르와 조니 갓의 이야기가 불연속적인 리듬으로 펼쳐지면서, 마치 여러 개의 상이한 에피소드들이 각각 다른 장르의 옷을 입고 차례로 나열되는 듯한 인상을 준다. 심지어 그 사이사이에는 이 모든 서사의 흐름으로부터 벗어나는 이질적인 장면이나 대화들이 단속적인 양태로 끼어들어 있다. 즉 인과성, 개연성, 핍진성 등 서사의 기본 원칙들이 무너져 있으며, 영화의 기본 원리인 시공간적 연속성도 철저히 파괴되어 있다. 영화는 기존의 영화 형식들에서 끊임없이 비껴나면서 주변부적인 삶의 모습과 비전형적인

**

알랭 기로디

소재를 하나의 작품으로 엮어내는, 비주류적 영화의 한 모범을 보여주고 있는 것이다.

〈도주왕〉과 〈호수의 이방인〉에서도 기로디는 기존의 영화적 구성이나 표현 방식에서 과감하게 벗어나는 시도를 이어간다. 역시 프랑스 남서부의 한적한 지역을 배경으로 하는 〈도주왕〉***은 욕망과 권태로부터, 그리고 삶의 지배적 가치들로부터 끊임없이 탈주하려는 중년 남성의 이야기를 유머러스하면서도 기상천외한 방식으로 엮어냈다. 영화에서 오랫동안 동성애자로 살아온 평범한 사십대 남성 아르망은 매력적인 십대 소녀 퀴를리를 만나 위험한 사랑에 빠진다. 자유롭지만 고독한 자신의 삶에 회의를 느끼고 그녀와 함께 도주하지만, 점차 안정되어가는 그녀와의 공존에 거부감을 느끼고 다시 그녀로부터 달아나 자신의 본래 영역으로 돌아온다. 요컨대, 동성애이건 이성애이건 안주와 정착의 삶으로부터 끊임없이 달아나고자 하는 남자의 이야기를 통해 기로디는 자신의 영화가 추구하는 방향을 암시적으로 드러낸다. 또, 한 치 앞도 예상할 수 없는 비전형적인 상황들의 나열과 주류 문화에 대한 다양한 희화화戱畵化도 마이너리티 영화에 대한 그의 의지를 읽을 수 있게 해준다.

***

〈호수의 이방인〉에서는 주변부적 삶에 대한 감독의 또 다른 비전이 강렬한 방식으로 구현된다. 남성 동성애에 대한 직접적인 묘사가 크고 작은 논란을 일으켰지만, 영화의 주된 의도는 그러한 소모적인 논쟁보다 흔히 '주변부적'이라 간주되는 삶의 양태에도 인간 모두에게 공통되는 본질적 요소들이 내재되어 있다는 사실을 강조하는 데 있다. 욕망과 죽음의 매혹에 지배당하면서도 깊은 단절감과 고독에 시달리는 인물들의 모습을 통해 인간의 본질과 삶의 조건들에 대한 무거운 화두를 던지고 있는 것이다. 양식적으로도 필름 느와르와 스릴러 장르의 요소들을 적절히 섞어 강한 긴장감을 만들어내고, 거기에 기존의 장르적 공식들로부터 벗어나는 새로운 시도들을 더하면서 한층 더 심화된 형식 탐구자의 면모도 보여준다.

이처럼 기로디는 모든 것이 땅속 깊이 뿌리박고 있는 듯한 내륙의 한가운데서, 혹은 어떤 변화의 바람도 가벼운 미풍으로 사라질 듯한 적막하고 단절된 장소에서, 탈속령화된 언어로 탈영토화된 사건들을 다루며 지배 문화의 와해를 시도한다. 해체되고 파괴된 지배 문화의 파편들을 끌어모아 관습과 윤리, 권위가 지배하던 현실의 재영토화, 즉 리셋을 기도企圖하는 것이다. 영화적으로도, 그의 모든 영화들이 입증하고 있는 것처럼, 비슷한 형식과 비슷한 주제만을 양산해온 정체된 프랑스 영화계의 틀에서 벗어나 모든 공식과 관습을 무너뜨리고 프랑스 영화 자체를 리셋하려는 시도를 멈추지 않고 있다.

알랭 기로디

욕망의 구심력

원을 긋고 달리면서 너는 빠져나갈 구멍을 찾느냐?
알겠느냐? 네가 달리는 것은 헛일이라는 것을.
정신 차려!
열린 출구는 단 하나.
네 속으로 파고들어갈 것!
— 에리히 케스트너, 「덫에 걸린 쥐에게」

기로디의 영화는 퀴어시네마이면서 동시에 퀴어시네마의 범주를 넘어선다. 모든 영화들에서 일관되게 동성애를 다루지만, 자신의 성적 정체성을 드러내는 것을 넘어 지극히 일반적인 사랑의 한 양태로 동성애를 표현하고 있기 때문이다. 영화에 따라 그가 자신의 성적 정체성을 끝까지 파고든다고도, 차분히 관조한다고도 할 수 있지만, 그의 영화에서 동성애는 처음부터 이성애와 조금도 다를 바 없는 평범한 한 사랑의 양식일 뿐이다.

따라서 기로디가 그의 영화에서 끊임없이 질문을 던지고 탐색하는 대상은 결코 그의 성적 정체성이 아니다. 그가 때로는 종횡무진 돌아다니고, 때로는 무겁게 침잠하면서 질문을 던지는 대상은 '욕망' 그 자체다. 성적 욕망을 포함한 모든 욕망이야말로 그의 모든 영화를 가로지르는 가장 중요한 테마 중 하나다. 아울러, 그의 영화들에서 묘사되는 모든 욕망의 이면에는 지긋지긋한 고독이 찰싹 달라붙어 있다. 아니, 욕망과 고독은 그 자체로 하나이자 둘인 무엇, 떼어낼 수도 지워버릴 수도 없는 하나의 동일체이다.

〈도주왕〉의 주인공 아르망은 그래서 영화 내내 죽어라고 도망다닌다. 처음에는 자유와 동시에 고독을 의미하는 욕망으로부터 벗어나기 위해, 그리고 난생처음으로 여성과 결합하며 하나가 아닌 둘이 되기 위해 산을 넘고 개울을 건너 사람들에게서 도망친다. 나중에는 커플의 삶에 새겨져 있는 또 다른 형태의 욕망/고독으로부터 벗어나기 위해 다시 그 정주定住의 삶으로부터 도망쳐 나온다. 그러고는 '성욕 증대의 뿌리'가 심어져 있는 욕망의 숲으로 돌아와 다시 남자들과 사랑을 나눈다. 마치 욕망의 끈에 발목이 묶인 포로처럼 일정한 영역 안에서 돌며 도망치다가 결국 제자리로 돌아오는 것이다.

마찬가지로 〈호수의 이방인〉의 주인공 프랑크도 욕망의 유혹과 욕망으로부터의 탈출 사이에서 끊임없이 갈등한다. 전작과 다른 점은, 스스로 원해서 벗어나려 하는 것이 아니라 죽음이 하나의 전제 조건처럼 주어지면서 욕망을 단념할 수밖에 없는 상황에 처하는 것. 그러나 몇 번의 기회가 주어짐에도 불구하고 그는 욕망의 공간에서 벗어나지 못한다. 스멀스멀 밀려오는 살인의 공포에도 불구하고, 끝내 욕망의 손길을 뿌리치지 못한 채 그 안에 스스로를 가둬버린다. 그 역시 욕망의 구심력에 발이 묶인 것처럼, 죽음의 그림자가 선명하게 드리워진 욕망의 유혹으로부터 끝내 헤어나지 못하는 것이다.

이를 표현하고 있는 두 영화의 미장센도 인상적이다. 〈도주왕〉에 등장하는 대부분의 도주 신들에서 주인공은 줄곧 프레임에 갇혀 있다. 열심히 도망치고 있지만 단지 프레임 안의 어느 지점에서 다른 지점으로 옮겨가고 있을 뿐이다. 특히 퀴를리로부터 다시 도망치는 신에서, 그는 하나의 프레임 안에서 도무지 벗어나지를 못한다. 전속력으로 달리고 있

알랭 기로디

지만 같은 속도로 달리며 촬영하는 카메라 때문에, 마치 제자리걸음하듯 프레임의 한구석에서 끊임없이 발을 구르고 있다. 〈호수의 이방인〉에서도 인물들은 호수와 호수를 둘러싼 숲에 영화 내내 갇혀 있다. 영화가 끝날 때까지 다른 장소는 전혀 등장하지 않으며, 특히 주인공은 살인 사건 후 모두가 호수를 떠났음에도 욕망의 자력磁力에서 벗어나지 못하고 홀로 남아 호숫가와 숲을 떠돈다. 세상으로부터 유리된 그 공간에 영원히 갇힌 채 서서히 다가오는 죽음의 시간을 기다리고 있는 것이다.

기로디의 영화 속 인물들은 이처럼 모두 잔인한 덫에 걸려 있다. 그 덫은 욕망일 수도 있고, 생生 자체일 수도 있다. 중요한 것은, 결코 그 덫에서 벗어날 수 없다는 것. 도망치려 발버둥치고 질주해보지만 결국은 항상 제자리로 돌아온다는 것.

11
Leos Carax
Holly Motors

"연기를 계속하는 이유가 뭔가요?"
"처음 시작할 때부터 늘 몸짓의 아름다움 때문이죠."

홀리 모터스

Holly Motors(2012)

●

영화, 그 성스러운 꿈의 기계

영화가 시작되면 어둠 속에 잠들어 있는 관객들의 모습이 정면으로 보인다. 맞은편 스크린에서는 자동차 소리, 발자국 소리, 뱃고동 소리 등 온갖 소음이 들리고, 곧이어 남자의 연이은 외침("안 돼")과 함께 두 발의 총성이 울린다. 장면이 바뀌자, 호텔 방에 웅크려 누워 있던 한 남자가 마치 영화 소리 때문에 잠에서 깬 듯 갑자기 일어난다. 그리고 방 안을 둘러보다가 벽지로 가려진 문을 찾아내고 문을 열어 벽 너머로 건너간다. 벽 너머의 세계는 다시 극장이다. 이전 장면에서의 영화가 그대로 상영되고 있고, 동일한 관객들이 객석에 잠들어 있다. 잠시 후, 영화의 본편이 시작된다.

영화, 사라져가는 성스러운 꿈

이 강렬한 느낌의 프롤로그에는 이미 많은 의미가 함축되어 있다. 언뜻 낯설고 모호해 보이지만, 감독은 영화의 주제와 관련된 암시들을 다양한 방식으로 배치해놓았다. 일단, 첫 번째 장면과 두 번째 장면의 절묘한 교차는 '영화는 꿈'이라는 오래된 테제를 상기시킨다. 관객들은 잠들어 있지만 동시에 꿈을 꾸고 있는지도 모른다. 방 안의 남자도 같은 꿈을 꾸고 있었을 것이다. 또, 두 번째 장면에서 남자가 드라이버로 변한 손가락으로 벽에 난 구멍을 돌려 열고 극장으로 들어가는 설정은 이후에 펼쳐질 영화의 모든 이야기들이 그가 꾸는 꿈의 내용일 수도 있다는 것을 암시한다. 영화 엔딩크레디트에 그를 '꿈꾸는 자dormeur'로 표기한 것과 감독인 카락스가 직접 그 역을 연기한 것도 같은 맥락에서다.

하지만 그 꿈은 어쩌면 '외면받는 꿈'일 수도 있다. 영화 속 관객들은 정말로 상영되고 있는 영화가 재미없어서 잠든 것일 수 있다. 스크린에서 흘러나오는 "안 돼, 안 돼, 안 돼"의 외침, 그리고 영화의 본편에서 여러 방식으로 표현되는 영화의 몰락이라는 현실은 어느덧 영화가 재미없고 뒤떨어진 장르가 되어버렸다는 절망적 인식을 나타내고 있다. 즉 영화 〈홀리 모터스〉는 외면받는 꿈으로서의 영화를 바라보는 감독의 쓸쓸한 독백일 수도 있는 것이다.

그런데 이 영화에서 영화는 단지 꿈일 뿐 아니라 현실의 일부이기도 하다. 실제로 영화의 모든 에피소드에서 영화와 현실은 구분할 수 없을 만큼 서로 뒤섞여 있다. 아니, 마치 뫼비우스의 띠처럼 서로 분리하는 것이 불가능한 두 세계, 다른 것이자 같은 것인 두 세계다. 예를 들어, 주인공 오스카는 매일 여러 명의 인물을 연기해야 하는 연기자다. 그는 아침마다 전속 운전기사가 딸린 리무진에 올라 그날 연기해야 할 역할들을 지시받고 자정이 될 때까지 리무진 밖의 현실로 나가 온 힘을 다해 연기한다. 그런데 현실 속에는 다른 연기자들도 숨어 있다. 일곱 번째 에피소드에서 오스카의 조카 딸 역할을 맡았던 젊은 여성도 알고 보니 연기자였고, 우연히 만난 그의 옛 애인도 헤어진 이후로 줄곧 연기하는 인생을 살고 있다. 현실 속에서 마주치는 수많은 이들 중 누가 연기자고 누가 실제 인물인지 구분할 수 없고, 어떤 이유로 누구의 지시를 받아 매번 다르게 연기를 하고 있는지도 알 수 없다. 심지어 오스카는 거리에서 총에 맞거나 칼에 찔려 여러 번 사망하지만 다시 살아나고, 영화 초반에 자신이 맡았던 인물(은행가)을 영화 중반 거리에서 발견하고 직접 죽이기도 한다. 그러니까 현실은 현실대로, 영화는 영화대로 각자의 시간과 인과율에 따라 흘러가고 있는 것이다. 현실과 영화는 끊임없이 만났다가 헤어지면서, 같으면서도 다른 각자의 세계를 형성해간다. 마치 꿈꾸는 나와 꿈을 꾸지 않는 내가 다르지 않고, 꿈을 꾸는 시간과 꿈을 꾸지 않는 시간이 모두 나의 삶의 일부를 이루는 것과 같은 이치다.

현실이자 꿈인 영화. 혹은 현실의 일부이자 현실이 꾸는 꿈인 영화. 그런데 그 꿈은 단순한 꿈이 아니다. 비록 지금은 외면받는 꿈이 되어버렸지만, 적어도 감독을 비롯한 일부에게 영화는 현실을 버티게 해주는 꿈이자 삶을 연장해주는 그 무엇이었다. 영화의 마지막 에피소드는 특별한 꿈으로서의 영화의 의미를 은밀하게, 그러나 절실하게 암시한다. 주인공 오스카는 리무진 안에서 오늘 마지막으로 연기할 역이 적힌 책자를 건네받는다. 거기에는 "당신 집", "당신 아내, 딸들"이라는 설명과 함께 사진이 실려 있다. 이윽고 리무진은 똑같은 모양의 집들이 일렬로 늘어서 있는 주택가로 들어선다. 그때, 영화의 오프닝크레디트에도 삽입되었던 에티엔-쥘 마레Etienne-Jules Marey의 크로노포토그라프chronophotographe 이미지가 다시 등장한다. 벌거벗은 남자가 무언가를 열심히 끌어당기고 있는 모습을 찍은 아주 짧은 동영상이다. 영화라는 매체의 탄생을 가져온 그 '운동-

이미지'. 움직이는 실재의 재현이라는 인류의 오랜 꿈을 실현시킨 짧은 필름. 다시, 단조롭기 그지없는 주택가 풍경이 펼쳐지고 오스카가 들어간 집의 창문 사이로 평범한 실내와 유인원類人猿의 외양을 한 아내와 딸이 보인다.

일상의 단조로움을 극대화시켜 보여주고 있는 이 마지막 에피소드에서 마레의 크로노포토그라프 이미지는 그 짧은 출현만으로도 섬광처럼 번쩍이는 의미를 표출한다. 끝없는 일상의 권태를 버틸 수 있게 해주는 것은 오직 영화뿐이라는 것. 현실이기도 하고 꿈이기도 한 영화만이 끊임없이 반복되는 삶의 시간들을 잠시나마 매력적으로 만들어줄 수 있다는 것. 적어도 지난 한 세기 동안 영화는 인류를 꿈꾸게 만들고 삶을 풍요롭게 만들어준 특별한, 혹은 '성스러운' 꿈이었다는 것.

영화적 매혹의 기원을 찾아서

그렇다. 오랫동안 영화는 우리에게 지난한 현실을 견디게 해주는 위로의 속삭임이자 매력적인 꿈이었다. 거창한 주제를 내세우기 전에, 흥미로운 이야기로 무장하기 전에, 영화는 그것의 '움직이는 이미지'만으로도 우리를 매혹시켰고 잠시나마 현실의 시간들을 잊게 해주었다. 거기에는 전혀 다른 세상이 펼쳐지고 있었다. 아주 어린 나이부터 시네필이었던 카락스는 영화의 그 원초적인 매혹을 잊지 못한다. 현실의 움직임을 '기록'하고 '재현'한다는 것, 그것은 단순히 '복제 reproduction'라는 말로 설명할 수 있는 일이 아니었다. 그것은 지나간 현실을 우리 앞에 '다시 나타나게 하는 것', '다시 살아나게 하는 것'을 의미했다. 120여 년 전 영화가 처음 상영되었을 때 스크린 앞에 모인 한 무리의 관객들이 느꼈을 그 놀라

움, 그 매혹을 카락스는 무의식의 원형처럼 기억하고 있다.

〈홀리 모터스〉는 그러므로 초기 영화의 매혹을 이루었던 요소들을 찾아나서는 하루 동안의 짧은 여정이다. 앞서 언급했던 마레의 크로노포토그라프 이미지들은 그런 이유로 영화 곳곳에 삽입되어 있다. 통상적으로, 최초로 영화 상영을 실현한 뤼미에르 형제Les Lumières를 영화의 아버지로, 최초의 영화촬영기(키네토스코프Kinetoscope)를 발명한 딕슨W. K. L Dickson을 영화의 발명가로 간주한다. 그러나 이들보다 앞서 최초의 동체사진기 크로노포토그라프를 발명한 마레의 공功도 결코 간과할 수 없다. 그는 인류의 오랜 꿈, 즉 현실의 정지된 한순간이 아니라 현실의 구체적인 움직임을 재현하고자 했던 그 꿈을 비로소 실현시켰다. 그의 크로노포토그라프로 인해 인류는 현실에서 마주치는 수많은 움직임들을 재현할 수 있다는 믿음을 갖게 되었고, 그 결과 영화라는 매체를 탄생시켰다. 영화가 시작되기 전 오프닝크레디트에 삽입된, 운동하는 남자들을 촬영한 마레의 크로노포토그라프 이미지들은 영화 탄생 이전에 모든 이들을 경이驚異에 빠뜨렸던 그 숨 막히는 매력을 전해준다. 또 영화 중간과 후반에 삽입된 또 다른 크로노포토그라프 이미지들도 영화의 기원이 바로 그 이미지에 내재된 운동성에 있음을 상기시켜준다.

크로노포토그라프 이미지 외에도, 영화에는 초기 영화 내지는 고전 영화의 매력을 추억하는 요소들이 다수 포진되어 있다. 가령, 광인 이야기를 다루는 세 번째 에피소드에서는 무성영화 시대에 유행했던 아이리스 기법과 테마 음악이 사용되었고, 두 번째 에피소드에서 검은색 전신 타이즈를 입고 어깨에 긴 통을 멘 주인공의 모습은 초기 무성영화 시대의 대표작인 루이 푀이야드Louis Feuillade의 〈흡혈귀들Les

Vampires〉을 연상시킨다. 또 주인공이 옛 애인과 재회하는 에피소드는 고전 할리우드 영화의 대표 장르인 뮤지컬 장르를 취하고 있으며, 여섯 번째 에피소드에서 "몸짓의 아름다움 때문에 연기를 계속한다"는 주인공의 진술은 배우들의 몸짓 연기를 가장 중요한 표현 수단으로 삼았던 초기 무성영화의 매력을 환기시킨다.

반면, 〈홀리 모터스〉는 오늘날 영화가 처한 현실과 새롭게 변모한 영화 제작 환경에 대해 회의와 안타까움의 시선을 감추지 않는다. 3D 모션캡처 연기를 다루는 에피소드는 점점 더 자동화, 디지털화되어가는 영화 제작 방식에 대해 회의적인 시선을 드러낸다. 상대 배우도, 스태프도 없는 텅 빈 공간에서 홀로 싸우고 맞고 쓰러지는 배우, 어떤 구체적인 대상과의 교감도 필요하지 않은 연기. 또 다른 에피소드에서 주인공은 점점 더 작아지는 카메라로 인해 연기가 더 힘들어진다는 불만을 털어놓으며 언젠가는 영화를 보는 사람이 없어질지도 모른다는 불안을 표출하기도 한다. 그리고 영화 마지막에 에필로그처럼 삽입된, 불 꺼진 차고에서의 '리무진들의 대화'는 이 같은 전통적인 영화 환경과 제작 방식의 종말에 대해 진한 아쉬움을 토로하는 장면이라고 할 수 있다. 일종의 '극장'을 표상하는 리무진들은 자신들이 곧 폐기될 운명이라는 걸 직감하고 있으며 더 이상 운행하기 힘들 것이라 예상하고 있다. 무엇보다 "인간들이 더 이상 거대한 기계도, 모터도, 액션도 원치 않기 때문"이다. 이는 영화의 운명에 대한 일종의 은유라 할 수 있는데, 거대한 기계는 '영사기'를 가리키고, 모터는 '영화 카메라'를 암시하며, 액션은 '연기'를 의미한다. 크고 작은 다양한 유형의 스크린들 (TV, 모니터, 태블릿PC, 스마트폰 등)이 현대인들의 삶을 점령

하고 있는 이 시대에 전통적 방식의 영화는 점점 더 설 자리를 잃어가고 있음을 시사하는 것이다. 극장의 거대한 스크린 앞에서 느끼던 그 압도적 매혹, 배우들의 몸짓과 표정 하나하나가 전해주던 그 실재감은 이제 어렴풋한 과거의 추억처럼 희미해져가고 있다. 손가락 터치 하나로 언제든 접속할 수 있는 조그만 스크린의 편리함이 우리의 관람 방식을 지배해가고 있기 때문이다.

처음 영화의 특질을 이루던 경이로움 혹은 성스러움은 그렇게 사라져가고 있다. 영화와 함께 예술에서의 아우라 제거가 가능할 거라 믿었던 벤야민의 탐탁지 않은 예언이 결국은 적중한 셈이다. 보편적 문화 행위로서의 영화, 일상적 매체로서의 영화도 나쁘지 않을 수 있다. 하지만 카락스가 경험하고 꿈꾸어왔던 영화는 그런 것이 아니었다. 초기 영화인들에게 그랬던 것처럼, 그에게도 영화는 정의할 수 없는 무언가가 그 본질을 이루고 있는 것, 경이롭고 성스러운 무언가가 내포되어 있는 것이었다. 삶에 대한 위안을 넘어 삶보다 더 중요한 것, 삶을 살 수 있게 해주는 것이자 삶의 의미를 만들어내는 것. 그를 비롯한 시네필들에게 영화는 어쩌면 종교적 성스러움을 지닌 유일한 매체였을지도 모른다. 그러나 그 '성스러운 모터holly motors'는 이제 곧 퇴장을 눈앞에 두고 있다.

자아 편력을 위한 자기반영적 영화

나는 나를 돌아다니기 위해 글을 쓴다.
— 앙리 미쇼

카락스는 〈홀리 모터스〉에서 의식적으로 자신의 지난 영화들을 되돌아본다. 영화 곳곳에는 지난 시절 그가 만들었던 영화의 조각들이 때로는 선명하게, 때로는 은밀하게 삽입되어 있다. 가장 분명하게 드러나는 영화는 〈도쿄!〉(2008)다. 영화의 세 번째 에피소드에 〈도쿄!〉의 주인공이었던 광인 메르드가 그 모습 그대로 등장하고, 전작에서와 마찬가지로 지상과 지하(하수도) 거리들을 광기 어린 모습으로 휘젓고 다닌다. 물론 두 영화 모두에서 배우 드니 라방이 메르드의 역할을 맡고 있다. 카락스의 또 다른 대표작인 〈퐁네프의 연인들*Les Amants de Pont-Neuf*〉(1991)도 여러 차례 암시된다. 영화의 첫 번째 에피소드에서 주인공이 연기하는 센강 다리 위의 걸인 노파는 〈퐁네프의 연인들〉의 여주인공 미셸을 암시한다. 오래전에 시력을 잃어 돌과 발밖에 안 보이는 노파는 시력을 거의 잃고 거리의 노숙자로 전락했던 퐁네프의 그녀를 상기시킨다. 또 오스카가 옛 애인과 만나는 에피소드에서 이야기의 장소는 센 강변의 사마리텐 백화점인데, 〈퐁네프의 연인들〉에서도 주요 배경이 되었던 곳이다. 늦은 밤 백화점 옥상에서 내려다보이는 선명한 퐁네프 다리 풍경 역시 전작의 주요 무대였던 퐁네프 다리를 떠올리게 한다. 그밖에도, 영화 〈나쁜 피〉에서 드니 라방과 한 팀을 이루었던 노배우 미셸 피콜리가 이 영화에서도 드니 라방과 깊은 관계가 있는 인물로 등장하며, 일곱 번째 에피소드에서 주인공이 연기하는 인물의 성姓 '보강Vogan'은 〈나쁜 피〉와 〈퐁네프의 연인들〉의 주인공인 알렉스의 성 '보강'을 그대로 가져온 것이다.

영화에는 감독이 깊은 영향을 받았던 고전 영화들에 대한 암시와 인용도 산재해 있다. 회색 양복을 입은 중후한 모습의 신사가 가죽 가방을 들고 모더니즘 양식의 주택에서 나와 출근하는 첫 장면은 자크 타티Jacques Tati의 〈나의 외삼촌 Mon Oncle〉(1958)의 첫 장면을 강하게 암시한다. 또 앞서 얘기한 것처럼, 두 번째 에피소드에서 검은색 타이즈로 분장한 주인공의 모습은 푀이야드의 무성영화 〈흡혈귀들〉을 떠올리게 한다. 영화 초반 오스카가 리무진 안에서 전화로 대화를 나누는 상대의 이름 세르주는 카락스의 정신적 스승인 영화평론가 세르주 다네Serge Daney를 상기시키고, 일곱 번째 에피소드에서 죽음을 눈앞에 둔 아저씨와 여주인공이 나누는 대화 장면은 제인 캠피온Jane Campion의 영화 〈여인의 초상The Portrait of a Lady〉(1996)의 한 장면을 인물 구도만 바꿔 그대로 옮겨온 것이라 할 수 있다. 가장 흥미로운 암시는 조르주 프랑쥐Georges Franju의 영화 〈얼굴 없는 눈Les Yeux sans visage〉(1959)에 대한 것이다. 영화가 거의 끝날 무렵, 리무진의 운전기사였던 셀린은 홀리 모터스 차고에 차를 주차시키고 잠시 주위를 둘러본 후 얼굴에 푸른색 가면을 덮어 쓴다. 그리고 누군가에게 전화한 후 말없이 차고를 떠난다. 푸른 가면을 쓴 채 눈동자만 굴리는 그녀의 기이한 모습은 〈얼굴 없는 눈〉에서 다른 여성의 얼굴 피부를 떼어내 가면처럼 쓰고 다니던 젊은 여주인공의 모습과 매우 흡사하다. 셀린 역은 노배우 에디트 스콥이 맡았는데, 50여 년 전 〈얼굴 없는 눈〉에서 젊은 여주인공 역을 맡아 강렬한 인상을 남겼던 배우가 바로 그녀다.

그런데 이 영화의 '자기반영성'은 단지 감독의 지난 영화들에 대한 암시(혹은 인용)나 감독이 영향을 받았던 영화들에 대한 암시(혹은 인용)에 국한되지 않는다. 카락스는 영화에서 끊임없이 자기 자신을 되돌아보면서 떠오르는 자아의 형상들과 대면하려 애쓴다. 그런데 그 모습은 섬뜩할 정도로 자기혐오적 내지는 자기파괴적이다. 영화의 여섯 번째 에피소드에서 주인공 오스카는 알렉스라는 인물 역을 맡아 테오라는 인물을 죽이러 간다. 알렉스는 테오를 칼로 찔러 죽인 후 그의 머리를 깎고 자신의 옷을 입혀 자신과 똑같은 모습으로 만드는데, 마지막 순간에 그 역시 테오의 칼에 찔려 죽어간다. 서로 쌍둥이처럼 닮은 알렉스와 테오가 서로를 찔러 죽인 것이다. 주지하다시피, 알렉스는 카락스의 주요 영화들(〈소년, 소녀를 만나다〉, 〈나쁜 피〉, 〈퐁네프의 연인들〉)에 등장했던 주인공의 이름이며 카락스의 본래 이름(알렉스 크리스토프 뒤퐁)이기도 하다. 그의 페르소나인 배우 드니 라방이 항상 그 역을 맡았고, 따라서 알렉스라는 인물 자체가 카락스의 분신이라 할 수 있다. 이 영화에서 라방이 맡은 주인공의 이름은 오스카이지만, 결국 에피소드 중 하나에서 오스카는 알렉스가 되어 또 다른 알렉스(테오)를 죽이고 그 역시 죽임을 당한다. 또, 오스카 스스로 영화 초반에 등장했던 또 다른 오스카(은행가)를 거리에서 발견하고 달려가 죽이기도 한다.

다시 말해, 이 영화에서는 감독의 분신이라 할 수 있는 인물들이 모두 자신의 또 다른 자아를 찾아가 살해한다. 자기 자신을 죽이고 싶은 이 강렬한 욕망, 이 소름 돋는 자기 살해의 욕구. 영화마다 억눌린 욕망에 시달리는 인물들을 주인공으로 등장시켰던 카락스는 이 영화에서 자기혐오 내지는 자기파괴적 욕망에 사로잡힌 인물을 자아의 대리인이자 주인공으로 내세운다. 영화의 네 번째 에피소드에서 거짓말을 한 딸에게 아빠가 내린 벌을 기억해보라. 그 벌은 바로 "너 자신이 되는 것", "평생 동안 너 자신으로 사는 것"이었다.

카락스의 이 끔찍한 자기혐오는 어디서 오는 걸까? 영화

감독으로서 겪었던 참담한 실패 때문일까? 흥행에 실패하고 영화인들에게서조차 환대받지 못했던 몇몇 작품들, 기나긴 침묵과 은둔으로 그를 이끌었던 쓰라린 실패의 경험. 아니면, 아무리 노력해도 극복해낼 수 없는 소통의 불가능성 때문일까? 자신의 언어와 이미지를 이해하지 못하는 관객들, 자신의 영화를 사랑한 만큼 비난했던 사람들. 일곱 번째 에피소드에서 늙은 보강 씨는 죽음을 바로 앞두고 사랑과 배신으로 고통을 겪은 조카딸에게 다음과 같은 마지막 말을 남긴다. "네가 미움받았던 건 네가 사랑받았기 때문이야. 넌 사랑을 독차지했어." 어딘지 모르게 연민을 자아내는 이 대사는 사랑과 미움을 모두 견디기 힘들어했던, 사랑받는 것만큼이나 외면받았던 카락스 자신에 대한 말일 수 있다. 나아가, 사랑받았던 것만큼이나 외면받을 영화의 미래에 대한 얘기일 수 있다.

사족. 카락스는 〈홀리 모터스〉를 통해 '영화라는 꿈'에 대한 이야기로 돌아왔지만, 여전히 높고 견고한 자아의 성城 안에 스스로를 가두고 있다. 자기 자신에 대해 끔찍한 혐오를 느끼든, 애잔한 연민을 느끼든 말이다. 지난 시절 그와 함께 소위 '누벨 이마주' 시대를 이끌었던 다른 감독들처럼, 카락스 역시 자폐적이고 자궁회귀적인 경향에서 굳이 벗어나고 싶어 하지 않아 보인다. 영화 〈도쿄!〉의 축소판인 광인 에피소드는 그러한 경향을 감추지 않고 드러낸다. 한쪽 눈에 가짜 눈알을 박고 산발한 머리에 길게 손톱을 기른 흉측한 모습의 광인은 몽파르나스 묘지에서 화보 촬영 중이던 아름다운 여자 모델을 납치한다. 도시의 지하 하수도에 마련한 자궁 같은 동굴에 그녀를 데려온 그는 노출이 심한 그녀의 옷차림을 고쳐 입혀주고 스스로 옷을 벗은 후 그녀의 무릎에 누워 잠을 청한다. 여인은 자신의 무릎 위에 잠든 그를 내려다보며 영어로 자장가를 불러준다. 이 장면에서의 영어 자장가는 자연스럽게 카락스의 미국인 어머니를 연상시킨다. 또, 천으로 머리와 몸을 둘러싼 여인의 모습과 벌거벗은 채 누워 있는 광인의 메마른 몸은 죽은 예수를 안고 있는 성모 마리아의 모습, 즉 피에타 상의 형상을 떠올리게 한다. 절대적인 모정에 대한 갈망, 혹은 죽음으로써만 도달할 수 있는 영원한 안식 상태. 감독의 또 다른 자아이기도 한 광인은 누구하고도 소통할 수 없는 비정상적인 존재지만, 성욕보다는 모정을 갈구하는 아이와 같은 본성의 존재이기도 하다.

열여섯 살 때부터 나는 시네마테크에 들락거렸다.
그리고 어느 날 마치 17년 동안 잠들어 있던 것처럼
잠에서 깨어났고, 영화관에서 나의 나라를 발견했다.

레오스 카락스

Leos Carax(1960~)

●

은둔의 시간에서 돌아온 영원한 영상시인

레오스 카락스는 1960년 파리 근교 쉬렌에서 프랑스인 아버지와 미국인 어머니 사이에서 태어났다. 본명은 알렉스 크리스토프 뒤퐁Alex Christophe Dupont. 아버지는 과학 전문기자였고 어머니는 『인터내셔널 헤럴드 트리뷴』의 기자이자 영화평론가였다. 청소년 시절부터 파리의 시네마테크를 드나들던 그는 로베르 브레송의 〈불로뉴 숲의 여인들*Les Dames du Bois de Boulogne*〉(1945)을 보고 영화감독이 되기로 결심한다. 그 후, 스스로 레오스 카락스라는 예명을 만들고 무수한 영화들을 섭렵하면서 이른 나이에 이미 상당한 수준의 시네필이 된다. D. W. 그리피스, 장 비고, 장 엡슈타인 등의 무성영화를 탐구하고 고다르의 영화에 깊은 충격을 받았으며, 랭보, 보들레르, 콕토 등의 시를 꾸준히 탐독한다.

카락스는 파리 3대학 청강에서 알게 된 세르주 다네의 권유로, 열여덟 살부터 『카이에 뒤 시네마』에 '알렉스'라는 필명으로 영화평론을 기고하기 시작한다. 스무 살에는 혼자 힘으로 독특한 시적 분위기의 단편영화 〈교수형 블루스 *Strangulations Blues*〉(1980)를 제작하는데, 이 영화로 이에르 단편영화제에서 그랑프리를 수상하면서 남다른 영화적 재능을 드러낸다. 파리 3대학 영화학과에 진학해 좀 더 체계적으로 영화를 배운 그는 첫 번째 장편영화 〈소년, 소녀를 만나다Boy Meets Girl〉(1984)*를 만들어 칸영화제에 출품한다. 당시 무명의 영화감독 지망생에 불과했던 그의 영화는 이렇다 할 주목을 받지 못하고 새벽 시간대로 밀려났지만, 일군의 평론가들과 기자들이 그의 영화에 주목하면서 그만의 새로운 영화 미학이 세간에 알려지기 시작한다. 그해 11월 21일, 〈소년, 소녀를 만나다〉가 파리에서 정식으로 개봉되었고 '제2의 고다르'가 탄생했다는 찬사와 함께 영화계 안팎에 커다란 센세이션을 일으킨다.

1986년 카락스는 랭보의 시 '나쁜 피'에서 제목을 빌려온 두 번째 장편영화 〈나쁜 피Le Mauvais Sang〉(1986)**를 발표해 비평과 흥행 모두에서 커다란 성공을 거둔다. 범죄 영화의 플롯에 낭만적이고 비극적인 사랑 이야기를 얹은 이 영화는 감각적인 이미지와 시적인 대사, 풍부한 서정을 적절히 혼합한 작품으로 기존의 영화들에서 볼 수 없었던 독창적인 영화 스타일을 보여주었다. 특히 빨강, 파랑, 노랑 등 강렬한 원색의 이미지들이 도시의 무채색 배경과 대비를 이루면서

*

신비롭고 몽환적인 분위기를 만들어냈고 드니 라방, 쥘리에
트 비노슈, 미셸 피콜리의 인상적인 연기도 영화의 매력을
높이는 데 일조한다.

그러나 몇 년 후 거액의 자본이 투자되고 여러 우여곡절
끝에 완성한 세 번째 영화 〈퐁네프의 연인들 *Les Amants de Pont-
Neuf*〉(1991)***이 유럽 전역에서 흥행에 부진하면서 카락스
는 극심한 좌절을 겪게 된다. 사랑을 잃고 시력도 잃어가는
화가와 떠돌이 곡예사의 애틋한 사랑을 다룬 이 영화는 산
만한 이야기 구성과 과도한 이미지 표현으로 영화적 흡인력
을 상실했다는 비판을 받았고, 카락스 특유의 감각적이고 절
제된 분위기도 제대로 구현되지 못했다는 평가를 받았다. 관
객의 외면과 평단의 냉대에 큰 충격을 받은 카락스는 영화
계를 떠나 긴 은둔의 생활에 들어간다. 1999년 카락스는 오
랜 침묵을 깨고 허먼 멜빌의 소설 『피에르 또는 애매모호함』
을 각색한 〈폴라 *X Pola X*〉(1999)를 발표한다. 인간 내면의 어
두운 심연을 극한까지 파헤치는 이 영화는 실재와 환상을
오가는 독특한 구성과 파격적이고 강렬한 영상으로 자크 리
베트 등 일부 영화인들의 전폭적인 찬사를 얻어냈지만, 대부
분의 관객들은 난해한 서사와 과도한 영상 표현에 큰 실망

**

을 표명한다. 참패에 가까운 흥행 성적을 거둔 카락스는 또다시 깊은 절망에 빠지면서 영화계를 떠난다.

그 후 10여 년 동안 카락스는 이렇다 할 활동 없이 영화와 일정한 거리를 둔 채 지낸다. 간혹 영화제에 모습을 드러내고 다국적 옴니버스 영화 〈도쿄!Tokyo!〉(1986)에 참여하기도 했지만, 자신의 영화는 만들지 않은 채 조용히 은둔 생활을 보낸다. 2012년 카락스는 저예산으로 만든 디지털 영화 〈홀리 모터스Holy Motors〉로 컴백하는데, 예상보다 더 큰 찬사를 받고 준수한 흥행 성적을 거두면서 기적적으로 재기에 성공한다. 영화의 본질과 영화적 매혹의 근원을 담담히 돌아보는 이 영화에서 카락스는 과거 누벨 이마주 시기의 감각적이고 화려한 이미지 대신 담백하고 절제된 이미지를 택했고, 아홉 개의 짧은 에피소드를 나열하는 단순한 서사 방식을 취했다. 또 비극적 사랑이나 자의식 과잉의 이야기에 몰두하기보다는 자신의 지난 영화들과 고전 영화들을 편력하면서 점점 사라져가는 영화의 매력을 되돌아보는 데 초점을 두어 잔잔한 감동을 이끌어냈다.

***

레오스 카락스

미성년은 성년이 되기를 거부한다

카락스의 영화에 등장하는 주인공은 대부분 미성숙한 청년들이다. 신체적으로는 성년기에 접어들었지만, 정신적으로는 유아기와 청소년기, 청년기 사이에서 방황한다. 이 다 자란 미성년들은 의식적으로 성인 세계로의 진입을 거부한다. 그들에게 성인 세계란 음모와 위선으로 가득 차 있고 이기주의와 배신이 지배하는 곳일 뿐이다. 카락스의 영화에서 성인들은 끊임없이 온갖 미사여구를 동원해 서로를 속이며 개인의 이익을 위해 언제든 상대를 버리거나 파산시킨다. 또 영원한 사랑을 약속하던 연인조차 어느 날 갑자기 개인의 삶을 위해 배신하고 떠난다. 이에 비해, 미성년들의 세계는 순수하고 생동적이며 진실하다. 〈나쁜 피〉의 알렉스나 리즈가 보여주는 것처럼, 비록 자기 자신을 잃더라도 자신이 믿는 것(사랑)을 위해 끝까지 최선을 다한다. 이 때문에, 우연히 성인 세계에 발을 들여놓은 미성년 주인공들은 결국 실패하거나 추방당한다. 〈소년, 소녀를 만나다〉의 미레이유와 〈나쁜 피〉의 알렉스가 '죽음'으로써 영원히 그 세계로부터 격리되고, 〈퐁네프의 연인들〉의 알렉스와 미셸이 파리라는 성인들의 세계에서 끝내 도망쳐 나오는 것이 그 예다.

카락스의 영화적 자아(페르소나)인 배우 드니 라방은 그의 모든 영화에서 성인 세계를 거부하는 자발적 미성년의 모습을 완벽하게 구현해낸다. 아이도 어른도 아닌 그의 작은 체형과 거칠면서도 천진난만한 얼굴 표정은 미성숙한 청년의 캐릭터를 탁월하게 수행해낼 수 있는 자산이다. 〈소년, 소녀를 만나다〉를 구상하던 시절 카락스는 자신의 의도와 작품의 주제에 맞는 배우를 찾아 6개월 동안 헤맸는데, 긴 탐사 끝에 어느 배우소개소에서 우연히 드니 라방을 발견한다. 왜

소한 체격이지만 금방이라도 튀어 오를 듯한 에너지와 울퉁
불퉁한 면들로 이루어진 각진 얼굴, 헝클어진 머리칼 아래
원시인처럼 튀어나온 이마 등은 라방을 그 어떤 프랑스 영
화에서도 찾아보기 힘든 독특한 인상의 배우로 만들어주었
다. 또 여전히 소년의 모습이 남아 있는 반항적인 외모와 날
렴한 몸짓, 순수하면서도 자폐적인 이미지 등은 카락스 영화
만의 독자적인 분위기를 창출하는 데 큰 역할을 한다.

한편, 성인 세계로 진입하거나 성인 세계에 정착하지 못
하는 미성년 주인공들은 자연스럽게 사회의 주변부나 하층
부를 떠돈다. 그들이 머무는 공간은 대개 도시의 외곽이거나
과거의 용도가 폐기된 무정형의 장소(〈나쁜 피〉)이고 도시의
중심에 있어도 일시적으로 사람의 통행이 금지된 무인 지대
(〈퐁네프의 연인들〉)다. 또 그들이 활동하는 시간은 주로 모두
가 잠든 적막한 밤중이며, 일반인들이 사라진 텅 빈 밤거리
를 배경으로 대부분의 사건이 일어나고 종결된다. 〈도쿄!〉*
의 광인 에피소드는 이를 극단화시킨 경우라 할 수 있는데,
주인공인 광인은 틈틈이 도심을 휘젓고 다니지만 도시 이면
인 하수도를 주요 활동 공간이자 안식처로 삼는다. 요컨대,
성인 세계에 융화되지 못하고 방황하는 정신적 미성년들은

*

레오스 카락스

구체적인 시간과 장소의 지표들이 사라진 세계에서 그들만의 고독한 생을 살아가는 것이다.

불가능한 소통, 불가능한 사랑

미성년에 머무는 이들에게 성인 세계에서의 '사랑'은 힘겨운 도전이다. 이해타산을 염두에 두지 않는 그들은 자신의 순수한 감정에 충실하려 하나, 그럴수록 사랑은 손에 잡히지 않는 신기루처럼 멀어지거나 사라져버린다. 성인들의 사랑은 언제나 그 이면에 세속적인 욕망과 계산을 내포하고 있기 때문이다. 자기애의 부족도 이들의 사랑을 어렵게 만드는 요인 중 하나다. 아직 완전히 성인이 되지 못한 이들은 자신이 되고 싶은 이상적 자아와 자신이 되어야만 하는 현실적 자아 사이에서 방황하고 갈등한다. 그리고 그러한 갈등은 자주 자기혐오 내지는 자기학대의 행위들을 낳는다. 드니 라방이 연기한 알렉스가 보여준 행동들, 그러니까 〈나쁜 피〉에서 갑자기 자신의 배를 때리며 달리는 행동이나 〈퐁네프의 연인들〉에서 술에 취해 도로 바닥에 자신의 머리를 짓이기는 행동, 이별의 슬픔을 잊으려 자신의 손에 총을 쏘는 행동 등을 상기해보라. 자신에 대한 사랑으로 충만하지 못한 이들이 세속적인 사랑을 무사히 이루어내기는 힘들다. 모두가 자기 자신을 먼저 생각하는 사랑의 게임에서 언제든 자기 자신을 온전히 내던질 수 있는 이는 결국 손쉽게 이용당하거나 희생당할 뿐이다. 〈나쁜 피〉에서 주인공이 끝내 사랑을 얻지 못하고 죽음에 이르는 것도, 〈퐁네프의 연인들〉에서 주인공이 절대적이라 믿었던 사랑에 배신당하고 크게 절망하는 것도 그런 이유에서다.

사랑뿐 아니라, 인간 사이의 소통도 카락스의 영화에서는 사실상 불가능한 것으로 나타난다. 첫 영화 〈소년, 소녀를 만나다〉에서부터 카락스는 진정한 의사소통이 불가능한 현실 세계와 항상 어긋나는 인간관계의 비극성에 주목했다. 또 사랑하면서도 고독을 느끼는 현대인의 모습을 그만의 독특한 시적 영상으로 묘사했다. 〈소년, 소녀를 만나다〉에서 주인공 알렉스가 판단 착오로 사랑하는 여인을 가위에 찔려 죽게 만드는 마지막 장면은 그러한 의사소통의 불가능성을 상징적으로 보여준다. 〈나쁜 피〉에서도 사랑의 불가능성과 소통의 불가능성이 중요한 주제로 다루어지는데, '사랑 없는 섹스로 인한 바이러스 감염'이라는 다소 황당한 설정 자체가 현대 사회에 만연한 사랑의 부재를 암시한다고 볼 수 있다. 또, 서로 마주보지 않은 채 마치 독백하듯 중얼거리는 인물들의 대화 장면이나 중요한 순간마다 대화 대신 복화술을 사용해 의사를 전달하는 주인공의 모습은 진정한 소통이 불가능한 현대인의 모습을 형상화한다.

소통의 어려움 혹은 소통의 불가능성은 '언어'라는 일반 소통수단에 대한 불신을 가리키기도 한다. 오랫동안 서구 이성 중심 문명의 근간이 되어왔던 언어는 현대에 들어와 그 기능이 여러 차원에서 재고되고 의심받는다. 일견 합리성과 보편성에 바탕을 둔 규칙처럼 보이지만, 실제로는 보이지 않는 권력과 지배 이데올로기에 의해 수없이 조작되고 악용되어왔기 때문이다. 카락스 역시 언어란 내용 없이 텅 비어 있는 기호에 불과하고 진실을 표현하기보다는 의도적으로 조작되는 경우가 더 많다고 여러 차례 주장했다. 때문에, 그의 영화 주인공들은 항상 말이 없으며 말보다는 몸짓과 행동으로 의사를 표현하려 한다. 연인 간의 대화를 포함한 모든 대화는 자주 단절되거나 오해에 빠지고, 침묵을 지키거나 서로

레오스 카락스

때리고 맞는 행위가 오히려 서로의 진심을 전달하고 서로의 관계를 돈독히 해주는 수단이 된다. 〈나쁜 피〉에서 서로 치고받은 후 더 가까워지는 젊은 알렉스와 늙은 미셸의 관계, 〈퐁네프의 연인들〉에서 서로의 얼굴과 몸을 때린 후 오히려 서로의 진심을 확인하는 두 연인의 관계가 이를 증명한다.

이미지를 위한, 이미지의 영화

한때 '누벨 이마주' 그룹으로 분류되었던 감독답게 카락스는 다른 어떤 것보다 '이미지'를 가장 중요한 영화적 표현수단으로 사용한다. 언어는 이미지의 의미를 증대시키거나 보완하는 역할에 머문다. 실제로 그는 영화 이미지의 모든 영역에서 완벽주의에 가까운 정교함과 섬세한 미적 감각 및 부단한 실험정신을 보여준다. 색채, 구도, 조명, 명암 등 이미지의 요소들을 각 장면의 의미에 맞게 세심하게 구성하고, 기타 다양한 시각적 특수효과들도 영화마다 적절히 사용한다. 또 〈소년, 소녀를 만나다〉와 〈나쁜 피〉에서 볼 수 있는 것처럼, 다양하게 변주한 편집 양식을 중요한 시각적 요소로 활용한다. 빠르거나 느린 혹은 불규칙적으로 변화하는 편집의 리듬은 그 자체로 다채로운 이미지의 리듬을 만들어내며, 각 장면의 시각적 표현력을 높이는 데 크게 기여한다. '미장센은 편집의 일부이고 편집은 미장센의 일부'라는 영화의 근본 원리를 충실히 이행한 모범 사례라 할 수 있다.

카락스는 이미지의 다양한 기호작용을 위해 극도로 단순한 이야기 구성을 선호하고, 과감하게 서사의 한 단계를 생략하거나 뛰어넘는 방식도 자주 시도한다. 〈나쁜 피〉에서 서사구조 상 가장 중요한 사건이라 할 수 있는 '백신 훔치기'가 상징적인 이미지들의 나열을 통해 짧게 압축적으로 표현되는 것이 그 예다. 또한 카락스는 이미지의 상징성을 높이기 위해 시적이고 함축적 의미가 가득한 대사들을 사용하며, 틈틈이 대사와 사운드가 모두 제거된 침묵의 장면들을 삽입해 이미지에 대한 보다 깊은 주의를 유도해낸다. 그리고 음악에 대한 해박한 식견을 바탕으로 매 작품마다 로큰롤, 샹송, 왈츠, 클래식 등 다양한 종류의 음악을 사용하는데, 〈소년, 소녀를 만나다〉에서 〈홀리 모터스〉에 이르는 그의 모든 영화에서 음악은 단순히 영화의 정서를 강화하는 것을 넘어 이미지와 대사가 다 표현하지 못하는 또 다른 의미를 전달하는 기능을 수행한다.

한편, 카락스는 각 영화마다 이미지 양식을 조금씩 달리하는 것으로도 잘 알려져 있다. 흑백영화인 〈소년, 소녀를 만나다〉에서는 뚜렷한 명암 대비를 이용해 선명하고 섬세한 이미지 구도를 만들어냈고, 시적인 대사들에 어울리는 아름답고 상징적인 이미지들을 영화 곳곳에 삽입했다. 특히, "밤의 공기 냄새까지 느끼게" 해주는 세심한 '밀도' 조절과 주인공의 닫힌 내면세계를 암시하는 다양한 '이차프레임'의 삽입은 관객과의 높은 교감을 이끌어내는 데 일조했다. 〈나쁜 피〉는 '색채의 영화'라고 할 만큼 강렬한 원색 효과가 두드러지는 작품인데, 안나의 빨간 스웨터, 밤거리의 푸른빛과 안개, 알렉스의 노란 가죽 재킷 등 원색의 이미지들이 무채색의 도시 풍경과 대비를 이루면서 인물들의 억압된 욕망과 사랑의 신비로운 힘을 은유적으로 표현해냈다. 〈퐁네프의 연인들〉 역시 다양한 시각적 기호들로 채워진 일종의 표현주의적 경향의 영화라 할 수 있다. 고독과 쓸쓸함이 지배하는 파리의 적막한 밤 풍경과 강렬한 사랑의 힘을 의미하는 아름다운 이미지들이 영화 내내 절묘한 대비를 이루고,

곡예사 알렉스가 위험을 무릅쓰고 뜨거운 불을 만들어내는 장면과 센 강을 수놓는 화려한 폭죽 장면은 주인공들의 억눌린 내적 욕망과 광적인 열정을 상징적으로 나타낸다. 이에 비해, 〈홀리 모터스〉는 영화의 주제에 맞게 쓸쓸하고 텅 빈 느낌의 이미지들이 주를 이루는데, 특히 투명한 대기와 노란 불빛들의 절묘한 조화는 적막한 파리의 밤 풍경을 더욱 아름답게 표현해낸다.

카락스는 한때 장 비고와 장 콕토를 잇는 영상 시인이자 고다르의 영화적 감수성과 실험정신을 되살려낸 천재적 시네아스트로 주목받았다. 무성영화를 비롯해 수많은 고전 영화들을 섭렵한 시네필이었고 문학과 음악에 대해서도 남다른 조예를 드러냈다. 초기 영화들이 보여준 간결하고 상징성 높은 대사, 탁월한 색채 감각, 정교한 이미지 구도, 독특한 시적 감수성 등은 얼마 안 가 그를 동시대의 가장 뛰어난 시네아스트 반열에 올려놓을 것만 같았다. 하지만 믿기지 않는 추락과 이해할 수 없는 긴 침묵은 그의 이름을 관객의 기억 속에서 조금씩 지워나갔다. 뛰어난 작품 한두 개를 남기고 사라진, 그저 그런 불운한 감독들 중 하나로 만들어간 것이다. 먼 길을 돌고 돌아, 〈홀리 모터스〉로 다행히 그는 극적인 컴백에 성공한다. 이전의 시각적 화려함이나 예민한 감수성은 찾아보기 힘들지만, 여전히 비슷한 유형을 떠올리기 힘들 만큼 그의 영화적 스타일은 독창적이고 새롭다. 게다가 오랜 은둔의 시기를 거치며 무르익은 영화적 사유가 그의 낯설고 파격적인 시도들을 충분히 설득력 있는 언어로 만들어주고 있다. 다시, 카락스의 시대가 시작될 수도 있는 것이다.

영화관을 나오면
다시 시작되는 영화가 있다
─열한 편의 영화와 열한 명의 감독

초판 1쇄   2017년 11월 30일

지은이   김호영
펴낸이   이재현, 조소정
펴낸곳   위고
출판등록   2012년 10월 29일 제406-2012-000115호
주소   10882 경기도 파주시 산남로 157번길 203-36
전화   031-946-9276
팩스   031-946-9277

hugo@hugobooks.co.kr
hugobooks.co.kr

ⓒ 김호영, 2017

ISBN 979-11-86602-32-4 03680

이 도서의 국립중앙도서관 출판예정도서목록(CIP)은 서지정보유통지원시스템
홈페이지(http://seoji.nl.go.kr)와 국가자료공동목록시스템(http://www.nl.go.kr/kolisnet)에서
이용하실 수 있습니다.(CIP제어번호: CIP2017031952)

이 책에 사용된 사진 중 일부 저작권자를 찾지 못한 도판은 확인하는 대로 통상의 사용료를
지불하겠습니다.